当代中国社科名家文库

北航人文与社会科学高等研究院·博观文丛

美德·君子·风俗

姚中秋　著

ZHEJIANG UNIVERSITY PRESS
浙江大学出版社

图书在版编目(CIP)数据

美德·君子·风俗 / 姚中秋著. —杭州：浙江大

学出版社,2012.7

ISBN 978-7-308-10199-8

Ⅰ.①美… Ⅱ.①姚… Ⅲ.①社会管理－研究－中国

Ⅳ.①D63

中国版本图书馆 CIP 数据核字(2012)第 144864 号

美德·君子·风俗

姚中秋　著

责任编辑	陈丽霞	
封面设计	彭若东	
出版发行	浙江大学出版社	
	（杭州市天目山路 148 号　邮政编码 310007）	
	（网址：http://www.zjupress.com）	
排　　版	浙江时代出版服务有限公司	
印　　刷	浙江省邮电印刷股份有限公司	
开　　本	710mm×960mm　1/16	
印　　张	20.75	
字　　数	287 千	
版 印 次	2012 年 7 月第 1 版　2012 年 7 月第 1 次印刷	
书　　号	ISBN 978-7-308-10199-8	
定　　价	58.00 元	

《博观文丛》序言

两年前我受命组建北京航空航天大学人文与社会科学高等研究院暨知行文科实验班,对于如何在一个理工科强势的大学开展本科生的通识教育和高水准的人文社会科学研究,虽然胸中隐有沟壑,但仍感举步维艰,好在诸位学界朋友的鼎力支持,加上一批青年才俊的加盟共进,遂使我们的探索逐渐走上一条教书育人的正道。

记得高研院创建不久,我与年轻的同仁们就筹划编辑三套文丛,分别起名为:博观、通识和知行。《博观文丛》旨在收录北航高研院讲席教授及其他教授学者的著作,把他们的学术研究、社会评论和为实验班的讲课纲要结集出版,呈现高研院各种师资力量的思想风采;《通识文丛》则是北航高研院的集体科研报告,集中于国内外通识教育的精粹选章和评议,彰显我们关于通识教育的理念以及实践与经验;《知行文丛》作为北航高研院的学术院刊,以青年讲师为主编,文史哲入口,政经法出口,厘清每辑主题,从容打造我们的思想旗帜。经过两年来的辛苦操持,三个文丛现都已陆续底定,不久即将面世出版。

今日为《博观文丛》写序,对于我来说可谓一件"轻省的重负"。昔日苏轼《送张琥》曾有云:"呜呼,吾子其去此而务学也哉!博观而约取,厚积而薄发,吾告子止于此矣。"曾国藩在《孙芝房侍讲刍论序》写道:"著书之多,与茶云异,而其博观而慎取则同。"面对第一辑九册我的学界朋友的"呕心"

之作,除了感铭之情,我觉得有必要重申我们北航高研院持守的理念。这一点我曾经在即将开通的北航高研院网站,以院长致辞的名义写过,现不妨抄录如下:

> 思我中华,历经古今之变、中西之争已有百十余年,然自由、民主、宪政之中国仍在艰难的建设途中。一个国族之兴亡,原因固然很多,但教育当为根本,百年前梁启超就有新民之说,国民之教育,人才之培养,关涉中华未来。大学培育何种人才,虽见仁见智,但不可讳言,凡数十年来,狭隘的功利主义教育观畅行于世,精神品质的塑造丢弃久矣。在我看来,通识教育从根本上说乃是一种自由教育,培育自由的人格,塑造伟大的心灵,才是我们的办院宗旨。鉴于此,我们的通识教育面向古今中西的经典,从三代之治到新旧经学,从雅典民主到国富新论,由古典传统开辟现代新章,击沧浪之水汇通英美海洋。让同学们在我们的研究院经受人文精神的激荡,进而在毕业之后投身社会的改良,经纬人生,成就志业,这才是我们的所愿。

《博观文丛》的出版必定会引领我们朝向那片"自由的海岸"。

高全喜

2012 年 3 月 21 日于北京

自　序

　　这本书的主题是社会建设。而我试图从儒家的立场讨论社会建设，故而突出美德、君子、风俗三个面相。

　　如何构建优良治理秩序？当下知识、舆论界有三个不同的范式：

　　第一种范式是制度决定论，这里的制度主要包括法律、政体等借助于强制力维持的正式制度。碰到任何社会问题，诸多学人、知识分子的第一反应是，制度有问题，必须变革制度，比如制定更为合理的法律、变革政治体制，等等。至于道德、伦理、文化，等等，在他们看来，根本没有用处。他们对制度如此迷恋，完全可以"制度决定论"来刻画他们的思想模式。

　　第二种范式是文化决定论，更准确地说是文化改造论。思考秩序构造的这种范式形成于一百年前的新文化运动时代，可谓源远流长。他们反对制度决定论，他们相信，有什么样的价值、文化，就有什么样的制度。中国的制度之所以很糟糕，就是因为中国文化很糟糕，"国民性"很恶劣。中国要现代化，要建立现代秩序，就必须从根本上改变中国文化，中国人必须全面接受现代的、具体说就是西方的价值、观念乃至宗教信仰。今日之普适价值派仍普遍信奉此一文化改造理念。

　　第三种范式是公民社会建设论。这种范式出现较晚，约在二十世纪九十年代中期。此范式首先受市场化、城市化、中产阶级的成长等社会经济、社会变动之刺激,欧美时髦的第三部门理论、公民社会理论等,则为他们提供了论说之理据。人们相信,通过公民社会之构建、发育,可以逐渐训练公民之技艺,这类公民在社会层面自我变革,最终推动法律、政体等制度变革。

上述范式均有其合理性,但我对上述三种范式均不甚满意。在本书中,对第一种范式,我提出批评。但是,我并没有摇摆到文化决定论一边——我是儒者,不可能同意文化决定论背后的文化改造论。同时,我也不能完全接受公民社会建设范式,理由是,它过分强调"公民"了,忽略了公民与"私民"之间并没有截然的界限,而在当代中国语境中,重要的问题正是"私民社会"之建设,如果没有"私民社会"之训练,就不可能有公民。

在本书中,我试图提出一个儒家式社会建设理论。它以儒家的人性论为基石,以君子为中心,以风俗化成为管道。其基本范式可概述为如下命题:

"仁者,人也",或者说,"人皆有不忍人之心"。据此,人存在于与他人的关系中,也自然地把其他人当成与自己相同的人对待,而具有合作、合群之自然倾向。

人皆有恻隐之心、羞恶之心、恭敬或辞让之心、是非之心,此为"四端",为人人所固有,由此可扩充出仁、义、礼、智之四德。而同样内在于人之"思"的能力不等,则具体各人所实现之德行也将不等。德行出众者即为君子,相反则为凡人。因此,君子是自然地涌现的。

君者,群也。群者,共同体也,组织也。君子合群之意向更为强烈,又具有合群之德行、技艺,因而是群之发起者、组织者、领导者。而因为人同此心,心同此理,故君子在每个环节的权威,均可获得同样具有四端之凡人的认可。

君子也缘民情而制礼,并通过教化,化成风俗。

依靠上述手段,君子在不同层面上组织和维系不同性质的群,生产和分配公共品。"性相近也,习相远也。"在群中,凡人也将习得维持秩序所需要之基本德行,并通过种种方式,参与于共同体之公共事务中,由私人而成为公民。

这样,以君子为中心,由家而社区、而行业、而地方、而国、而天下,逐次形成制度,维持"和而不同"之秩序。

依据这样的社会理论,我肯定了美德对于社会秩序型塑和维系之基石性意义。但是,本书反对文化改造论。相反,我相信,儒家价值完全能够支持现代社会,这是因为,儒家之学从根本上就是君子之学,可养成君子之德行和技艺,凡此种种,乃是分散的人们合群之关键包括现代的"陌生人社会"。

事实上,儒家在中国历史上之最大价值,也正在于依其合群之技艺,在变动了的社会中不断地重建群,从而恢复和扩展社会秩序:在封建秩序崩溃之后,孔子首先令士人合群;通过这些合群的士人的努力,到西汉中后期,散乱了数百年的社会得以重新组织起来,恢复秩序;中唐以后至五代,社会秩序再度解体,宋儒再度重建社会组织,恢复秩序;十九世纪末以来,中国三度进入传统组织解体、社会组织方式重建的过程中。这个事业之完成,必有待于儒家之出场与"新生转进"。

当然,上述范式中每个命题都可能引起争议。比如,人具有合作、合群的倾向之说,就与现代社会科学之主流预设相反;对于君子权威之强调,则可能招徕不平等的指责。

但我确信,所谓的现代社会科学的这些预设是不恰当的,至少对于理解中国之历史和现实是不恰切的。当代中国人文与社会科学是高度扭曲的,因为它完全照抄自外界,或者抄自苏俄,或者抄自德日,或者抄自英美。而现代中国知识分子对于西方的理解,本来就是肤浅、扭曲的,照抄亦多偏颇。同时,当代西方学院的主流范式也未必是理解西方现代社会秩序之最恰当范式,照抄亦多陷阱。

今天,中国学人当重新认识西方,重新认识儒家。儒家思想以及儒家丰富的历史实践,蕴含着无数宝藏。回到儒家,发展儒家,当可发展出更为恰切地理解当下中国之人性、社会、秩序之理论范式。它有助于思考中国完成现代秩序构建之正道,它也是中国学界唯一可贡献于正处困境的人类之思想财富。

目 录

巻上　美徳

美德引论

本书关心的问题是优良社会治理秩序形成与维系之机制。本书将要提出的命题是，优良社会治理秩序之基础乃是美德。未必所有人具有同等的美德，但社会中至少有一群人具有一定的美德，惟此，优良社会治理秩序才有可能。那么，何为美德？美德从何而来？我将援引儒家之经典论述，对此问题略作阐述。

德行与德性，伦理与道德

首先需从概念上区分德行与德性、伦理与道德，因为，当下关于中国文化之性质及诸多现实问题的讨论，都混淆了这两者。

《尚书·舜典》中记载，帝舜命夔担任典乐，但还让他承担另外一项非常重要的工作："帝曰：夔，命汝典乐，教胄子：直而温，宽而栗；刚而无虐，简而无傲。"汉儒孔安国解释说："胄，长也，谓元子以下至卿大夫子弟。以歌诗蹈之舞之，教长国子中、和、祗、庸、孝、友。教之正直而温和，宽弘而能庄栗。刚失入虐，简失入傲，教之以防其失。"①

这段记载说明，孔子开办私学之前，华夏古典教育的基本形态是乐教，

① 《尚书正义》，卷三，虞书，舜典第二。

目的是养成君子之德。

《皋陶谟》中,皋陶则说,"亦行有九德":

宽而栗:性宽弘而能庄栗。

柔而立:和柔而能立事。

愿而恭:悫愿而恭恪。

乱而敬:乱,治也。有治而能谨敬。

扰而毅:扰,顺也。致果为毅。

直而温:行正直而气温和。

简而廉:性简大而有廉隅。

刚而塞:刚断而实塞。

彊而义:无所屈挠,动必合义。①

皋陶清清楚楚地说明,这九德是"行之德",也即行为所具有的属性,当然是优良的属性。换言之,九德是"德行"。这九德显然是从《舜典》所说的四德发展而来,四德同样是德行。

德行不同于德性,汉儒郑玄注《周礼·司徒·师氏》云:"德行,内外之称:在心为德,施之为行。"②德行就是行为所表现出来的优秀特征。尤其值得注意的是,上述四德、九德的主体都是行使着治理权的君子,他生活于封建秩序中,有自己的臣、自己的君、自己的民。因而,君子之德也就是君子对待臣、对待民、对待自己的君的优良行为模式。

这样的德行也就是君子之位对于君子的内在伦理性要求,君子惟有具有这些德行,才能恰当地履行自己的职责。当然,与君子相对的人同样也需具备与其身份、也即社会角色相对应的德行。由此,也就形成了一系列"义",《礼记·礼运篇》提出"人义"说:

---

① 《尚书正义》,卷三,虞书,舜典第二。

② 《周礼注疏》,卷十四。

何谓人情？喜、怒、哀、惧、爱、恶、欲：七者弗学而能。何谓人义？父慈、子孝、兄良、弟弟、夫义、妇听、长惠、幼顺、君仁、臣忠：十者谓之人义。讲信修睦，谓之人利；争夺相杀，谓之人患。故圣人之所以治人七情、修十义，讲信修睦，尚辞让，去争夺，舍礼，何以治之？

义者，宜也，合宜也。"十义"就是对十种社会角色的合宜行为之伦理性要求。这十种社会角色是两两相对的，每一个都生活在与他人的相对关系中，扮演着一种角色，每个角色对承担者之行为模式会有一组特定要求，"十义"就是对最为重要的十种社会角色的要求之抽象，也即十种人应当具有的基础性、根本性德行，也即十种基础性伦理规范。惟有合乎规范，处于特定的相对社会关系中的人的行为才是恰如其分的、合宜的。每一方都让自己的行为合宜，双方就可维持良好的关系。这也正是孔子所说"父父子子"、"君君臣臣"的含义。

到孔子那里，德的含义发生了微妙而重大的变化：

第一，从主体来说，德开始平民化。

周代君子是等级制意义上的，他自然地就是治理者，所以，德行就是等级制意义上的君子之德。到孔子时代，礼崩乐坏，等级制意义上的君子衰微，孔子要从平民中养成君子。这是孔子关心的核心问题。这些平民得通过"学"养成自己为君子。由这一点也就催生了自觉的伦理学，从而带来了一系列概念的分化。

第二，首先是在德行之外出现了德性，或者说在伦理之外出现了道德。

封建秩序是由一个又一个特殊的相对关系联结而成的，双方之善、恶就见于相互对待的具体关系中，也即，此时唯一重要的就是作为优秀行为模式的德行。君、臣、民始终在与具体的他人的相互关系中追求优良行为模式，因而他们所追求的始终是伦理。

孔子开始讨论"性"的问题，他说过一句流传广远的话："性相近也，习相远也。"①孔子所说的"性"究竟指什么,两千多年来众说纷纭。也许孔子所说人人相近之性,就是"仁":"子曰:仁远乎哉?我欲仁,斯仁至矣。"②"为仁由己,而由人乎哉?"③孔子一方面主张"复礼",另一方面主张"依于仁"。礼关乎古典的伦理、德行,仁则催生出道德、德性。

　　道德区别于伦理、德性区别于德行之处在于其相对的主体性、自足性。德行、伦理关乎他人,一定见之于与他人的行为中。道德和德性却未必如此。仁内在于我,以我为主体,"为仁由己",由此,君子回向自己内心,扩充仁心。所以,后世儒家一直强调,心性之学乃是"为己"之学。这样,德就在一定程度上脱离具体的伦理、政治关系而存在。孔门四科首列"德行",但此时的德行已具有"德性"的含义,因为,颜渊等人之德并没有机会表现于现实的治理实践中。由此,"人不知而不愠"才成为一种美德。这样的内在之德性有待于外在的机缘,才可以呈现为实践的德行。于是,君子的"出"、"处"问题也就成为后来始终纠缠儒生的问题。

　　第三,德性与德行之分,催生了私德与公德之分。

　　三代封建时代,社会治理是混融的,没有政府与社会之分,也就没有公、私之分。尤其对于君子,其职责就是治人以及治于人,所以,只有混融的德行。到孔子时代,初步出现政府、社会之分离,也即出现了私人生活与公共生活之分立。与此同时出现了德、位之分离:有位之人经常无德,有德之君子却又无位。此刻的君子之德就更多的是内在的德性,即便有所表现,也主要呈现于家庭、友朋、乡党等私人的社会生活领域中,也即为"私德"。惟有当士君子进入政府领域,才涉及公德。

　　从这个角度看,孔子所讨论的德比古典时代丰富、复杂。比如,孔子经常说的"智、仁、勇"三达德,或者"仁、义、礼、智、信"五常,比起了舜之四德、

---

①　《论语·阳货篇》。

②　《论语·述而篇》。

③　《论语·颜渊篇》。

皋陶之九德,就多了一些内在性,也多了一些私人性。

简而言之,孔子既关注见之于特定人际关系中的伦理,关注实践性德行,也关注人的内在的道德,关注作为一种精神状态的德性。当然,伦理与道德、德行与德性之间存在着紧密的关系。这一丰富性贯穿于历代儒家理念中。如《周易》"乾"卦《文言》曰:"君子以成德为行,日可见之行也。"《大学》三纲八目,格物、致知、诚意、正心、修身,与齐家、治国、平天下是贯通无碍的。

当我们谈论儒家之德时,必须高度注意这一点。现代以来一种常见的倾向是简单化看待古代伦理学,误以为儒家只关心道德、德性。诸多对于儒家的批评,均针对这一点。这样的批评是荒唐的。因为,儒家向来并不只关心内在的道德、德性。实际上,儒家所说的德治、礼教,都主要关乎伦理,关乎君子之德行。[①]

善端,思与美德

关于人性,孔子直接的讨论只有前引那句话:"性相近也,习相远也。"关于这句话的准确含义,后儒争论不休,但至少可以确定,孔子没有说人性善。相反,孔子似乎更强调"习"的重要性,也即"学"的重要性以及"礼"的重要性。

按照通常的说法,性善论是由孟子系统阐明的。但孟子果真主张性善论吗?《孟子·公孙丑上》记载孟子第一次阐述其人性论:

> 孟子曰:人皆有不忍人之心。先王有不忍人之心,斯有不忍人之政矣。以不忍人之心,行不忍人之政,治天下可运之掌上。
>
> 所以谓人皆有不忍人之心者,今人乍见孺子将入于井,皆有怵惕恻隐之心。非所以内交于孺子之父母也,非所以要誉于乡党朋友也,

———————————

① 关于这一点,笔者在《重新发现儒家》一书中将有专章予以论述。

非恶其声而然也。

由是观之，无恻隐之心，非人也；无羞恶之心，非人也，无辞让之心，非人也；无是非之心，非人也。恻隐之心，仁之端也；羞恶之心，义之端也；辞让之心，礼之端也；是非之心，智之端也。

人之有是四端也，犹其有四体也。有是四端而自谓不能者，自贼者也；谓其君不能者，贼其君者也。凡有四端于我者，知皆扩而充之矣，若火之始然，泉之始达。苟能充之，足以保四海；苟不充之，不足以事父母。

孟子首先确定，人皆有不忍人之心。由此心分化出恻隐、羞恶、辞让、是非四心，这四心就是仁、义、礼、智等四德之端。从这个意义上说，人之最为基本的美德乃是人内在固有的。

不过请注意，孟子说，这只是"端"，还不是善行本身。人被上天赋予了善的倾向和根基，惟有通过人的扩充才能成为善行。在现实中，人们可能扩充之，也可能不扩充之，从而其善行的呈现程度大相径庭。此中原因何在？《孟子·告子上》记载孟子第二次阐述人性论：

恻隐之心，人皆有之；羞恶之心，人皆有之；恭敬之心，人皆有之；是非之心，人皆有之。恻隐之心，仁也；羞恶之心，义也；恭敬之心，礼也；是非之心，智也。仁义礼智，非由外铄我也，我固有之也，弗思耳矣。故曰："求则得之，舍则失之。"或相倍蓰而无算者，不能尽其才者也。《诗》曰："天生蒸民，有物有则。民之秉彝，好是懿德。"孔子曰："为此诗者，其知道乎！故有物必则；民之秉彝也，好是懿德。"

善端能否成为善行，取决于是否能"思"。孔子已强调了"思"对于养成君子的重要性，《论语·为政篇》："学而不思则罔"；《论语·季氏篇》：孔子曰："君子有九思：视思明，听思聪，色思温，貌思恭，言思忠，事思敬，疑思问，忿思难，见得思义。"在孔子那里，"思"已经具有了十分重要的意义。

孟子更为具体地指出了"思"之对象，那就是我所固有的"善端"。正是通过"思",我所固有的四端才能成就为实在的善行,实实在在的美德。因此,实在的善行是需要经过一番努力才能达成的,而不是自然的。关于"思",下面有更为详尽的说明:

> 公都子问曰:"钧是人也,或为大人,或为小人,何也?"
>
> 孟子曰:"从其大体为大人,从其小体为小人。"
>
> 曰:"钧是人也,或从其大体,或从其小体,何也?"
>
> 曰:"耳目之官不思,而蔽于物。物交物,则引之而已矣。心之官则思,思则得之,不思则不得也。此天之所与我者。先立乎其大者,则其小者不能夺也。此为大人而已矣。

"思"就是上天赋予人之致善能力。四端是人所固有的禀赋,也许,在这一点上,人与人之间的差异并不大。"思"也是人所固有的禀赋,但在这方面,人与人之间的差异较大。这样,有些人的四端就得到较为充分的扩充,而成就为君子。其他人之四端未能得到有效扩充,则成为"小人",也即常人、凡人。思的意愿和能力就在人间造成善行、德行之参差不齐。

由此可以看出,孟子并没有直白而天真地主张"人性善"。孟子只是说,人受命于天,具有善的取向、善的潜能。人能否成就善,取决于心性之自觉的修养。善是个体努力的结果,或者更准确地说,善就是个体努力向上的过程,而非天然地就存在着的一个实在物。因此,人其实始终在追求善的过程中,这就是仁人君子之好生活的本质。在此过程中,人群中自然地出现君子、凡人之别。在君子身上,我们可以看到较为显著的美德。

这一点,被尊孟的宋明儒予以彰显。人们恐怕主要是基于宋明儒之说,而断定儒家主张人性善。确实,宋明儒对于人心之善予以高扬。然而,宋明儒又比此前所有儒家更强调修养的"工夫",比如,程明道先生的《识仁篇》说:"学者须先识仁。仁者,浑然与物同体,义、礼、智、信皆仁也。识得此理,以诚敬存之而已。"仁天然存在,然而必须以"诚敬存之"。这就是宋明儒之大纲。王阳明的"致良知",用意相同。人皆有良知,因此人皆可以为尧舜。这对人性足够乐观了。但是,惟有用心"致"之,良知才可圆满而对外发用。宋明儒喜谈人性之善,对于人在现实中堕落的倾向又十分忧惧。正是这一点让他们特别重视功夫论,这是宋明儒讨论的根本问题之一。对这样的儒家伦理学,是不应以"性善论"简单论定的。

宋明儒的这一理念结构显示出明显的"内在化"转向,也即重视德性。

这一内在化转向的原因在于,汉晋时代,社会分层结构比较清晰,此即所谓"四民社会"。这个时候较为重要的就是,每个人在自己差不多是给定的位置上扮演好自己的角色。中唐以后,此一社会结构瓦解,而进入平民社会。这个时候,所有人的社会经济条件相差不大,人们也具有较高的纵向流动性。这就引发了两个严重的政治社会问题:第一,通过什么样的机制才可以发现卓越者,以扮演社会领导者的角色?科举制度旨在解决这一问题。第二个问题是第一个问题的反面:一个人如何才能在表面上看起来差不多的平民中脱颖而出,获得他人的尊重,从而成为社会的领导者?此时,人们的外在社会、经济差别不大,只能通过内在的不同来区分彼此间的优劣。由此,宋儒经历了一次自觉的内在化转向。只有那些具有德性者,才可以获得与他平等的人们的尊重,而在社会中发挥领导作用。

上面对儒家之德的观念史讨论表明,儒家之出现大大推动了德之平民化,而社会愈是趋向于平民化,德越是内在化。

尽管如此,儒家之德始终保持着其初始的"德行"含义。宋明儒固然强调内在的修养工夫,但内在之德必须呈现于外在的齐家、治国、平天下之实践中,否则毫无意义。君子必须如《中庸》所说"合外内之道"。儒家士君子不是书斋中沉思的哲学家,也不是寺庙里的神职人员或神学家,而是道德和治理实践者。他们始终在社会中,他们的德性必须表现出来,才能把自己区别于他人,而成为平民社会中的君子。更进一步,君子始终以天下为己任,也即以构造和维持合理治理秩序为己任。因此,儒家士君子之德,一定始于德性,终于德行;或者说,始于道德,终于伦理,以及政治实践。而这样的君子对于优良治理秩序具有决定性意义。

反对物质主义

谈论美德,不能不涉及一个非常根本的问题:心、身之辨,及由此导致的心、物之辨。

这并不是说,此前的人们就没有心。但在孔子之前周的古典世界中,人们生活于自然的习俗也即礼之中。如当时人所说,"礼,身之幹也"①。这些礼构成人之"文",生命由礼全面塑造。这个时候,很难说存在自觉的心、身之别。人们不需要道德的反思,只需依礼而行就必然是善的。到春秋中后期,礼崩乐坏,习俗松动、最后瓦解。礼"文"不复存在,人成为一个物的存在。生命就是肉体的欲望驱动、并实现这个欲望、进而扩展欲望的过程。

孟子深切地注意到这一点,所以,《孟子》开篇第一段就庄严地提出了一个命题:"何必曰利。"这是对那个时代的当头棒喝。从观念史上看,心、身之间,首先觉醒的是肉体。在孟子的时代,人们只知其肉体性存在,人的幸福来自于肉体之感官快乐。这种生命意识驱动人们追逐增进感官快乐之物,这包括食色,也即口腹之欲和色欲,也包括身体的力量向外辐射而控制他人的权力欲。金钱有助于获取满足这些欲望的手段,人自然会追求金钱。肉体的自觉一定会带来人们控制身体之外的物质的狂热,因而这是一个物质主义时代。

在这样的历史背景下,孟子透过人疯狂逐利的活动发现了人心。宋明以后儒家把孟子所丰富发展的儒学称为"心性之学",孟子之伟大思想、文化贡献正在于发现了人之心。从观念史上说,至此,人的存在才是完整的:人除了肉体,还有心。

当然,在此之前,物质主义的人同样有心,那是法家所说的"计算之

———————————

① 《左传》成公十三年记孟献子语。

心"，也即计算自己的行为之物质性成本—收益的理智。在某种程度上，具有这种能力的人就是现代经济学所假设的"理性经济人"。这样的心仅仅服务于人获取物质性利益的活动，孟子则发现了心的另外一个面相。孟子发现了更为完整的心，这就是"不忍人之心"，这样的心具有道德能力。生命不只有肉体的感官，还有心灵的感官。肉体感官固然驱动人追求能满足它的物质性对象，心灵的感官自然驱动人追求能满足它的精神性对象，从根本上说就是美德。

而"不忍人之心"一旦被确认，它就一定要反过来控制肉体。不忍人之心一旦登场，它就要将计算之心置于自己之下，对其活动进行审查。现在，人是否为人，就是由这个不忍人之心来界定的。当然，计算之心不会轻易屈服。心、身之辨，也就引发了心、身之战。宋儒所说的"存天理、灭人欲"，最为极端地表现了两者之间的紧张。不管怎么样，从孟子之后，伦理学的根本命题就是让人回到自己的心，养心，扩充心灵，让心灵控制肉体。只有这样，美德才有可能：美德出自于人的心灵、精神，是对肉体欲望的超越和节制。

现代人觉得这太迂腐了，"存天理、灭人欲"也一直遭受现代知识分子的抨击、嘲笑，现代中国学者著述的中国思想史、哲学史无不大力发掘那些张扬人欲的外道。然而，对于现代社会、尤其是平等和民主制进行了最为深入之思考的思想家托克维尔，其看法竟然完全是儒家式的。试看下面一大段论述：

> 心灵的完善与肉体状况的改进之间的关系，要比你所能想象的更为紧密。人们可以分开这两样东西，并逐个想象他们。但若完全把它们分开，最终的结果，不可能不是同时看不到这两者。
>
> 动物与我们具有相同的感官，且有多少相同的欲望。动物的物质性激情，我们无不具有，这些激情的种子在狗身上和我们自己身上都可以找到。
>
> 那么，为什么动物只知道如何满足其最为原始和粗陋的需求，而

我们却让我们的享受变得无穷之多,并持续地增加之?

让我们在这一点上优越于动物的,正是我们使用我们的心灵去探寻物质性财富,而他们只由本能指引。天使教导那最粗鲁的人以满足自我的技艺。人有能力超出肉体,甚至于鄙视生命,而这样的观念是动物连想都不能想的。因此,人知道如何扩大这些优势,达到动物同样不能想象的程度。

任何能够提升、扩大、扩展心灵之物,都能让心灵更有能力在与之无关的事业上取得成功。

相反,任何窒碍或者败坏心灵的东西,都会弱化其承担一切事情的能力,从最重要的事情到最不重要的事情,并会让心灵在面对重要的、不重要的事情时都软弱无力。因此,心灵必须始终保持强壮、有力,即便只是为了能够随时以其能力和力量服务于肉体。

假如人真的只满足于物质财富,那可以确信,他们必然逐渐地丧失生产财富的技艺,他们最终必然就像动物那样享用它们,没有辨别力,也不再有进步。①

托克维尔生活在现代社会,他注意到现代社会的根本特征:个人主义和物质主义——这两者其实互为表里。托克维尔首先讨论了现代社会的个人主义倾向,随后根据他在美国的观察说:

在美国,对物质福利之激情绝非例外,而是普遍的。即便每个人不是以相同方式追求它,每个人也都可以感受到它。致力于满足最为细微的身体之需要,获得最为微小的生活便利,普遍占据着人们的心灵。②

---

① Alexis de Tocqueville. *Democracy in America*. edited by Eduardo Nolla, translated from the French by James T. Schleifer, by Liberty Fund, 2010, vol. 3, pp. 963 – 964.

② *Democracy in America*, vol. 3, p. 931.

托克维尔并且指出了人的这种精神状态的社会结构根源：

> 我在想，那些身世卑微而财富居中的人，容易被什么样的激情激
> 发，又受什么样的激发限制，结果我发现，没有比热衷物质福利更合适
> 的了。对物质的激情本质上说是中等阶层的激情。这种激情伴随着
> 这个阶层而成长、扩散，也伴随它而占据支配地位。由此，它俘获了社
> 会的上等阶层，又向下传播到大众中。①

中产阶级天然是物质主义的，而这种物质主义会侵蚀秩序，因为，它会
削弱人们对公共事务的关心，人将完全专注于自己的物质福利。物质主义
的心灵也一定是个人主义的：人们只关心自己，更进一步，为了自己的物质
福利，人们根本不考虑他人。最后，他人在自己眼中也是物，只是实现自己
物质福利最大化的工具，必要的时候，人会毫不犹豫地伤害、牺牲他人。这
样，人与人进入战争状态，也即文明瓦解，回到丛林状态。

因此，托克维尔郑重提出：

> 民主国家之立法者和生活于民主制中的所有诚实而开明的人们
> 都必须毫不松懈地投入于提升灵魂，并将其定位于上天。关注民主社
> 会之前景的一切人实有必要团结起来，协调步伐，持续地致力于在这
> 些社会中扩散对永恒之爱，对庄严之热情以及对非物质性快乐之
> 追求。

> 假如在民主社会之舆论中存在若干有害的理论，它们试图让你相
> 信，身死则万事皆休，那就把秉持这种理论的人当成这个国家的自然
> 的敌人。

> 物质主义者令人厌恶者不止一端。他们的学说在我看来是有害
> 的，他们的傲慢则让我憎恶。如果说他们的理论体系对人可能有那么
> 一丁点好处，那似乎是它可以给予他以关于他自己的谦卑的理解。然

---

① *Democracy in America*, vol. 3, pp. 933 – 934.

而，物质主义者并没有标明，就是如此。当他们相信，他们已充分地证明了人只是野兽的时候，他们表现出来的傲慢，就如同自己证明了人是神。

在所有国家，物质主义都是人类心智的一种危险疾病，它在民主社会中尤其危险，因为，它与这些人最熟悉的心灵之恶巧妙地结合了。

大众总是偏爱物质享受之乐。这种趣味如果过分，很快就会让人们相信，一切皆为物。物质主义反过来最终会驱使他们疯狂地追求这些物质享受。民主国家就这样被驱入一个致命的循环中。民主国家最好能够洞察这一危险并予以防范。①

反对物质主义，张扬心灵的生活，不仅是个体生命、道德层面上的问题，也是一个严肃而重大的政治问题、秩序问题。一个社会，要维持优良秩序，就必须遵守一种心本位的人性论，心性之学则是最健全的伦理学。通过教导人们"收放心"、"养心"、"致良知"，这种伦理学不仅让个体生活充实、丰满，也让每个人成为好人、好国民、好公民，而这是优良秩序之基础。

---

① *Democracy in America*, vol. 3, pp. 957－958.

一、利己主义的魅惑^①

这个时代的中国人也许是中国历史上、并且是当今世界各国族中最为利己的，利己主义是支配国人行为的基本价值之一。

首先定义一下利己主义。托克维尔的巨著《论美国的民主》以一个触目惊心的评论而终结，见最后一个注解：

> 很难绝对地或笼统地断言，现时代最大的危险是放纵还是暴政，是无政府状态还是专制主义。两者都是令人忧惧的，由于同样的原因，一个可能跟另一个一样轻易到来，此原因即普遍的冷漠（general apathy），它是我所说的个人主义的产物……因而，我们最应坚定抵制的对象，与其说是无政府状态或专制，不如说是冷漠，它可毫无差别地制造出这一个或那一个。^②

导致这种冷漠的是两种现代病：个人主义与物质主义。托克维尔在《论美国的民主》下卷讨论民主制对美国人情感的影响时，区分了古已有之的自私（egoism）与现代的个人主义：

> 自私是一种对自己的强烈的、过分的爱，它会让人把什么都跟自

①　原刊《文化纵横》，2010 年第 1 期。

②　*Democracy in America*, vol. 4, pp. 1293 - 1294.

己联系起来,偏爱自己胜于世上一切。个人主义则是一种成熟的、冷静的情感,它让每个公民把自己与同伴相分离,与家人和朋友疏离,这样在他构造了自己的小圈子后,他就不管周围的社会了。自私源于盲目的本能,个人主义与其说源于堕落的情感,不如说源于错误的判断力;它既起源于心智的堕落(failings of the mind),也起源于心灵的败坏(vices of the heart)。①

按照托克维尔的说法,自私是古老的,是人的一种本能,始终伴随着人类。个人主义却是一种现代才出现的心智,甚至已经变成一种意识形态,是现代性的根本性构成因素。在实现了人的"状况的平等"的现代社会,个人主义是一种普遍的精神与生存状态。既然如此,个人主义也就不可能被完全消灭,而只能予以节制、控制,像托克维尔所说的那样:经由宗教,让人的目光暂时离开物质,而面向灵魂;通过广泛的自治,唤起和训练人们的公共精神。这些制度安排,或许可以对抗个人主义之恶,让平等的社会不至于变成冷漠的社会,让自由人不至于变成原子式存在。

我这里所说的利己主义,则是个人主义的坏的变体。迄今为止,现代社会的各种基础性制度在中国尚未健全地建立起来,但中国与现代性也"鬼混"了一百多年,也就出现了一种伪装的个人主义。它从一开始就是个人主义的堕落形态。换言之,说当代中国盛行着利己主义,我的意思是说,中国人处于"伪个人主义"的支配下,这种伪个人主义比现代欧美的个人主义糟糕很多倍,也粗鄙得多,其反社会、瓦解真理与善的作用也强大得多。

利己主义的历史根源

梁漱溟早就注意到,西洋人长于集团生活,而中国人缺乏集团生活。②

---

① *Democracy in America*, vol. 3, p. 882.

② 这一点,可以看看先生所著《乡村建设理论》、《中国文化要义》。

这有点似乎不合常识。民国初年的启蒙运动和二十世纪八十年代的启蒙运动的主流意见都告诉我们，中国人缺乏个性，缺乏个人主义传统。但是，如果略为仔细地分析就会发现，其实，中国人比西方人更为个人主义，至少并不逊色。

这与中西历史演进过程之分途有关系。现代西方乃是从封建社会演化而来的，封建社会的一个重要特征是共同体主义，或者说"社群主义（communitarianism）"①。从十六世纪开始，欧洲从封建制向君主制过渡。不过，君主制只维持了非常短暂的时期，很快就因为宪政主义运动的兴起，而建立了以宪政制度为基础的现代国家。个人权利观念兴起，民主制度成为基本政治制度。由此，现代市场就开始发育起来。在这种制度环境下，托克维尔提到的"个人主义"开始出现、流行，它主要体现于十九世纪初出现的现代自由主义的意识形态中。

新文化运动中的中国文人据此认为，西方文化传统是个人主义的。这一点大体上没有错，但他们可能忽略了：封建社会的种种习惯、理念，在欧洲社会有很多遗存。其中包括社群主义，各种社团，包括工人的社团在欧洲非常发达。十九世纪兴起的欧洲社会主义运动，与封建的共同体主义之间存在直接联系，马克思对资本主义的批评背后，就有一种留恋封建社会之温情脉脉的情绪。

反过来看中国，封建制在秦代就正式终结了，中国由此进入漫长的皇权－郡县制时代。它与欧洲历史上的君主制时期颇为类似，因而，在过去两千年中，中国社会就始终具有欧洲现代国家的部分特征：个人在法律之下平等，尽管法律不甚公平，但至少所有人被官府平等地统治着。土地和财产为私人完全所有，社会通过市场机制组织财富的生产与分配。历史上虽然有过一些反复，也确实存在着宗族、家族等社会组织，但是，中国社会

---

① 关于这一点，可参看拙著《华夏治理秩序史》（第二卷），《封建》，上册，海南出版社2012年版，第五章，"共同体主义"。

的基本构成单位,人们从事经济、社会活动的基本单位是个人和小家庭。

换言之,西方人从封建制下解放出来只有几百年,而中国人在后封建体制下已经生活了两千多年。这种体制因为缺乏成熟的民主、宪政制度,因而不算今人所说的标准现代,但确实具有强烈的"准现代性"。单是这一点就决定了,中国人的个人主义文化与集体心理积淀,要比欧洲更为深厚。

就像托克维尔所担心的,个人主义只要迈进一步,就会堕落成冷漠。阻止其堕落的唯一因素是成熟的宗教、伦理体系,它们提撕人心,规制行为。在美国,如托克维尔观察到的,宗教在个人主义的现代美国发挥着极其重要的凝聚人心的作用。

在传统中国社会,儒家与其他宗教发挥了类似的作用。

儒家的理念与信念体系是一种君子之教、君子之学。儒家乐观地相信,人人皆可成尧舜,这反映了一种伟大的平等理念。只是,"可以"并不等于"是"。成为尧舜,需要一番正心、诚意、修身的功夫,儒家要人们转向自己的内心,运用自己的思,存心养性。换言之,儒家所设想的成人、成圣的途径,主要是个体的精神自觉与上进,而并未借助于外在的规范之约束。这似乎已是一个定论:儒家走的是"内在超越"之路,为此,宋明儒家也确实发展出了一门寻求个体内圣的功夫论。

问题在于,现实社会中的人从来只有一小部分能够实践这种功夫,大部分人必然缺乏这种内圣的自觉,也缺乏运用"思"、反思、内省的能力。在有些时候,普通人确实可以"行焉而不察",百姓日用而不知,其行为仿佛合乎天理。但毕竟,普通人的恻隐之心、羞恶之心是相当微弱的,而现实世界的物质的诱惑是多样而巨大的。因此,缺乏精神自觉的普通人很容易被"人欲"所控制。似乎正是为了弥补这种缺陷,在历史演进过程中,佛教、民间信仰发达起来,弥补了儒家的不足。诚如人们在今天的台湾所能看到的,对普通民众进行教化、规范的,主要是人间化的佛教、民间信仰,乃至会道门。

由此,中国文明似乎形成了一种教化的分工:儒家训练君子,佛教、民间信仰则在底层社会进行教化。当然，"熟人社会"的舆论奖惩机制，也共同发挥作用，普通民众可能出现的利己之心被约束，使之不至于堕落而变得没有廉耻。这样，传统中国虽然具有强烈的世俗化与个人主义特征，但上述机制控制了人们堕落的倾向，社会正常秩序尚能得到维持，尤其是基层社会，尚能保持较为健全的公共生活。

利己主义的结构性根源

二十世纪发生的诸多重大事件，则解除了中国社会的这几种教化与约束机制，让中国人的自私精神得到彻底释放，并以伪个人主义的形态呈现出来。

第一个冲击波是新文化运动。启蒙运动的导师和学生们始终强调，现代的、先进的西方文明是个人主义的，个体高于群体、社会，蒙昧的、落后的中国人要实现现代化，就必须学习这一点。这是一种道德和政治诫命，惟有通过这样的精神转换，中国才能民主、富强。因此，过去一百年间，中国最先进的时髦文人一直主张，个人应当从一切既有的社会结构中解放出来，首先是从家庭中走出来。一场又一场启蒙运动传播的正是个人主义价值，它在八十年代得到了存在主义、在九十年代又得到了自由主义的呼应。

大体上，这种个人主义还是比较健全的。它们凸现了个体自由选择的道德与政治权利。但此后又出现了两种力量，从相反的方向强化了这种个人主义向利己主义堕落的倾向：

第一种力量是五十年代兴起的集体主义。这里的"集体"既不是家庭之类的共同体，也不是现代社会中个体自愿结成的社团。其典型形态是遍布城乡的"单位"。从历史上看，这类集体出现之际就是社会被消灭之时：它们是以打碎一切既有的社会组织、结构为前提的。个人首先被完全作为对象"解放"出来，随后被自上而下地安排进人造的集体中。此时，集体之外的社会已不复存在，个人别无选择，选择的权利被剥夺，个人离开集体连生存都不能维持。个人被迫对集体形成人身依附关系：中国出现了再封建化。

但这样的集体并无封建共同体的那种温情脉脉。它本来就是由掌握权力者刻意设计的组织，内部运转的基本机制是权力支配人身，并分配一切资源。这样，与外部世界没有有机联系的单位内部人员，彼此之间也没有纵向、横向的有机关系。集体内的人实际上是一种彻底的原子式存在。在这样的集体中，每个人都是高度自私的。比如，在七十年代的国营企业，大量存在着工人盗窃企业原料、产品的事情。至于单位领导滥用权力的事情当然非常普遍。在乡村集体中，同样广泛存在着"反社会"行为。可以说，五十到七十年代的强制性集体主义生存状态，在人们心灵中深植下了利己主义的种子。一旦集体的控制弱化、坍塌，被压制的利己主义精神就开始呈现自己。

恰在此时，经济学成为显学，它为这种泛滥的利己主义提供了貌似科学的论证，利己主义终于在中国成为一种高傲的信仰。所有的经济学家都会把斯密视为自己的老祖宗，但斯密究竟在说什么，恐怕没有几个现代主流经济学家清楚。要弄清斯密思考什么、说些什么，也确实不大容易。身处十八世纪剧烈变动中的不列颠，斯密的思想是高度复杂的，其复杂性难以被后世的经济学家把握。

斯密成长于苏格兰道德哲学传统中，他的立论基础不是个体，也不是个人的自私，斯密从来没有说过人是自私的。相反，在斯密看来，之所以出现分工、交换，之所以出现市场，乃是因为人普遍具有"通情"能力，也即《道德情操论》中不那么准确翻译的"同情心"。也即，个人可以感受他人的情感、能力。这才是斯密眼里人的基本属性，也是市场与社会秩序得以形成的基础。

不幸的是，经济学发展似乎面临一个两难困境：经济学狂热地追求科学化、数学化，而这就需要对斯密的假设和理论进行简化。现代经济学的发展历程就是一个不断简化斯密理念之复杂性的过程。于是，经济学教科书中出现了"理性经济人"概念,又出现了个人始终追求收益最大化的假设。经济学家以此理解市场,新制度经济学又雄心勃勃地试图以这种肤浅的、扭曲的关于人的假设来理解人类社会的种种制度。

当代中国主流经济学家所接受的,正是这种关于人的简单化假设与结论,而他们的傲慢又超乎其国外的同行。人们因为反感计划经济,所以似乎特别信赖为市场辩护的经济学家。人们因为厌倦了集体主义,所以热烈拥抱一切为个人权利、利益伸张的理念、主张。经济学似乎就是因为这些论说而在九十年代成为知识与舆论的主流。

经济学的另外一个论说则满足了正处于价值真空中的中国人的需求,或者说给他们提供了一种虚幻的价值替代品:每个人只要埋头追求自己的物质利益,也可以实现,甚至可以更好地实现公共之善。这样,人就不仅应当关心自己,而且应当只关心自己,关心别人反而是一种罪过。至于对自己最好的关心,就是满足自己的物质欲望,并不断发掘、扩大这种欲望。

这样,伴随着启蒙运动,伴随着现代国家的初步构建,以及商业的发达,在中国兴起的不是个人主义,而是它的堕落版:利己主义,以及与之同时出现的物质主义。曾经,人的目光停留在自上而下构造的虚幻的外部世界,后来,他们迫切地把自己的目光从外部世界转回自身。但并不是转向心灵,而是完全停留在肉体的层面。他们以为,这就是真实的自我。

社会与公共的解体

这个肉体的存在当然不是真实的自我。当代中国人关于这个自我的幻象,让他们毅然地甚至有点自豪地抛离了他人和社会,成为彻头彻尾的利己主义者。

现代社会与前现代社会的区别在于,个体摆脱了个别的身份,获得了相对独立的道德、法律、社会与政治主体性,而成为普遍的、平等的国民。国民的单位当然是个体,由此,个人主义之出现乃是必然的。但在托克维尔看来,个人主义会削弱人们的公共精神:"自私会让一切美德的幼芽枯萎,个人主义最初只会消耗公共生活的美德的元气,但久而久之,它也会攻击和摧毁一切其他美德,最后堕落成为自私。"①民主社会本来需要人民的参与、行动,但民主社会的平等却又制造出导致人与人隔阂的个人主义,这样的个人主义将使个人丧失采取政治行动、参与公共事务的能力。因此,在民主制度建立之后,人们普遍看到一种参与的冷漠。

但无论如何,民主制度中还是存在公共生活的。可以说,每一个国民都是私人-公民的复合体。他在很多时候对他人呈现为冷漠的私人,但在必要的时候,他会成为一个公民,介入公共生活。更宽泛地说,在欧美社会,每个国民都是私人-社会人的复合体。由于宗教的存在,由于各种形式的自治制度的运转,还有传统的延续,在这些社会还是存在真正的"社会"的。在现代西方社会,个人主义是受到各种因素的抑制、调和的。

在中国,公共参与的制度化渠道固然高度匮乏,就是社会也依然大体停留在废墟状态。这样,个人主义就是字面意义上的个人的主义。每个人都是原子式存在。人基本上就是私人,而几乎未有扮演社会人和公民的角色。

这样的人当然就是物质主义者,每个人,从官员到农民工,从商人到找不到工作的大学毕业生,从大学教授到公司白领,都投入全部精力于占有、增加、享受及滥用权力、金钱、房产、美色的事业中。

每个人只关心自己的结果是,人们相互的冷漠,人们不关心自己的邻居的生存状态。由此导致公共生活的空白:人们也不关心正在发生的可能影响他们的公共事务。因而在这里,不存在最基本的社会与政治制约与平衡:官员、企业经营者,甚至大学教授都可以肆无忌惮地滥用权力;被施加了这种权力的对象似乎也不觉得这种权力是恶的,相反他们一方面固然愤怒,但另一方面也向往自己拥有这种权力。在利己主义世界中,是没有是

---

① *Democracy in America*, vol. 3, p. 882.

非、善恶之分的,人的一切决策惟眼前的物质的利益是定。利己主义者总是物质主义者。

这种利己主义心态未必妨碍经济增长。事实上,它完全有可能在短期内创造出经济奇迹。但是,这样的世界注定了缺乏良性演进的可能性。只关心自己的人不会关心公共问题,只关心物质利益的人不会关心制度。利己主义者注定了是铁杆儿"搭便车者",制度绝无可能向着正义的方向演进,因为利己主义者没有正义感。由此可能出现一个出乎利己主义者预料的后果:从长期看,每个利己主义者的个体的财富都是不稳固的。甚至可以说,现在积累财富,在很大程度上只是为未来的掠夺者预备的。利己主义世界的故事情节是相似的:人们以为自己的利益在不断增进,但其实是在相互欺骗、抢夺财富与幸福感。

重建道德和社会

托克维尔认为,民主社会必须构造出种种机制来抑制其内在的个人主义精神。在中国,需要抑制的是作为个人主义之堕落版本的利己主义。此一任务的难度要大得多。但其途径,倒也不出托克维尔已经提到的两个主要方面:宗教与基层公共生活。立刻可以发现,在中国,从事这两项工作的难度是异乎寻常的。

宗教的重建似乎是首要的。只有通过某种机制,把人们的目光部分地引向心灵,引向身之上的心,个人的视野才有可能超出自身狭隘的物质利益计算,部分地面向他人。由此,人的社会性才有可能得到确认,个体才有可能从私人变成社会人,进而成为公民,最终以这种复合的身份在不同的社会层面中健全地生活。

为此,学术上的反思是必要且重要的。学术可以影响人的价值结构,尤其是知识人。经济学曾经扮演过这个时代的神学,并塑造了这个时代普遍的利己主义精神结构。正确地理解斯密,有助于经济学重归正道。

由此再进一步,引入及深思斯密所在的苏格兰道德哲学传统,则有助于国人更为完整、准确地理解所谓的现代性。中国知识人中间流传着一种根深蒂固的常识:现代人就是自私的、个人主义的。但苏格兰道德哲学的主流论述却是:人尽管有自私的一面,同样有仁爱的一面,后者同样是本能的,天生的。更重要的是,人天生都有"通情能力",因而天然地适合于过社会性生活。这是从亚里士多德、到托马斯·阿奎那的西方主流思想传统之基本命题,它与中国儒家论说之间对话的空间也较为充裕。

此一论说的政策结论是:一个社会,如果能够透过各种机制,让人的这种社会性本能得到存养、运用、扩展,则这个社会就会形成相对健全的社会生活与公共生活。设计这种机制的工作部分地属于立法者,比如,容许广泛的自治的发育和扩展。但推动立法者设计这种机制、并维持这些机制运转的,则是社会各个领域的绅士或者君子。而出现绅士或者君子的前提是,在社会各领域中居于领导地位的人士形成道德自觉与公共精神自觉,克服搭便车心理,自觉地承担起自己对社会的责任,哪怕为此要冒一定风险。

因此,价值、思想、学术的转向,与因此转向而形成的新绅士群体之努力,乃是走出利己主义深渊、通往健全社会秩序和公共秩序的关键所在。利己主义是社会精神病症,能够治疗它的只能是健全的心灵本身。

二、制度与道德，谁更重要？①

自十九世纪末以来，中国人被一个焦虑折磨着：怎么实现现代化？不同人对现代化自会有不同理解，不同人哪怕是对实现同样的现代化理想也会有不同想法。于是，人们就形成了关于社会变革的形形色色的理念，其中尤其重要的一个争执是：究竟是文化、道德决定制度，还是制度决定文化、道德？

各种各样的社会变革决定论

找到最终原因，这是人的心智的一种自然倾向。尤其是处于社会剧烈变革时期的人们，会苦苦寻找变革的终极动力。过去半个世纪，中国人为社会变革找到了多种终极性原因。

首先是官方哲学主张的物质决定论。它的基本命题是，物质决定意识。具体到社会变革问题，存在这么一个决定论的链条：生产力决定生产关系，人是生产关系的总和。只要生产力发展了，生产关系就会改变，人们的意识、观念自然就会发生变化，社会政治结构同时会发生变化。从历史的角度看，资本主义比封建社会先进，无产阶级掌权的社会比资产阶级掌

---

① 　原刊《同舟共进》，2009 年第 1 期。

权的社会先进。只要生产力发展了，中国社会也就自然地达到了先进水平。

与这种唯物论同时存在的，还有一种精神决定论。辩证法哲学声称，物质虽然决定意识，但意识也有主动性，反过来可以决定物质。尤其是，极少数人可以掌握历史发展规律，形成先进的思想意识，成为先锋队。他们作为先知先觉者，用先进思想改造群众的思想观念。思想观念得到改造的"新人"，可以很轻松地建设出一个新社会。精神一旦完成革命，就可以焕发出无穷力量，所谓"人有多大胆，地有多大产"。

这样的哲学带有强烈的启蒙主义色彩，是现代中国革命传统的主要哲学依据。这种变革哲学强调每个人灵魂深处爆发革命。它的基本信念是：通过改造人的思想，可以建成新社会。

到二十世纪七十年代，这两种哲学因其乌托邦破灭而乏人信奉了。八十年代是一个反思的年代，奇怪的是，思想学术界通过反思，把"文化大革命"的专制之祸归咎于中国传统，出现了文化热。关于社会变迁，人们形成了一种文化决定论的思维方式。同样奇怪的是，这是一种旨在反中国文化的文化决定论，也即文化改造论。人们相信，每个民族有自己的文化，这种文化大体是恒定的。中国之所以未能顺利实现现代化，就是因为中国有专制的文化传统，这是一种文化基因。相反，西方文化从希腊时代开始就是民主的、科学的，这样的传统注定了西方会建立起现代社会所需之种种制度。结论是：中国要现代化，就必须彻底抛弃自己的文化。

这种文化决定论及其结论倒不是新东西。它肇始于戊戌维新时期的文化激进主义，在新文化运动时期成熟，当时的启蒙主义者大多就是这种反中国文化的文化改造论者。陈独秀、胡适等人都对中国文化传统痛加批判，他们的政治信念虽然不同，却都相信，中国的落后是因为文化落后。那个时代和八十年代最为流行的学术，都是东西文化比较。经由这样的比较，人们得出的政策结论一目了然：中国的现代化之路就是全盘西化。新文化运动中有人主张把中国书扔到茅厕，为八十年代划上休止符的《河殇》

则要中国全面转向西方的蓝色文明。

九十年代中期以来，朱学勤先生对这种文化决定论给予了毁灭性批评。顾准在七十年代艰苦的学术、生活环境中提出的"从理想主义到经验主义"，九十年代一经面世，即引起学术界的广泛共鸣。人们放弃了文化决定论，进入了制度决定论时代。

制度决定论的困境

制度决定论的兴起，自有其学术背景。九十年代以来，严格意义上的社会科学逐渐繁荣起来，而在此之前活跃的主要是哲学、历史等人文学科。尤其是随着市场经济获得承认、技术统治逐渐成形，经济学和法学迅速崛起，成为显学。而这两门学问都比较强调制度的决定性作用，它们本来就是研究制度的学问。

制度决定论的信念如下：在社会运转过程中，制度至关重要。人的行为是由制度决定的，好制度诱导人们采取好的行动策略，坏制度迫使人们采取坏的行动策略。治理国家的关键是设计合理的制度。从宏观层面看，中国实现现代化的关键是建立相关的现代制度，包括法治、市场、民主等。从微观层面上，一个企业的兴衰，同样取决于它的制度是否良好。基于这样的思考方式，只要碰到社会问题，舆论马上就呼吁改进制度。

相对于物质决定论、文化决定论，这样的思考方式确实具有明显的建设性。正是在这种思考方式的引导下，过去十几年来，中国在建设现代国家制度方面取得了重要进展，包括承认私人产权、市场制度、民主与法治制度等。

不过，这些制度变革似乎并未产生制度决定论者允诺给人们的美好结果。在法治国家运转良好的制度，在中国却产生了让人失望的后果。文化决定论者当然倾向于将这种现象解释为，先进制度缺乏先进文化支持。制度决定论者则相信，橘变为枳的原因是制度失调，也即，采取单独一项优良的制度,缺乏相应制度配套,其效果当然大打折扣,甚至适得其反。因此,解决现在所面临的问题,惟有进一步完善已有制度,并引入配套制度。

这种认识是完全正确的。然而,怎么样实现制度的进一步变革?其动力何在? 面对这一问题,制度决定论陷入某种困境,因而他们似乎也从来不愿面对这一问题。

按照制度决定论的公理,个人、组织的选择、行动是由制度决定的,扭曲的制度使人、组织的行为趋向扭曲。那么,生活于不合理的制度之下的个人有没有可能进行变革? 没有这种可能性。严格的制度决定论把人看成制度的函数,人只是对制度被动地作出反应,类似于巴甫洛夫实验中的狗。生活于特定制度下的人们,对于该制度是无所作为的。

于是,我们看到,过去十几年来,经济学家关于制度变革的讨论,通常是缺乏主语的。谁来进行变革这样一个重大问题,被呼吁制度变革的人普遍省略了。假如他们非说不可,那他们通常是面向最高立法者言说。换言之,他们诉诸神启政治,其世俗的版本就是威权主义,一位年轻学者的话非常经典:"我们就有理由期待,当人群中哪怕是个别道德感较强的人恰好出现在某个关键决策部门时,他也许会给我们的制度改革带来关键性的第一推动力,正如邓小平对于当初的改革开放所起到的关键性推动作用一样。"

这真是奇妙的逻辑跳跃:制度决定论突然变成了英雄创世论。很多关于制度改革的讨论都是以此为预设的。这样的预设与张五常等人关于"独裁好于民主"的论述一脉相承。当然,谁也不能排除出现这种"第一推动者"的可能性。历史上也总是有这样的第一推动者。但是,这样的论述把国家的前途交给偶然的运气,等于取消了社会科学。

或许不得不承认,九十年代以来十分流行的新制度经济学传统本身存在着严重缺陷:它虽然号称制度经济学,却似乎把制度视为给定的。正因为制度并不变迁,所以,道德就成为多余的。当然,这个传统有一位例外,具有历史学背景的道格拉斯·诺斯,他讨论的重点正是制度的历史变迁。由于这样的问题意识,他注意到了信念、意识形态在制度变迁过程中的重

要作用。① 这种思考引导我们突破制度决定论的思维壁垒,重新认识道德
与社会变迁、制度变迁之间的复杂关系。

道德激励制度变迁

假如我们关注社会变迁,那首先应当承认一点:社会、制度不会自然地
变迁。制度决定论的一个严重缺失就是假定制度自己会变革。很多人基
于对哈耶克的自发秩序理论或演化经济学的误解,也相信这一点。但是,
人间社会的一切,都是由人做成的,包括制度。制度不是一种实体,制度不
过是人与人之间的特定关系模式。因而,制度不可能自天而降,也不可能
自行变化。相反,制度是人创造的,制度也是由人推动着变化的。

制度变迁的主体不外乎两类:掌握权力的立法者,或除此之外的民众。
据此,制度变迁的模式也不外乎两类:立法者主动变革,普通民众自下而上
地推动变革。当然也可能出现双向互动的情形。

不论是哪类制度变迁,都需要相应的立法者或民众采取有助于制度变
迁的行动。那么,人是如何行动的? 人是在意向、意志驱动下行动的。因
而,人们采取推动制度变迁的行动的前提是人们具有变革意识。变革意识
又从何而来? 变革意识源于人们的道德感。人们是因为觉得现实不"好"
才形成变革意识的。好、坏就是一种伦理性判断,它由判断者的道德、价值
所决定的。一个人如果具有基本道德感,就不愿容忍不合理的现实,而产
生变革的意愿。

人们是否能够把变革意识转化为坚定的行动,同样与道德有关。现有
的制度不合理,所以人们希望变革。但是,不合理的制度必然造成一些依
附它的既得利益者,他们会反对损害自己利益的变革。有些时候,变革者

---

① 参看[美]道格拉斯·诺斯著:《经济史中的结构与变迁》,陈郁、罗华平译,上海三联书店、上海
人民出版社 1994 年版,第五章,"意识形态与搭便车问题"。

甚至可能面临巨大风险,包括杀身之祸。预期到这种风险,人们能否坚定地采取变革行动,在很大程度上取决于人们是否具有足够的道德勇气,也即求善的意志。只有当这种意志压倒了担心、恐惧,人们才会将变革意识付诸行动。

上面的论述让我们可以得出一个结论:经济学所设想的"理性经济人"几乎不大可能实现制度的良性变迁。为说明这一点,我们不妨进行一个思想实验。假设政府制定了一项不合理的管制规则,禁止企业进入某个领域。面对这样的规则,企业家们大体可以在四个策略之中进行选择:第一,放弃进入企图;第二,贿买管制的官员,购买进入的特权;第三,不理睬该规则而自行交易,形成黑市;第四,反对该规则本身,要求改变规则,放开市场进入。

选择第一种策略的企业家是懦夫,他们既无强烈的是非感,也缺乏道德勇气。制度决定论所设想的理性的经济人,通常会选择第二、第三种策略。然而,选择第二种策略将会使旧体制更为坚固,官员从不合理的管制中获得利益,自然倾向于维护与扩大管制。第三种选择倒是形成了市场,但这个市场没有稳定的规则,人们的行为必然趋向短期化,随时可能会毁灭。

唯一可取的是第四种选择。但很显然,作出这样的选择是需要勇气的。需要双重勇气:首先是放弃从不合理制度中寻租的勇气,其次是改变不合理制度的勇气。可以设想,惟有一定程度的道德信念,能让他们作出这种选择。他们之所以放弃,是因为他们具有较为强烈的是非对错观念,这种观念告诉他们,贿买官员在道德上是不正确的,黑市也不是正派人应当进入的。他们之所以采取变革的行动,是因为他们希望正当地进入市场,更因为他们认为,政府不应当实施不合理的管制规则,政府应当做正确的事情。

从某种程度上说,形成变革制度的意识进而采取行动的人士,是超越理性经济人假设的人,是完整意义上的好人,是儒家所说的君子,他们在物质的成本收益计算之外还具有精神维度。只有引入这一维度,我们才有可能理解制度变迁。精神、道德因素使置身于不合理制度中的人们,可以超越现有制度,可以超越单纯的利害计算,选择需要冒险的改变规则的策略。这样的人是"立法企业家"。

社会变革是要靠这些人推动的。立法企业家有可能把自由、把市场视为一种理想,并让自己献身于这种理想,就像科学家献身于科学事业。他们作出决策的时候,不仅仅计算本次选择的成本收益,精神因素让他们具有一种长远的视野。某种程度的宗教、信念情怀也让他们不会因为他人将"搭便车"而退缩。相反,他们追求金钱之外的其他目标。正是道德观念,让立法企业家的出现成为可能,而这些人士正是制度变迁的推动者。

托克维尔原理

制度决定论者对此可能大不以为然,他们谈道德色变。只要有人谈起道德,他们马上联想到人类历史上道德理想主义所导致的可怕的灾难。这种担忧让他们对道德避而远之。很多知识分子患上了道德恐惧症。

不过,道德与社会变迁的关系并不只有这一种。

制度决定论者所恐惧的道德决定论呼唤一种高调的道德,即美国法学家富勒所说的"愿望的道德"[①]。它设想了一个美丽新世界,并宣称只要人人成为圣人,人类就将进入终极幸福状态。为此,应当让已经具有如此高妙道德的人掌握权力,并让他利用权力改造其他人和整个社会。这样的道德决定论确实会掀起文化革命、道德革命、社会革命,通过这些革命改造普通人平庸的思想、道德、价值、生活方式。据说,如此一来,政治、经济等社会各个领域也将完全道德化,按照道德的原则运转。

如此道德化的社会制度框架确实是可怕的。但是,在人类历史上,我

---

① 参看[美]富勒著:《法律的道德性》,郑戈译,商务印书馆 2005 年版,第 6 页以后。

们还可以看到道德推动社会变革、而又保持克制没有堕入道德理想国之深渊的例证。托克维尔在《论美国的民主》中阐述了道德－制度互动模式的基本原理。

托克维尔观察到，在美国，宗教十分普及，几乎人人都信仰宗教。因而，美国人具有强烈的道德感。直到今天，美国人也比欧洲人带有更强烈的理想主义色彩。从历史上看，最早的殖民者就是清教徒，他们是带着宗教理想到美洲并建立其政治社会的。

但是，美国社会并没有成为人们所担心的道德理想国。托克维尔指出了其中的秘密：在美国，道德世界与政治世界是分立的。这种分立是双向的：宗教不去干预政治，权力也去不支配宗教。由此形成一种奇妙的格局：一方面，在政治世界，"政治的原则、法律与一切人定的制度都可以依自己之好恶制定或改变"；但是，人们克制自己的理性不进入道德世界，相反，他们不假思索地接受宗教的教条性信念。[1] 美国立宪过程正体现了这一原理：立宪者依据其政治科学的逻辑，对权力进行分解、搭配，设计了全新的政府形式。但他们从来没有讨论过美国人的文化、宗教、价值，他们把这些当成给定的东西予以接受。

然而，恰恰是这些给定的"风俗"，即宗教、道德、伦理规范，又使美国人具有基本的道德感，克服其个人主义倾向，面向自己的灵魂，面向自己的同胞，关心他人，与他人合作，结成各种各样的社会组织，进而参与公共事务，改进他们管制自己的制度。

按照托克维尔的原理，制度同样是重要的。但是，制度变迁需要道德激励。没有道德激励，制度变迁将不大可能启动。无视人的道德维度的制度决定论，不大可能准确地解释制度的变迁。

不过，推动社会良性变迁的道德，不是高调的道德。制度变革的前提不是人人成为圣人，因而，不需要思想改造，灵魂革命。相反，变革需要的

是低调的道德,普通的宗教和伦理体系所教化的一般性道德。有能力推动社会变革的主体,就是一般的好人:也许只要比正常人好一点点的好人,对不道德的行动、规则有那么一些敏感的好人。假如人们具有基本的道德感、是非感,面对不合理的现实,就会产生变革意识,并有道德勇气采取推动变革的行动。

另一方面,这样的变革主体也保持着道德的谦卑,他们不想改造别人,他们把自己的变革行动仅限于理性可及的制度领域。这样的变革主体清醒地知道,通过理性设计能够予以改变的,只能是"政府的形式",是人们借以处理公共事务的治理体系之结构与程序。这样的制度变革将使"好人"更有机会成功,社会将形成一种真正的优胜劣汰机制,反过来强化人们的道德感、伦理价值,诱导人们遵守规则,采取正当行为。而这将使制度具有进一步变迁的动力。

托克维尔的这些教诲应当有助于我们走出决定论的知识陷阱,以一种更开放的心态看待道德与制度的关系。

三、为"道德血液论"辩护①

一个社会,当有人谈论道德的时候,大多数人都放肆地哄笑,这就是这个社会的人心已堕落到最败坏境地的最直接证明。这就是当下中国的情形。

国务院总理温家宝近日在同国务院参事和中央文史研究馆馆员座谈时说,近年来相继发生"毒奶粉"、"瘦肉精"、"地沟油"、"染色馒头"等事件,这些恶性食品安全事件足以表明,诚信的缺失、道德的滑坡已经到了何等严重的地步。

这已经不是温总理第一次谈论道德问题。今年年初,在与网民交流互动中,温家宝曾经向开发商"喊话":你们身上也应该流着道德的血液。而"道德的血液"似乎最早出自温家宝总理在 2008 年的一次谈话。当时他说,一个企业家身上应该流着道德的血液。

总理如此频繁谈论道德问题,说明道德沦丧确实已经到了非常严重的地步,也说明总理对中国前景的焦虑。这样的呼声本应引发全社会深思。但是,温家宝这三次道德谈论,每一次都招来一些人隐晦或者公开的嘲讽。

当然,如果对中国人,尤其是知识分子、精英群体的心智略作考察,就会发现,他们如此嘲讽、哄笑,并不奇怪。

---

① 原刊《南方都市报》,2011 年 5 月 2 日,收入本书时有所补充。

道德虚无主义

嘲讽道德血液论者最喜欢搬弄的说辞是,制度才至关重要。当下中国最大的问题是制度扭曲,法律、政策、制度严重扭曲,导致人的行为扭曲。因此,要解决问题,首先就要变革制度。惟有实现了制度变革,人才可能有道德讲伦理。

我把这种看法称之为"制度决定论"。经济学中的制度经济学、法学在过去十几年的流行,让人们走出了"人有多大胆、地有多大产"的精神万能论,知道了制度的重要性。这一点变化当然可喜可贺。但是,从这一点迈向制度决定论,却是走出一个陷阱,而跌入另一个同样黑暗的陷阱。

这后一个陷阱就是道德虚无主义。这种道德虚无主义的根源,大体上可以分为两类。第一类是经验。因为权力或者掌握着权力的人曾经以道德的名义做了诸多不道德的事情,很多知识分子变得愤世嫉俗。他们相信,道德天然就是权力的工具,因而憎恶道德本身。有些人因为在现实中看到了一些伪善,就不相信这个世界上有真正的善。

二十世纪八十年代之后逐渐兴起的各种观念、思潮,也为道德虚无主义之火添柴浇油:从一直潜伏在中国人观念深处的法家思想,到时髦的经济学教条,从本土的厚黑学,到舶来的成功学,从现代的物质主义、历史主义,到肤浅的原子式个人主义。

人们分别或者同时依据上述教条认为,公共生活与私人生活必须截然分开。道德只可用以解决私生活问题。但是,社会舆论根本不应当议论一个人的私生活。于是,私人领域的道德也就不复存在了。另一方面,公共问题也与道德完全无关,而仅关乎法律、制度。总之,道德是多余的,社会根本不需要道德,就可以运转良好。只要利己的人们相互博弈,就可以形成规则、制度,世界就会美好无比。人们由此相信,其实,这个世界上根本就没有道德这回事。假如有人谈论道德,他一定是伪君子。公然谈论利己才是真君子,很多人就是这样为"范跑跑"喝彩的。这些喝彩者认为,人天生就是利己的,一个人坦率地呈现自己的利己主义就是真诚,因而也是最大的道德。

这就是匈裔英国思想家迈克尔·波拉尼所分析过的现象:道德倒错。人们把不道德当成最大的道德,比如,把残忍当成优雅,把公开展示丑恶当成道德。过去一个世纪,接受过较高教育的中国人的心灵就处于这种状态,尽管倒错的机缘大不相同。

道德、伦理、制度与监管

毫无疑问,制度至关重要。更具体地说,法律至关重要,政策至关重要,处理公共事务的程序至关重要。一个社会,如果制度扭曲,人的行为当然就会扭曲。中国社会目前各个领域存在的诸多严重问题,包括温家宝所谈到的食品安全问题,确实直接源于制度之扭曲,比如,监管的系统性失灵。

但是,制度绝不能替代道德。相反,对于优良的社会秩序之塑造和维系,道德才是至关重要的,比法律、制度更为重要。

这里需要略作概念辨析:人们通常所说的道德,包含道德和伦理两个层面。道德大体上是指内在的品德,道德意识就是孟子所说的"是非"、"羞恶"意识。伦理指与人发生关系的规范,它告诉人们在具体的情形中,应当如何行为。当然,这种规范与内在的品德,尤其是道德意识直接相关。

这样的概念界定就已可说明,道德伦理对于社会治理至关重要。任何一个社会都是需要治理的,而社会治理依赖规则及其执行机制。一般意义上的个人道德以及与之密切相关的伦理,就是一套具有约束力的规则体系。通过教育等社会化过程,这些规则内化为人们的文化本能,人们于不知不觉中遵守这些规则。道德意识让人有羞恶之心,知道是非对错。伦理规范让人在无数具体的私人生活与公共生活情境中知道应当怎样做,什么可做什么不可做。假定人们可以普遍地按照道德伦理规范行事,人与人之间就可以形成某种秩序。未能做到这一点的人们,社会舆论等机制可对他予以软性强制。更进一步,则可以通过法律等手段予以强制。

也就是说,相对于法律等正式制度,似乎非正式的道德伦理体系构成了社会的基础性治理手段。如果社会治理结构是一座冰山,法律、政策等正式规则、制度只是露出海面的那部分,道德伦理则是海面下那个更大的、更为基础的部分。那么,不要说一个社会没有道德伦理机制,即便道德伦理机制不那么有效,社会治理也必然严重失灵。

这就是当下中国的情形。当下中国的法律、政策等制度固然存在严重的问题,但是,假定社会的伦理道德体系基本健全,那么,上层的政策、法律空白,可由道德伦理体系弥补,制度缺陷也可由道德伦理体系修正。这两者可能产生的恶劣后果,可被控制在有限范围内。

但是,中国的道德伦理体系也出现了严重问题,也就不存在这样一个缓冲区。以食品安全为例。监管失灵当然要对安全事故频出承担责任。然而,过去几千年间,政府也没有设立过专门的食品安全监管机制,但似乎并没有出现今天那些花样翻新的违规违法现象。很简单,以前,人们还有基本的道德伦理意识,知道民以食为天。如果在这个问题上人心太黑,是要遭到老天爷、遭到神灵的报应的。但到了当代,伴随着道德伦理的沦丧,很多食品从业人员为了金钱,可以无所顾忌。

在这种情况下,即便制度化的监管体系十分完整,也无济于事。任何此类正规监管体系都不可能时刻看住每一个生产者。而道德伦理体系恰恰可以做到随时随地看住每个人,约束人们不会肆无忌惮。因为,道德就是人的自我约束,伦理就是小群体内的自发性相互约束。这样的约束乃是全方位的。

因此,中国人如果还希望有一个大体正常的市场秩序,或者说,希望有一个大体正常的社会秩序,就不能不依靠道德伦理体系进行基础性社会治理。惟有在此基础上,法律等正式制度的治理才可能是有效的。

道德与制度变迁

今天,碰到不管什么问题,哪怕是私人生活问题,时评家都会说,要从制度上解决问题,要推动制度变革。这也正是很多人嘲讽"道德血液论"的原因。在他们看来,只有实现了制度变革,才能从根本上解决问题。人们也是这样看待制度变革与道德觉醒的次序的:只有实现了制度变革,人们才有可能道德起来。他们甚至乐观地相信,只要解决了制度问题,人们就会自然地道德起来。

此种看法,表面上看起来很有道理,其实不得要领。谁都知道,当下的制度存在严重扭曲;谁都知道,制度应当予以变革,需要非常深刻的变革。但是,重要的问题是,如何变革制度? 由此我们立刻需要面对一个问题:谁来变革制度? 而观察这些制度应当变革的论说就可发现,这句话通常没有主语。制度不可能自己变革。制度总是需要由人来变革的。然则,谁来变革制度? 这个"谁"为什么要变革制度?

如果制度变革的主语必不可少,那就必须超出制度讨论制度变革的问题。超出到哪儿? 只能到人那儿,到人的道德那儿。制度看不见也摸不着,制度不是外在于人的石头、星星、桌子、椅子,制度也不是——至少不完全是——写在纸面上的规章、条文。制度就是人的行为模式本身:人怎样行为,怎样相互交往,制度就是怎样的。因此,制度的主体就是人,制度变革的主体也是人。只有人能够变革制度,而人也正是凭借着道德变革制度透过伦理变革推动制度变革的。

很多制度决定论者谈论制度变革的口气,仿佛制度是一个外在于人的东西,可以自主地发生变化,而后所有人将生活于好制度的阳光雨露之下。制度自行变革论者预设了创造奇迹的第一推动力。人由制度塑造,制度则由某个神秘的第一推动力在某个时间点上于一夜之间一举改变。这个第一推动力可能是某项技术,也可能是某种经济趋势,更有可能是全知而全能的掌权者的灵机一动。这些第一推动力所带来的变化都属于奇迹。一个社会若发生奇迹，那当然好得不能再好，但社会科学不应把奇迹当成解决问题的方案进行讨论。

面对不合理的制度，社会科学应当讨论的问题是：生活于此不合理制度下的人们，如何消除制度中的不合理，推动制度向着合理的方向变迁？

这里存在着制度与行为的不对称问题。给定一个制度，它可以普遍地作用于所有个体。因此，坏制度确实可以让其所覆盖的成员普遍地败坏。而且，败坏的行为模式会以几何级数传染。因为，坏制度之坏处就在于，它让每个人回到自身，只关心自己看得见的利益，对此利益，个人的敏感性越来越高，相互伤害的策略也就加速度地被人设想和运用。

反过来，改变制度的行为却是个别的。你不可能设想，一个共同体，比如说，一个国家的所有人，一致地采取改变制度的行动。这里存在着经济学家所讨论的"搭便车"问题，存在着奥尔森所提出的"集体行动的困境"问题。

也就是说，解释人们在不合理制度下行为普遍败坏的逻辑，不可不加反思地用来思考良好制度生成之道。不错，在相当程度上，确实可以用制度这个变量解释一个共同体成员普遍的行为败坏。但也有例外，一个显而易见的事实是，即便在不合理制度下，也并非所有精英都败坏。更有趣的事实是，诸多新闻表明，底层民众并没有败坏得那么严重。这是一个对制度决定论构成严重挑战、因而需要解释的现象。按说，制度应当普遍作用于所有个体，可为什么不是所有人都同等地败坏？一个可能的解释是，不同人的道德自觉程度不同。有些精英具有较强的道德感，而拒绝同流合污。普通民众没有接受形形色色反道德主义的现代意识形态洗脑，而保有自然的道德感，反而不那么败坏。这清楚地表明了制度决定论的失灵。

更重要的问题在于，秩序毁灭的逻辑与构建的逻辑其实是不同的，人的行为作用于制度与制度作用于人之结构其实是不对称的。既然不可能所有人同时集体行动，那就一定是个别人首先推动变革，带动少数人集体行动,然后逐渐扩展。

现在的问题是:为什么会有这少数先知先觉先行者即君子?必须回到人心,才能给出可信解释。其出现机制与不合理制度下有些人并不败坏,其实是相同的。可以用孔子所说的知、仁、勇"三达德"予以说明:较为敏锐的仁让君子对他人的损害产生强烈的同情。因为智,君子能够洞悉制度之不合理处,并构想更为合理的制度,提出制度转型之方案。因为勇,君子会投入改变制度的实践中,这样的实践是充满风险的,按照理性经济人看是得不偿失的。个别人、少数人具有知、仁、勇之德,将启动制度变革之过程。

假设没有这样的人,所有人都按照制度的逻辑活动,也即以败坏的方式苟活、投机,其结果将是社会秩序之全面溃散,而绝不可能有制度的变革。中国社会目前就处在这样的危险之中,而少数人的道德觉醒与君子人格、技艺养成,乃是这个社会唯一希望之所在。

假如你在商业交易中做到了"己所不欲,勿施于人",诚信地对待你的交易伙伴。你交易伙伴感受到这一点,也有可能调整自己的行为模式,诚信地对待你。这样,你就在一定程度上改变了你的交易伙伴。而你们两个将会发现,这样交易其实成本更低。你们扩大这样的交易方式的适用范围,一种更为优良的商业交易模式逐渐形成、扩散,最终变成一种一般性商业交易模式。由此,商业世界的一种或者多种制度发生了变革,所有卷入这一过程的人的福利都因此而获得改善。

追根溯源,这个变革过程也许就起源于你的一个善念,你的道德自觉,你的精神的向上提撕。不需要官方宣传,也不需要事先的法律变化,就在潜移默化之中,某些制度就发生了一次也许大、也许小的良性变化。无数这样的变革,就可以改变一个领域。这不是精神万能论,而是一种再平实不过的制度变迁模式。在现实世界中,我们可以清楚地观察到,不同企业家不同的道德意识,带来了完全不同的企业生态、商业生态。

上面说的是率先行动者就是少数君子。而君子之先知先觉行为,也需要获得其他人的良好响应,才足以推动大范围的风俗更化、制度变革。制度在人群中间界定和维护一种特定的权利和利益配置格局,制度变革意味着此一格局的变动,不同人的得失是不同的。由此,制度变革就离不开相关群体的道德自觉,这可以从两个方面来讨论:

第一,如新制度经济学家道格拉斯·诺斯透过历史变迁研究所证明的,自己的权利和利益在一种制度中遭到不公平对待的人,惟有通过道德觉醒,才能解决"搭便车"问题,而形成推动变革的力量。无论如何,变革是需要力量推动的,而弱者的力量就在人数,而道德感是动员的利器。

第二,一项制度的既得利益者,也惟有透过道德觉醒,才有可能超越个人利害得失的短期计算,关注自身的长远利益,从而愿意进行变革,哪怕这样的变革对自己看得见的短期利益不利。如果没有这样的良性响应,民众的制度变革要求可能演化成为暴烈的社会冲突。

上面讨论了三个主体,少数君子,权利和利益受到损害的多数,及制度的既得利益者,当三者都具有一定程度的道德自觉,才有可能出现良性的制度变革。

观察历史就可以发现,所有重大的制度变革之先,都有过社会的道德觉醒。其实,即便不涉及利益的再分配,道德觉醒本身也可以带来制度变革。

中国需要道德伦理重建

如果中国社会要变得好一点点,这是唯一一条具有可行性的通路。个体的道德自觉以及行为模式的变化,可以让局部的制度变得好一点点,即便整体的制度依旧。既然人们普遍相信,当下种种制度严重扭曲,那就不应当指望制度可以自行变化,而应当回到自己的内心,寻找自己可以把握的变革力量和可行路径。而只要人愿意,人其实完全可以超越制度。制度是死的,可能纠缠着众多复杂的利益,人却可以是自由的。这首先意味着人的道德的自由。

　　很多人在谈论，中国需要制度变革，这我完全同意。但我想补充说：中国首先需要一场道德觉醒运动，需要一场伦理重建运动。只有经过了道德觉醒，制度变革才有可能真正启动，因为到那时，人们才会知道，什么是好什么是坏，并对好产生一种强烈的向往。也只有经过了道德觉醒，制度变革的过程才有可能真正展开，因为那时，人们将克服集体行动的困境，打破既得利益集团构造的铁笼。

　　即便做不到这一点，道德伦理重建至少也可以让这个社会变得好一点点。还是以食品安全为例，即便目前的监管体制不变，只要行业内的主要企业的掌门人、员工，多一点商业伦理意识，多一点对利益的自我节制和对消费者负责的意识，他们就会更为严格地要求上游。由此，上游产业也会自我节制。假如这个行业内的重要企业的伦理意识略有提高，即便监管制度不变，这个行业也可以变得好一点点，而所有人皆可从中获益。

　　这就是温家宝向企业家们呼吁道德的原因。这个呼吁表现了一位经历了人间沧桑的老人的睿智。这个时代，所有领域都需要制度变革，但是，没有道德觉醒，任何制度变革都是不可想象的。从长远来说，没有基本的道德伦理支撑的优良治理秩序，也是不可想象的。

四、法律当守护道德

法律与道德伦理是人们治理社会的两种基本规则体系。但现代社会有一种过分强调法律而忽视道德的强烈倾向，法律实证主义理论最清楚地表达了这种理念。在中国，没有多少法学家受过法律实证主义的系统训练，在公共舆论空间中拥有重大支配权的知识分子甚至没有基本的法学训练，但是，他们谈论现代治理时，却表现出最为强烈的法律崇拜与道德蔑视。知识分子说，法治秩序不需要道德。他们更进一步断定，道德有害于法治秩序。正是在这种心态支配下，过去一百年，中国逐渐形成的法律以及司法活动，在相当程度上是蔑视道德的，甚至是反道德的。

判决的终极权威来自道德认可[①]

2005年8月底，长沙市中级人民法院对出租车司机黄中权撞死劫匪一案作出终审判决，支持一审判决：黄中权犯故意伤害罪，但犯罪后自首且被害人姜伟有重大过错，判处黄中权有期徒刑3年6个月，赔偿姜伟之父经济损失36998.78元。

从某种意义上说，该案件确实具有疑难案件的性质。假定黄中权是骑

---

① 本节写作于2005年9月初。

自行车者,在被抢劫之后,继续追寻抢劫犯,此时,抢劫犯挥刀,完全可能威胁黄的生命,黄中权在搏斗中以自行车将其撞死——假如撞得巧的话,是可能产生这种效果的,则黄中权的正当防卫辩护是站得住脚的。但现在,黄中权开了个铁家伙,抢劫者的刀确实不可能威胁到黄的生命,相反,铁家伙相对于持刀的抢劫犯,倒似乎更有可能成为侵害者。因而,法官的判决似乎颇有道理。

然而,从目前民众的反映来看,人们普遍难以接受这样的判决。那么,究竟是哪儿出问题了?

审理本案的长沙中院法官的辩解都基于纯粹的法律规定及法律的技术分析。对于普通的案件,这似乎已经足够。有一种理论鼓吹,法官在审理案件时,只应充当法律的自动售货机,根据既有的条文,对摆在面前的纠纷作出裁决,而不管其可能产生什么的社会影响。在黄中权一案中,法官力图将道德伦理问题排斥在他的考量之外,

然而,这种态度是不负责任的。归根到底,法律所要关注的首要问题是正当与不正当,也即,当事人的行为是不是"正确"的。古罗马法律谚语云:法律是正义的准则。英格兰伟大的法律家爱德华·库克爵士也引用过一句拉丁文:法律是神圣的命令,它要求做正当的事而禁止做相反的事。

法律与道德伦理之间的关系是复杂的,但总体说来,法律应当以人们普遍的道德观念为基础,道德是法律的朋友。因而,法官不可能以法律的技术分析为借口,不去考虑其判决可能对社会道德伦理的影响冲击。而进行这种考虑的原则似乎是,当法官预计到,摆在他面前的案件涉及了社会的一些核心道德价值,就应当极端审慎。

在英美普通法传统中,法官通常具有这样的自觉意识。原因在于,普通法实行遵循先例原则,法官在一个案件中作出的裁决,就是以后类似案件的法律。因而,法官在作出判断时,就必须考虑到自己的判决可能产生的广泛的社会影响,包括其对社会主流道德伦理的影响。在这种制度下,法律与道德伦理保持一种复杂而微妙的关系。法官可能阐明社会主流道

德伦理,也可能通过判决支持正在上升阶段的道德伦理。

而在大陆法系下,法官普遍缺乏广阔的视野,缺乏对于司法活动的社会功能和社会影响的自觉,而基本上沉迷于法律的技术考虑。于是,就会出现完全合乎法律、但却与我们当下这个社会具有正常的理智、情感和判断力的普通人的道德判断完全相悖的裁决。

尽管法官没有对于道德问题的自觉,但是,很显然,凡是涉及道德伦理的案件,比如黄中权这类案件,注定了会引起社会的广泛关注。其结果就是,法官很认真地按照法律作出了裁决,人们却普遍地不接受判决。因为,它违反我们的父母教给我们的道德观念,也违反社会上普遍相信的常识,或者说关于生活的智慧。

看到这样的判决,民众普遍地陷入困惑。尤其是看到抢劫犯的家属毫无任何愧疚之意,反而理直气壮地向保护自己财产和人身权利者索取赔偿,恐怕所有人都会有一种道德价值被彻底颠覆的荒谬感。

民众的这种反应必然损害法律的权威,而离开了道德观念的支持,法律其实是没有多少力量的。法官的判决之所以被当事人尊重,不只是因为法官的背后有国家权力,更主要地是因为法官的背后有道德。因为,人们普遍地相信,判决合乎社会主流的道德伦理,因而,人们认为那种判决是正当的,当事人应当遵守。

这也可以说是人们对于法官的善意期待。在一个优良的社会中,法官不会只满足于充当法律工程师,相反,他们会成为治理社会的艺术家。他会体贴人们的正义感,洞察人情世故,把握社会的变动趋势,从而作出既合乎法律但又超乎法律的判决。这样的法官才会获得人们尊重,这样的司法才会发挥维护秩序的作用,而不是损害秩序。

扶老困境：法律如何成为生活之敌①

在中国，法律和法院似乎是一架摧毁国民的道德感的奇怪机器。

人天然地具有道德感，孟子就此断然提出一个伟大的伦理学命题："人皆有不忍人之心。"朱子注："天地以生物为心，而所生之物因各得夫天地生物之心以为心，所以人皆有不忍人之心也。"人皆为上天所生，共同地"分有"天之性，则人与人就有"通情能力"。如此，任何人见其同类遭受肉体、精神痛苦，必自然而然地产生不忍之心。对此，斯密在《道德情感论》中亦有精彩论述。

孟子举了一个例子来论证这一儒家伦理学的根本命题："所以谓人皆有不忍人之心者，今人乍见孺子将入于井，皆有怵惕恻隐之心。非所以内交于孺子之父母也，非所以要誉于乡党朋友也，非恶其声而然也。"朱子注："怵惕，惊动貌。恻，伤之切也。隐，痛之深也。此即所谓不忍人之心也。言乍见之时，便有此心，随见而发，非由此三者而然也。"②恻隐之心乃是人自然具备的。哪怕一个强盗，突然看到一个无知幼儿正在爬向井口，心中也会咯噔作疼，而有拉其一把的冲动。

孟子所举的这个例子，完全可以适用于扶老：老人和幼儿都因为其自然生命的柔弱，而最易触发人的恻隐之心。看到一个老人倒在地上，死亡就在他/她的头顶上徘徊，任何一个人，哪怕是强盗，都会产生扶他/她起来的冲动。

这就是人被上天赋予的道德本能——是的，人绝非只有食色之本能。《尚书·泰誓上》："惟天地，万物之父母；惟人，万物之灵。"食色乃是人之为禽兽的本性，人之灵性则体现为自然的道德本能。道德本能是与食色的本

---

① 本节原刊《时代周报》，2011 年 9 月 14 日。

② 《孟子集注》，卷三，公孙丑章句上。

能同时产生的,其对于人之为人的价值,比之食色更为重要。如孟子接下来所说,人若没有这样的灵性,就是禽兽。而一群无灵性之人,根本没有能力组成社会,他们也不可能进入文明状态。文明就是由人的道德本能驱动而演化出来:"恻隐之心,仁之端也"云云,"凡有四端于我者,知皆扩而充之矣,若火之始然,泉之始达。苟能充之,足以保四海"。[①] 保四海者,规则也。离开了由种种正当行为规则编织而成的文明,人不可能生存一天。

上引孟子的话也清楚表明,人的恻隐之心完全有可能被遮蔽。如是,判断一个社会好坏的标准也就相当简单:一个社会的观念和制度体系,如能鼓励人们扩充自己的道德本能,发展成为健全的道德和伦理意识,并见之于道德与伦理实践,这个社会就是好的。反之,如果这套观念与制度体系妨碍人们扩充这种道德本能,这个社会就是坏的。所谓"人的发展",恐怕就首先是这个意思。

若用这个标准衡量,当代中国社会实在算不上好。本来,兴起于二十世纪初的反传统的现代传统,已大大地消解了种种鼓励人们扩充自己道德本能的信仰、价值与社会制度;二十世纪中期几十年的阶级斗争经验,则持续地鼓励人们从事反道德的行为;九十年代以来商业化的过度泛滥,激发了横流冲荡之欲望,遮蔽了很多人——主要是精英群体——的道德本能。

不幸的是,看起来相当现代的法律与司法也在时不时地侵蚀着人们的道德本能。这方面最典型的例子就是近年来发生的与扶老相关之若干案例。本来,人们的道德感已经相当微弱,对于是否应当帮助陌生人,深受商业化影响的人们已在进行可怕的成本一收益算计。彭宇案的荒唐判决,经过媒体的广泛报道,对人们的传统道德直感产生了相当强烈的冲击。当时就有人预言,此后,人们再也不敢扶老了。事实果然如此,此后,媒体报道,全国各地发生了几起老人倒在街头、无人敢于扶起的事情。最近天津法院针对许云鹤案的判决,再度强化了不能扶老的反道德观念。

---

① 《孟子·公孙丑上》。

卫生部也来凑热闹。该部近日发布《老年人跌倒干预技术指南》,指出看到老人跌倒,不可随意移动。从技术上说,这样的提醒也许很有必要。但在当下舆论语境中,貌似科学的技术指南在中国人心灵中本已摇曳欲灭的道德直感之火苗上,又泼了一盆冷水。看到倒在地上的老人,人们恐怕立刻会想起这个技术指南可能施加给自己的责任,灵光一现的恻隐之心,必然消退殆尽。

凡此种种,令我们对中国的现代治理体系之性质和效用,不能不进行深入的反思,尤其是,我们恐怕不能不对中国法律与司法体系之非道德性质进行深入反思。

健全的法律不过就是生活的形式化表达而已,而在生活中,道德、伦理构成基础性规范体系,所以,自然而正当的法律一定是在道德伦理的基础上生长而成的,其目的也一定是借助于法律的强制执行力,维护道德、伦理秩序。《舜典》就已清楚地指出了司法活动的根本目的:"以刑弼教"。教者,借助教化而维持之社会自治。在社会治理体系中,法律只具有辅助性地位,司法活动的目的是辅助社会的自我治理。现代各国法律亦不过如此,尤其是在现代化最为成功的英美之普通法的立法与司法制度下,道德、伦理与法律之间形成密切的多向互动关系。

中国的现代法律体系却完全切割了道德伦理与法律之间的内在联系。因为,现代法律之制定,乃是为了实现物质主义的现代化追赶目标,因而,立法活动是按照国家主义的立法原则展开的:掌握权力的立法官员借助于那些照抄西方法条、法理的法学专家提供的知识,在立法的流水线上,批量化地生产着他们自认为现代的法律:或者抄自日本,或者抄自德国,或者抄自苏联,或者抄自新加坡、法国、美国。

这些法典看起来十分现代,但是,它们难免一个致命的缺陷:与中国普通人的生活形态没有直接关系。它们追求的是现代的概念与法律关系,而不管国人自然的生活本身。它依赖外来的理性知识居高临下地制造法律,而不管社会内生的道德、伦理、习俗。这就是立法的非道德主义。它们甚至于决意颠覆国人的道德、伦理、习俗，因为在立法者和法学专家看来，这些规范是传统的、落后的，妨碍中国的现代化。这就是立法的反道德主义，这两者是全盘性反传统主义在立法领域中的表现。

婚姻家庭法与伦理、道德关系最为密切，二十世纪初以来中国的婚姻家庭法也就最清楚地体现了上述非道德、反道德主义的立法取向。二十世纪上半叶的婚姻法根本不承认传统的婚姻礼俗，五十年代以来的婚姻法积极鼓励青年男女颠覆传统婚姻观念，最新的婚姻法司法解释（二）更进一步，按照商业原则，把婚姻理解为两人开办、并以两人继续各自盈利为目的的企业。

当代主流法学理论也根据肤浅的自由主义道德中立原则，竭力否认法律与道德、伦理之间的深刻内在联系，要求在立法和司法过程中排除道德、伦理因素。因此，完全可以推测：假如中国法院受理同性恋婚姻案件，其作出的判决之"进步"程度，一定会让美国联邦最高法院大法官们瞠目结舌。

扶老案的荒唐判决，就是法官积极地实践上述非道德、反道德之法律精神之结果。本来，扶老首先是一个伦理实践活动，由此引发的纠纷必须置于这个脉络中思考、判断。法官必须清楚，这个时代人们的道德处于何种状态，自己的判决可能对于人们的道德本能之扩充，产生何种影响。但看得出来，审理这些案件的法官根本没有进行这方面的思考。他们按照标准的现代法学教科书的要求，把道德伦理维度从自己的思考中排除，而试图单独依靠法律进行裁决，而这个法律是与国人的生活形态无关的。法官在这个领域中作出败德的裁决，其实一点也不令人意外：法律和司法的精神本来就是非道德的、反道德的。

总有人说，现代社会是法治社会。问题是，什么样的法律、什么样的司法，才能带来真正的法治，让社会秩序变好，而不是损毁伦理道德，让社会解体？几起扶老案的判决已经对社会秩序造成重大伤害。法律人，你们该反思了。法律必须以生活为本，司法必须在生活的脉络中展开，否则，法律和司法就可能成为生活的敌人。

找回法律的中国性①

社会治理离不开法律,现代社会的治理更是如此。但是,究竟什么样的法律才能够带来优良治理? 大陆的法律体系果真能够带来优良治理么?

近日,中国社会科学院发布了 2011 年法治蓝皮书——《中国法治发展报告》,这份报告宣告,2010 年是中国特色法律体系形成之年,以宪法为统帅,以宪法等多个法律部门和法律为主干,由法律、行政法规、地方性法规等多层次的法律规范构成的中国特色社会主义法律体系已经形成,国家各个主要方面实现了有法可依。

当然,专家们也承认,中国的法制体系还存在很多问题,尤其是法律法规在现实中没有被执行,存在大量有法不依现象。很多人提出,解决这一问题应当变革司法体系,应当强化对行政权力的约束,等等。

这些当然是完全必要而正确的。但是,如此谈论的前提却未必准确。中国的法律体系果真已经比较完整地形成了么? 不能光看法律的数量,还应当看法律是否大体健全,比如,应当看看法律法规是否合乎正义,是否较为充分地保障人们的自由与基本权利,是否比较公平地对待不同的人和群体。

如果用这样的标准来检测现有法律体系,可以说其中诸多法律存在相当严重的问题。比如,土地法律体系就对农民显著地不公平。有这样的法律,可能比没有更糟糕,因为有了这样的法律,掌握着权力的地方政府与掌握着财富的开发商,就可以更为便利和放肆地侵害农民的权利和利益。

但这还不是问题的全部。一个更为深层次,而不为人们注意的问题是,这个被宣告已经形成的法律体系的文化属性异常地含混。拿起随便哪一部法律法规,人们可以追问,这些是"中国的"法律么?

---

① 本节原刊香港《信报》,2011 年 3 月 12 日。

从根本上说，法律不是别的，就是一个共同体的生活方式的抽象化表达。人们怎样生活，法律就当怎样说。当然，这不排除立法者运用一些健全的价值，对生活中的某些不良行动予以矫正、规范，并附以惩罚措施。但从根本上，什么是正确的，什么是错误的，人们拥有什么样的权利，交易应当如何进行，都应当依据共同体的共识，扎根于人们的生活。由此形成的法律，才是真正的法律，也是最好的法律——因为，它把法律之治的难度控制在最低程度：人们只要正常生活，就遵守了法律。

但在中国，法律却不是这样的。当然，问题不自今日始。二十世纪初，朝廷实施新政，现代化事业大规模铺开。其中最为重要的内容是法律体系的现代化。经过几番辩论，主流意见选择了一种激进主义立法方案：移植西方法律体系，主要是移植日本法律体系。若干重要法典就是日本人起草的。

当然，二十世纪上半期的移植还算比较温和。由此发展而来、目前实施于台湾的"法律体系"，在不少地方，还与中国文明保持着连续性。在大陆，这样的移植策略则被更为激进而彻底地实施。

首先，在五十年代，全盘移植苏联法律体系。八十年代以后，又广泛移植西方法律体系。而且，这一次的移植是一锅烩，移植对象从德国法、法国法，到美国法、日本法，乃至新加坡法、香港法。比如，大陆目前的房地产制度在很大程度上就是通过深圳，移植自香港。这些外来的条款和典章又被灌注了苏联法的精神，从而形成了一个缺乏内在一致性的法律体系。

这些法律也许有很多优点，也许有很多缺点，谁知道呢？而在我看来，最大的问题在于，这些法律都是从外部移植而来的，与中国人的生活缺乏内在、有机的关联。

这并不是说，中国人追求正义和美好生活的愿望，与德国人、美国人或者日本人，有什么本质上的不同。他们可能具有类似的理想，但他们的生活形态确实是不同的。比如，中国人的家庭结构和家庭观念必然不同于其他文明。又比如，当下中国乡村的土地产权安排和交易安排必然是多样而丰富的,并且可能是有效率的。但所有这一切都被完全置之不顾,立法者按照自己的意志,制定了一整套法律,让人民执行。

也就是说,在二十世纪中国立法过程中,可以看到一种强烈的"法律的国家主义迷信",在这背后则是"国家主义的法律观"。这种法律观相信,立法者可以借助权力,根据自己的意志,自上而下地规定,产权是这样那样的,交易应当这样那样地进行,而不管现实中人们是如何界定产权的,交易是如何进行的。

由此,在中国,法律与生活之间严重脱节,而执法体系则蛮横地执行国民陌生的法律,强制生活。这样的法律经常不是在维持秩序,而是在扰乱秩序。费孝通先生在《乡土中国》一书中早就观察到,"现行的司法制度在乡间发生了很特殊的副作用,它破坏了原有的礼治秩序,但并不能有效地建立起法治秩序"①。七十年了,这种情形没有发生根本变化。

到了该改变的时候了。法律是一个文明的形式,中国之为中国,前提是它的法律必须是中国的。也即,必须扎根于中国的文明,按照中国人的生活,书写中国人的法律。国家主义迷信让法律不愿面对生活,不愿意服务于文明,而把自己凌驾于文明之上。但是,当法律与文明陷入冲突状态,必然的结果就是两败俱伤。中国的立法者,不仅需要理解现实的需求,掌握立法的技术,也需要一个文化的自觉、文明的自觉。

---

① 费孝通著:《乡土中国》,上海世纪出版集团 2007 年版,第 55 页。

五、在"陌生人社会"重建道德

这个时代,人人都感叹世风日下,道德沦丧。人们尽情地享受着不受道德约束的快感,但也痛切地感受到无道德社会给自己带来的看不见但现实的精神压力和看得见且时刻发生的损害:做生意者担心交易对方不守契约,夫妻们相互担心对方出轨,等等。

社会陷入此种普遍的道德匮乏状态,原因多多。其中一个非常重要的原因是,社会经济结构急剧变化,尤其是快速工业化、城市化导致人口大规模流动,大量人口脱离既有的"熟人社会",进入相互不认识的"陌生人社会"。这个转变太快了,且存在种种自我调适的制度障碍,人们被推入一种道德、伦理的真空状态。欲重建道德,就必须走出这样的"陌生人社会"陷阱,在城市化的场景中重建"熟人社会"。

陌生人恐惧症

过去二十年中国发生了人类历史上最为壮观的人口迁移。在短短十几年中,数亿人口走出乡村,进入城镇,卷入工业化过程。城镇人口也在四处流动。由此,也许保持了数百年稳定的传统"熟人社会",趋向于解体,中国开始进入"陌生人社会"。走在大街上,人们相互不认识。人们依赖陌生的警察来保护,也遭受陌生的罪犯的威胁。陌生人教育自己的孩子,建筑自己的房屋，人们把自己的钱交给陌生的银行打理，人们吃的是陌生人提供的食品。

在这样的社会中，人们有解放的欢欣，更有孤独的痛楚。也许，食品安全事件最清楚地表明了"陌生人社会"的特征。过去十年中，食品安全事件频繁发生，让民众生活在持续的焦虑状态。人们纷纷呼吁改革和强化监管制度。

但2011年年初，海外接连出现两宗严重的食品安全危机，说明食品安全绝不仅仅是中国的问题，仅仅通过强化监管制度也不足以解决问题。

首先，台湾塑化剂风波如滚雪球般愈演愈烈，已酿成一起重大食品安全危机。本次塑化剂事件是有不肖业者将塑化剂的一种DEHP（邻苯二甲酸二酯）当做起云剂的配方使用。另一方面，欧洲发生了"毒黄瓜事件"，多人感染，甚至死亡。最奇怪的是，人们查找毒黄瓜的源头，颇费周章。

恐怕人们都会承认，中国台湾和欧洲的市场是相对规范的，尤其是欧洲，其食品安全监管机制，甚至可以说是十分繁琐、苛刻的。尽管如此，这里仍然出现了如此严重的食品安全危机。

出现这种现象，也许并不奇怪。亚当·斯密的贡献在于指出了市场的效率来自于分工。分工的扩展和深化，是现代商业社会高效率地创造财富的秘密所在。人们今天经常谈论的全球化，也就是分工在全球范围展开，这当然会大幅度地提高财富创造的效率。

不过，经常容易被人忽略的一点是，亚当·斯密在《关于法律、警察、岁入及军备的演讲》中也明确地指出了，恰恰是市场机制给人类带来福利的这一机制，同时也会具有负面效应。斯密指出，以分工为本的现代商业给人类带来三大不良现象：第一，伴随着分工，人们的视野可能变得非常狭窄，尤其是下层民众的见识将会非常狭隘，缺乏高瞻远瞩的能力。第二，教育大受忽视，出现童工现象。第三，伴随着分工，社会的尚武精神迅速衰败。斯密郑重提出,"如何补救这些缺点,是值得认真注意的事情"①。

其实我们还可以补充一点:分工不断深化的现代商业,也可能让企业变得不负责任。分工的深化经常意味着一件产品从生产者到消费者,将经手诸多中间环节,经历遥远的路程。消费者对于生产过程没有任何了解。当然,大范围的分工也意味着,同一家厂商的产品的投放范围极大,甚至可以说覆盖全球。假如一种产品出现了问题,它的影响必然十分广泛,甚至可能是全球性的。

这样的分工提高了效率,但也增加了消费者可能遭受伤害的风险。这也就触及现代社会理论中讨论的一个永恒议题:现代社会是一个"陌生人社会",现代市场是陌生人远距离交易的机制。至关重要的是,在这样的分工体系中,生产、交易活动脱离了熟人之间的人际关系的束缚。生产者与消费者完全分离,相互成为遥远的陌生人。这对食品安全的约束—激励机制提出了严峻挑战。

在传统社会,人们自给自足,食品安全当然是有保障的。即便在市场上购买食品,生产过程也在目睹范围内,因而,人们对于产品的质量是有把握的。至少,在"熟人社会"中,如果出现产品质量,人们很容易找到责任者,并且借助"熟人社会"的机制予以处理。实际上,"熟人社会"的重复博弈机制本身,就会对生产商形成有效的约束。

在"陌生人社会",这些约束激励机制大部分失灵了。这就是中国过去三十年所发生的种种市场乱象之根源,这一点,在食品安全领域尤其明显,"苏丹红事件""毒奶粉事件""瘦肉精事件""染色馒头事件""地沟油事件",可谓层出不穷。

生产商之所以违法、违规使用有害健康的原料,可能是因为,既然是陌生人的远距离交易,其间经历复杂的中间环节,那么,置身于分工体系中的

---

① [英]坎南编:《亚当・斯密关于法律、警察、岁入及军备的演讲》,陈富生、陈振骅译,商务印书馆 1997 年版,第 265 页。

人们，就可能抱有"侥幸之心"——春秋后期晋国贤人叔向早就指出过现代"陌生人社会"的这一突出心理特征。反正最终的消费者也看不见，反正出了问题，外界未必能够在自己与他人的损害之间建立起关系。因此可以说，现代市场体系其实充满风险。

不仅市场有风险，风险无处不在。比如，在中国，幼儿园老师会教育孩子："不吃陌生人的糖果"、"不给陌生人开门"。年轻人上班出门，总会叮嘱看家的老人："陌生的电话号码不接"、"买东西不听陌生人的推荐"。银行门口也摆放着提示牌："不给陌生账户打款"。总之，在当代中国社会，对陌生人，人们普遍抱着强烈的怀疑甚至敌意，陌生人似乎就是潜在的敌人，随时可能伤害自己。因此，人们提高警惕防范着一切陌生人。但所有人其实都生活在陌生人中间，于是，生活就无时不在焦虑之中。

陌生人熟人化之西方经验

但是，陌生人焦虑症就是注定了的吗？当然不是。

也许是社会的自我调节机制在发挥作用，在现代转型起步较早的西方社会，人们脱离"熟人社会"之际，社会结构与道德规范体系同时发生了一次大转型。

对于马克斯·韦伯关于新教伦理与资本主义之间具有密切关系的经典命题，其实可以做一个一般化的理解：相比于"熟人社会"，陌生人的远距离交易要求个体形成更为严厉的内在道德伦理约束机制。因为，消费者并不在生产者身边，而法律绝不可能看管每个人的每个行动。惟有生产者具有儒家所说的"慎独"意识，才不会欺骗消费者，一个可信赖的交易秩序才能够逐渐形成、扩展。换言之，与一般人的理解相反，现代市场需要更严格的道德伦理自律，比之"熟人社会"更需要"慎独"的功夫。

西方社会确实循此进行了调整，其标志性事件就是十六、十七世纪的宗教改革。这一改革的重要特征之一就是信仰的个人化——尽管这一说法有失简单化。不是个人放弃信仰了,而是个人不再依赖"熟人社会"的那种方式奉持、实践信仰。事实上,新的宗教加诸个人的道德责任反而更强了:个人必须直接面对超验的信仰对象,比如上帝,就自己的行为对上帝承担责任。个人必须自己、且主要就是自己时刻提醒自己,合乎伦理地生活。

事后来看,这样的信仰模式当然适合于现代城市的"陌生人社会"之生活。在传统的"熟人社会",人们会进行重复博弈,每个人为了自己未来的利益,必得在与他人合作交易时克制当下的贪婪。而在"陌生人社会",个人之间的合作、交易活动很可能是一次性,个人有极大的激励采取机会主义策略。

彼此不相识的陌生人要放心地进行合作、交易,法律当然至关重要的。过去几十年来,中国知识界已经高度强调了法律对现代"陌生人社会"正常运转的重要性。事实上,这种信念已经发展成为法律万能论、制度决定论。人们相信,在"陌生人社会",只要法律就够了,道德、伦理毫无价值。

事实当然不是这样的。法律所具有的约束力,其实远不如人们所设想的那样有效,法律不可能时时事事看管住每个人。必须另有其他机制在现场约束人。这就是道德、伦理。在"熟人社会",一个人可以没有道德,但重复博弈的经验和预期足以约束他的行为。在"陌生人社会",重复博弈的概率减少,约束的力量反而更多地依赖个体的内在道德。

也就是说,内在的道德对于"陌生人社会"的正常运转其实更为重要。这种机制必须依赖于个人的"慎独":克制自己的贪婪、遵守既有规则,变成个人的一种文化、道德本能。西方是幸运的,在城市化、在人们普遍进入"陌生人社会"之际,完成了这一精神约束机制的大转型。

与此同时,"陌生人社会"也经历了一次组织方式的大转型,实现了陌生人的"再度熟人化"。

欧美的城市化过程并不是一个单向的人际关系陌生化过程。事实上,人们走出传统乡村的熟人关系网络、进入城市后,相互陌生的市民们又构造了各种各样的社团,而过上"熟人社会"的生活。不论什么时代,人其实永远都需要生活在"熟人社会"中,惟有如此,心灵才可能安定下来,交易成本才可以被控制。

托克维尔走访美国期间观察到的宗教生活和种类繁多的结社活动,就是生活在城市的陌生人们重新熟人化的两个主要机制。

首先,宗教改革并没有让信仰变成纯粹个体性的。信仰总会驱动人们结成关系极为密切的"团契",组织教会。而这种团契活动必然相互激励出强烈的道德感,它也对人们形成一种强有力的外在约束。

其次,在城市,邻里成立社区自治性组织,人们成立企业,建立俱乐部,兴办慈善公益组织。凡此种种组织,让人们重新建立了一个又一个熟人圈子。在这里,人们重复博弈,形成熟人关系。在这里,道德、伦理是规范、约束人们行为的主要力量。

伴随着这样的实践过程,我们也看到,在欧美城市化快速推进过程中,civility、good manners 是思想讨论中的一个热门话题。[①] 苏格兰道德哲学家就相当关心这个问题,休谟、斯密均就此问题进行过深入讨论。这个话题关涉现代社会的两个面相:"陌生人社会",市民社会也即中产阶级社会。从 civility 向外,我们可以观察到托克维尔所说的现代社会的"风俗(morals)",它笼罩着所有人,塑造着所有人相互对待的行为,也即礼节。由 civility 向内,我们则可以察觉到个人内在道德感之型塑,由此,陌生人关系中的个体也依然具有羞耻心,因而能够检点自己,且对陌生人也能善意相待。

由这一经验,我们或可得出一个普遍的命题:现代社会要形成和维持秩序,不可能单纯依靠法律,而必须依然以道德作为规范人的行为、以伦理作为调节人际关系的主要力量。在这一点上,现代社会与传统社会并无区

---

① 当代西方杰出思想人物爱德华·席尔斯专门对此进行了讨论,参考 Edward Shils. *The Virtue of Civility: Selected Essays on Liberalism, Tradition, and Civil Society*, edited by Steven Elliott Grosby. Liberty Fund, 1997。

别。只不过,道德、伦理在现代社会发挥作用的制度之具体形态,也许不同于传统社会,但不可能没有这样的制度。也即,一个共同体要顺利地从精神、社会层面上完成城市化,必须通过某种途径完成陌生人的再度熟人化,让道德、伦理继续有效地发挥作用。如此,现代社会才是可治理的——严格意义上的"陌生人社会"是不可治理的。

麻烦的是,现在社会的另外一些部分,比如,现代的政治学和伦理学通常会具有非道德乃至反道德的倾向。处于社会、经济、文化结构之边缘的知识分子,则一般均具有追求个性解放的理想,必然具有反建制,包括反道德的倾向。他们借助日益发达的现代学术体制和大众媒体,以理性、进步、革命、个性解放等崇高的名义,生产和传播种种非道德、反道德的情绪和理念。

这就形成了现代社会最为严重的自相矛盾:现代社会依赖道德、伦理的程度,一点也不弱于传统社会,宗教、诸多社团也确实在维持风俗、塑造道德感。但是,现代社会也给非道德、反道德的理念提供了诸多便利。现代社会能否维持健全秩序,取决于这两种力量之间能否保持平衡。或者更准确地说,取决于维持风俗、塑造道德感的力量是否足够强大,抵御知识分子制造的非道德、反道德的力量。这是现代国家的治理者所面临的最大考验:智慧的治国者会竭力维持这两者间的均衡,天真的治国者会放纵非道德、反道德的力量,愚蠢的治国者会用权力维持道德。

儒家式现代社会

不幸的是,种种反道德的力量在二十世纪的中国占据上风,从而令中国的现代转型,没有伴随着风俗与道德感生成机制之转型,而是伴随着对两者之毁灭,而中国的现代转型也就因此未能完成,也不可能完成。

这并不是中国传统,或者更具体地说儒家有什么问题。十九世纪末以来中国的城市化历史,中国台湾、香港现代社会成长的经验,及东亚其他国家晚近以来现代化的经验均可证明,以儒家为本的中国固有道德规范体系和社会组织结构,完全能够实现其自身的新生转进。

举一个最简单的例子:广州现存最大的祠堂——陈家祠堂,在十九、二十世纪之交,就已经突破了祠堂的传统性质,而演变成为一种容纳粤境各地陈姓人士的会所,实际上成为一个区域性的公益性组织。这就是传统组织与城市化过程相调适的范例。

在印尼等地,儒家进行了宗教化、教会化的努力,而建立了孔教。有趣的是,印尼孔教组织最早的渊源当追溯到康有为在十九、二十世纪之交所提出的构想,并由他的弟子陈焕章所创建。城市化环境可能导致家族制度的松散化,儒家的宗教化则创造了守护、传播儒家价值的新组织。对于儒家是否应当宗教化,学界争论不休,但在城市环境中,在伊斯兰教、印度教等诸多宗教并存的环境中,孔教会的确推动了华人社会内部陌生人的熟人化,从而为道德、伦理发挥作用创造了制度条件。

在大中国范围内,台湾、香港没有经历过二十世纪初的启蒙运动,更没有经历过大陆摧毁传统之政治、社会运动,事实上,当大陆"文化大革命"风起云涌之时,蒋中正在台湾发起了"中华文化复兴运动"。因而在台湾、香港,儒家价值及其所支持的诸多社会制度经历了较为自然的演进、调适过程。而在这里,宗族制度依然在运转;即使在城市,各种传统信仰依然发挥作用,大街小巷,随处是民间信仰之庙宇。尤其是人间佛教吸纳了广泛的中产阶级参与。这样,在城市中本来相互陌生的人们再度进入紧密的小团体中,而完成再度熟人化。在这样的熟人圈子中,人们相互砥砺道德,养成私德、公德。

这些事实证明,儒家其他传统宗教和社会组织是可以完成自身之新生转进,从而为现代社会提供道德伦理支撑的。而一个现代社会之需要道德、伦理的程度决不逊于传统社会。因为,在任何时代,法律治理的运作成本都是非成高昂的,并且它的覆盖能力永远是有限的。因此,优良治理秩序一定是以道德、伦理的治理为基础的。

　　真正的问题在于，二十世纪以来，中国不断掀起"大革命"的浪潮，启蒙知识分子致力于打破固有道德规范体系，这种文化批判后来更演化为十分彻底的社会改造与破坏运动。结果，固有道德规范体系未能实现创造性转化，文人们所想象的新道德终究是海市蜃楼。九十年代以来主宰公共空间的经济学，更把个人追求利益最大化的理论假设，普及成一条伦理戒律。

　　这样，伴随着工业化、城市化，中国人走出传统的"熟人社会"，而没有完成"陌生人社会"的再度熟人化，而永远停留在可怕的"陌生人社会"中了。中国社会由此跌入一个伦理道德空白的深渊：传统风俗瓦解之后，没有形成新的风俗。普遍的道德规范体系不复存在，道德约束机制无从发挥作用。人们回复到霍布斯所说的"自然状态"：每个人把所有人当成不可信任的敌人，与他人打交道，成了一件让人们普遍焦虑、恐惧的事情。

　　面对这样的困境，有些人用断章取义的"仓廪实而知礼节，衣食足而知荣辱"来自我安慰。据说，仓廪充实了人们就自然知礼节，或者，必须先充实仓廪，然后才谈得上知礼节。所以，发展经济最重要的，为此可以不惜一切代价。但现实已使人们认识到，仓廪充实后，人们未必知礼节。

　　今天，人人都渴望重建道德。也许人们的这种渴望太强烈，现实又太丑陋了，所以，有些人把五十年代想象成路不拾遗、夜不闭户的乌托邦而心向往之。大多数人则都有一点愤世嫉俗，听到、看到他人的道德行为，总是本能表示怀疑，并且试图揭露该人的虚伪。在公共汽车上无人为老人孕妇让座，人人会咒骂这个社会已然道德沦丧。但假如有人让座，很多人又会怀疑让座者是在作秀。人们不相信，在这个时代竟然还会有人做好事。

　　可以说，我们生活在一个令人绝望的无道德与反道德的陷阱中：人人都对社会之道德匮乏表示痛心，希望社会能变得更有道德。但人们似乎没有意识到，自己的言行，包括表达道德渴望的言辞，其实就在继续恶化社会的道德气氛，而没有多少建设性价值。人们不自觉地成了庸俗经济学的精神俘虏，为自己的道德行为设置了很多前提条件：如果社会的体制、法律比较坏，那就不要指望我遵守道德。无数人都是精于计算的"理性经济人"：

最好让别人先道德起来，以此作为自己对他人道德的前提。每个人都希望自己幸运地成为道德的搭便车者。人们只是以一个旁观者的身份而不是以参与者、行动者的身份表达自己道德饥渴之感的。可以说，借助于每个个体的理性计算，是不可能走出这个鸡生蛋、蛋生鸡的循环中。

走出我们这个时代之根本困境的唯一出路，是作为一场精神运动的道德与风俗重建。以某种或多种普遍性宗教为载体，将适合于"陌生人社会"的一般性道德规则体系嵌入人们的心灵中，变成人们的文化本能。惟有借助这样超理性的精神提撕，人们才可能放弃搭便车心理：不管他人如何，自己把信守规则当成自己的道德义务。只有经过这样一场精神运动，"陌生人社会"内部才可能建立最基本的信任，才能再度熟人化。这个时候，中国人才算进入现代社会——现代社会也是社会，而绝非"无社会"。

六、只需要回向人心

美德至关重要,当下中国美德匮乏,因而需要道德重建。而按照儒家的理念,道德重建之道并不复杂,那就是回到人心。

困扰当下中国人的绝大多数精神、文化、社会、经济、政治问题,其深层次的根源都是物质主义,其基本信念是:人就是肉体的存在。因此,生命无非就是满足感官需要之过程。由此,人们进入丛林状态。但实际上,物质主义只是一种现代意识形态,乃是为了某种政治目的而构造的幻想。人必定有灵魂、有精神、有心。孔子、孟子十分平实地指出了这个事实。而这个最简单、对人而言又最根本的事实,就是这个时代解决其根本困境的唯一出路:回向人心,面向心灵而生活,人就可以向善,就可以将内在固有之善端,扩充为美德、善行。

从物质主义洪水中拯救儿童[①]

作为十岁男孩的父亲,有很多苦恼,其中之一就是如何阻止孩子看广告。孩子的学习很辛苦,所以,不忍心不让孩子看电视。他最喜欢动漫频道,然而,这个频道的广告频率极高且时间极长。全部是针对少年儿童的

---

① 本节原刊《南都周刊》,2009 年 5 月 29 日。

消费类广告,各种吃的、喝的、玩的,琳琅满目。广告片制作得极其精美,人物都纷纷作活力、青春、欢乐状。孩子看完,有时就会于不经意间说,这个真好。还好,孩子不是特别赶时髦,所以广告的影响还比较有限。

我相信,有很多家长的苦恼会比我严重——不过当然,我的这个想法也许完全错误,可能有很多家长正忙着让自己的孩子跟着电视广告赶时髦。我不能不这么想,否则,孩子为什么会被物质主义吞噬?

是的,我们生活在一个物质主义时代,很自然地,这种物质主义也传染到儿童群体中。在中国,物质主义尤其邪门,其传染到儿童群体的速度也尤其惊人。

这邪门有其文化与制度上的原因。中国盛行了一百多年的东西方文化对比没有生产出多少有用的知识,倒指出了一个现象:相对于世界上其他一切民族,周代"人文觉醒"之后的中国人缺乏宗教意识,具有强烈的世俗化倾向。

不过,在二十世纪中期之前,儒家还是有相当约束力的,它教导人们淡看物欲,而致力于"尊德性、道问学"①。佛教试图引导人们超越世俗世界,寻求生命智慧。因而,人们的物欲还是受到一定抑制的,人的生活还有灵魂的一面。

二十世纪的中国则经历了一波又一波反道德的观念与政治运动冲击。晚清至民初,传统的道德体系经历进化论的冲击;"五四"时期,全盘性反传统主义思潮对传统及包含于其中的道德规范体系进行了一番"祛魅",甚至是妖魔化。五十年代之后,反传统的观念性运动演变成摧毁传统的政治、社会性运动。随着传统的毁灭,人们的道德感趋向微弱。因为,道德总是镶嵌于传统之中的。唯理主义者妄想构造的所谓"新道德",其实总是反道德的,总是物质主义的。

从五十年代开始,国家权力借助其系统的思想教育体系,向整个社会

---

① 《礼记·中庸》。

灌输物质主义的哲学信念。根据这种信念,肉体是人的唯一真实的存在,灵魂根本就是谎言。经济是社会的决定性因素,道德、伦理、宗教没有独立的价值和永恒性,人完全可以不管它。

到九十年代,主流经济学建立起知识的霸权地位,它把"经济人"追求自身福利最大化的学理假设,当成唯一普遍的伦理准则向全社会贩卖。中国人刚刚因为激进理想的幻灭而抛弃了一种制度性物质主义,很快又被另一种更私人化的物质主义所征服。经济学家告诉人们说,人的生活就是经济性生活,就是满足每个人对物质欲望的满足。

可以说,过去半个多世纪的中国人,完全处在物质主义支配下。尽管中国在最基本的制度安排方面远未现代,人们的心智却是纯粹物质主义的。就这一点来说,中国比世界其他国家都要现代。比如,在美国,宗教依然具有广泛的影响,因而,大多数人的生活除了物质的一面之外,还有灵魂的一面,灵魂在某种程度上还能控制肉体。但在大多中国人身上,灵魂根本就不存在,甚至被刻意压制。

唯一的控制力量曾经是购买能力的自然限制。随着市场发育,这一限制在某些群体中被突破,人们的物质欲望就毫无障碍地宣泄出来,如滔天洪水,淹没一切。先富者的典范激励着同样具有物质主义心智的后富者,刺激着贫穷者,整个社会的物质主义之弓拉得愈来愈满。

同样是这种彻底的物质主义心智,导致其迅速向儿童世界的传染没有任何障碍。在中国的大小城市,经常可以看到这样的情景:每到周末,父母带着孩子去超市,仿佛度假或者过一种宗教节日,全家人在超市快乐地徜徉,尽情地购买,父母用金钱在孩子的脸上印出一个又一个笑容。消费就是物质主义家庭的礼拜活动。

这样的状态令人担忧。托克维尔对现代社会的最大担心是物质主义,因为物质主义会遮蔽人的灵魂,因而人会变得冷漠,退回私人空间而拒绝关心公共问题;物质主义会侵蚀人们的创造力,如托克维尔所说:"他们必然逐渐地丧失生产财富的技艺,他们最终必然就像动物那样享用它们,没有辨别力,也不再有进步。"①可以想象,如果儿童从小就变成物质主义信徒,则一代人就会向着兽类方向退化。

要在这个物质主义泛滥的时代拯救儿童,首先需要成人的自觉、家长的自觉。这种自觉其实很简单,就是面向自己的灵魂、回到心。一旦人们面向灵魂、回到心,就会摆脱物质的压迫、诱惑,转而成为物质的主人。当然,这社会上也有很多因素可以帮助人们面向灵魂、回到心。

当成人世界形成了具有如此自觉的群体之后,他们也需要组织起来,向物质主义的布道士和传播机构开战。比如,他们可以游说人大立法,限制面向儿童的节目前后的广告时间、广告种类,或者禁止某些类型的儿童产品做广告。在多元社会,这是合法且合理的。大人们也可以通过家长协会、儿童教育协会之类的自治性组织,借助种种传播媒体,说服家长自觉地帮助儿童在家里构筑一个零广告空间,说服家长不带儿童到超市消遣。

总之,抵御物质主义占领儿童心灵,只能依靠自觉的成人,尤其是家长自己,最终则需要依靠教化体系之重建。

企业家之精神匮乏症②

最近发生了与企业家有关的两件大事:第一,黄光裕在看守所中割腕自杀而未遂;第二,有关机构公布了中国慈善排行榜,表彰慷慨的企业家们。不知道,成功而富裕的企业家们看了这两个新闻有何感想,笔者则立刻想到"灵魂"而字。

太史公相信,"天下熙熙,皆为利来;天下攘攘,皆为利往",因而早在两千年前,就专门作《货殖列传》,记录一些成功工商人士发财致富并服务乡梓、国家的事迹。中国学者讨论资本主义,却总是从马克斯·韦伯的《新教

---

① *Democracy in America* ,vol. 3, p. 964.

② 本节原刊《中国经营报》,2009 年 5 月 18 日。

伦理与资本主义精神》谈起，对此，我甚为不解——而且，韦伯教授好像始终都没有搞清楚新教与资本主义究竟是什么。

梁漱溟先生曾说过，中国文明早熟，诚然。中国早在两千年前就有资本主义了，自战国以来，封建制瓦解，人们在皇权之下平等，私人产权制度确立，在此制度框架下的经济当然是私人产权基础上的市场体制。除士人之外，农、工、商三个群体其实都属于私人企业家。到了明清时代，士人从事商业，也所在多有。

这样的市场是有其精神基础的，那就是以儒家、后来又加上佛教伦理规范为基础的商业伦理体系。所谓"儒商"，就是以儒家伦理作为商业交易、合作活动的基础。

依据这种儒家商业伦理，商人，或者说所有人，都要赚钱，但必须遵守一个规范：君子爱财，取之有道。在交易过程中应当诚实守信，这不难做到，最难把握的是与权力的关系。在法治不健全的制度环境下，难免有掌权者主动寻租，商人为生存计，不得不与之周旋，但有君子之风的商人却不会主动与权力勾结设租。

另一方面，儒家伦理教导商人，金钱从来不是目的，只是手段。个人通过合法合理的交易、合作活动积累财富，但一个人真正的价值却不在钱之多寡，而在德性之厚薄。德性当然是不以财富为前提的，但有财可以给德性更多表现空间，比如商人可以拿出钱财从事公益活动，服务本族、本乡以至陌生人。要知道，五十年代之前中国社会的大多数公共品是由士人与商人共同提供的。

正是在儒家商业伦理约束下，传统商人虽以金钱为业，生活却是面向灵魂的。孟子曾说，"人之异于禽兽者几希"[①]，也即，人有心，在物质欲望之上还有精神。托克维尔也说过，人与动物的区别在于，人是通过心灵探究物质福利的，伟大的心灵具有获取财富的最大能力。经济学理论也可证

[①] 《孟子·离娄下》。

明这一点:博弈论能够证明,诚实是最好的经营策略。奥地利学派则强调,企业家"精神",尤其是其创新精神,乃是经济增长和制度变迁的唯一动力。财富总是强大的心灵的产物。

托克维尔下面的话最精彩了:"假如人真的只满足于物质财富,那可以确信,他们必然逐渐地丧失生产财富的技艺,他们最终必然就像动物那样享用它们,没有辨别力,也不再有进步。"①这话好像就是对当代中国的企业家说的,如果黄光裕看过这段话,也许就不会有现在的悲剧。一旦物质欲望压倒灵魂,企业家必然丧失判断力而举措乖张。比如,盲目扩张业务,或者待人傲慢自大,以及最危险的,与掌权者大玩游戏,最终葬送自己。

应当说,当代中国企业家所得到的教训够多的了。已经有不少企业家意识到了这一点,因而在经商之余,走向儒家、佛教、道家及其他宗教,有些人更试图将其融入经营过程中。企业家积极捐助、从事公益事业,同样是其面向灵魂的世俗形态。

亦商亦文的卢德之博士对这些趋势予以理论的总结,撰写了一本书,叫做《资本精神》。资本的精神具体是什么,当然可以讨论,重要的是拎出"精神"这个概念本身。按照奥地利学派理论,资本不是死物,而是企业家决定将用于面向未来之生产经营活动的一切东西。因此,资本本身就是企业家以自己的精神创造出来的。

当然,对于商人来说,"精神"二字更有深刻的生命内涵。商人难免每日与金钱为伴,但商人却不当埋头于金钱。相反,如果他要成为成功的企业家,避免黄光裕式悲剧,就必须提醒自己,面向灵魂,让精神支配自己的物质性生活和生产过程。就像托克维尔说的,"心灵必须始终保持强壮、有力"②,这样的心灵本身会让生活充满乐趣,财富的乐趣只是其中之一。比如,商人从从事公益事业中所得到的乐趣,不会低于赚钱之愉悦。

---

① *Democracy in America*, vol. 3, p. 964.

② *Democracy in America*, vol. 3, p. 964.

直面人性，重建教化体系①

最近两个月，国内接连发生五起陌生人闯入幼儿园和小学、随意杀害儿童的血案。凶手与这些儿童及他们的老师没有任何私怨，其行凶的唯一目的是宣泄他们因为私人生活或者与官员纠纷而积累的对社会的仇恨。对幼弱而纯洁的儿童下手，则是为了最大限度地满足其畸形的心理追求。这样的行径是最为野蛮的，是任何文明人也不能接受、原谅的。有人把这种行径称为"准恐怖主义"，非常准确。

如此惨烈的事件自然会引发人们对深层次原因的思考。我的看法是，这样的事件频繁发生，表明中国社会恐怕已经不像社会学家孙立平所说的那样在迅速地溃散，而是已经溃散。这种溃散的结果就是，在某些人眼里，生命，哪怕是最无辜的生命，已经不具有任何值得尊重的价值。

孟子曾经断言：人皆有恻隐之心。为什么呢？"所以谓人皆有不忍人之心者，今人乍见孺子将入于井，皆有怵惕恻隐之心。"孟子举的就是儿童的例子。不管是谁，哪怕是强盗，看到孩子将要掉到井里，必会本能地产生恻隐之心，伸手、奔跑去救他。人的这种反应，乃是天命于人之"性"，是人的本能，用孟子的话说，"非所以内交于孺子之父母也，非所以要誉于乡党朋友也，非恶其声而然也"。孟子根据这一经验观察得出结论："无恻隐之心，非人也；无羞恶之心，非人也；无辞让之心，非人也；无是非之心，非人也。"②这些举着刀冲入幼儿园、小学校园的人，就是孟子所斥责的"非人"。

然则，这些人又如何成为"非人"的？孟子说，人皆有恻隐之心，但这恻隐之心并不总能主宰心灵。人必须不断地内省，方可以养护、扩充这恻隐之心。否则，"耳目之官不思，而蔽于物"，外界的物欲压倒内心的恻隐本

---

① 本节原刊《中国报道》，2010 年第 6 期。

② 俱见《孟子·公孙丑上》。

能，人就会"失其本心"，所谓"丧心病狂"。这时，他的恻隐之心就完全被抑制，对他人的生命丧失最起码的尊重感，以伤害，甚至杀害他人，乃至最为无辜的儿童，来宣泄自己的兽性。

更进一步，仅依赖个体的内省功夫，不足以防止人心之下坠。因此，各个文明社会都发展出一整套机制来提撕人心。在世界古老文明中，儒家的宗教性最低，对普通人来说，祖先崇拜是儒家制度中最有宗教色彩的，除此之外就没有。这一点似乎可以解释，何以佛教进入中国后会广泛传播。这其实正是文明自我矫正的机制在发挥作用。同时，民间宗教也在普通人生活中具有巨大支配力。它们构成了一套厚实的教化体系。

上千年来，中国人就生活在这样一套教化体系中。它们全都要求人积德行善，助老扶幼，所谓"老吾老以及人之老，幼吾幼以及人之幼"①。归根到底，它们要求人把每一个他人都当做人，尊重生命。佛教教人爱惜蝼蚁，何况人命？如果一个人不这样，他就会遭到报应，或被下地狱。通过这些教化，普通人知道了自己行为的边界，知道自己即便陷入绝境，也不可在他人身上宣泄。传统的教化体系维系了社会得以运转的最基本规则：每个人不可随意伤害他人的生命。

进入二十世纪，在种种思想、文化、政治因素的冲击下，这套教化体系逐渐崩解。人们曾经为自己不再受神怪的控制获得解放而欢呼。但很快，人们从方方面面就开始感受到此一趋势的长期后果。随意杀害儿童的事件，也是此一趋势的后果之一。当那些潜在的凶手陷入困惑时，没有人关注他，没有人替他排解。于是，他的怨恨、愤怒持续地积聚。这时，因他的心灵中没有信仰，他在制订宣泄激情、报复社会的计划的时候，也就没有任何敬畏、顾忌。他直截了当地选择了拿最弱小的儿童开刀。由此开始看出，在这些凶手的心灵中，"生命"二字不具有任何特别的意义。他不知道人生的意义，他的心灵中也没有任何缰绳，对伤害他人的念头、行为施加

---

① 《孟子·梁惠王上》。

控制。

这些"准恐怖主义"事件确实是个案,但接连发生极端的个案,则说明了国民教化体系的普遍匮乏。现代社会确实无法避免理性主义的冲击,现代社会也当然承认个人拥有选择的自由。但是,自由和理性的生活并不与教化构成直接的冲突。事实上,按照托克维尔的论证,越是在现代社会,教化越是重要。

不论在何种社会,只要人们希望维持社会的存在,避免退回到人与人相互为豺狼的自然状态,那社会就必须存在一套机制,来有效地驯化人的兽性,扩充其本能的恻隐之心。这样,即便社会中不能避免犯罪分子,不能避免人格异常者,他们也不至于完全丧失人性,人们,尤其是孩子们就不会生活在"准恐怖主义"的恐惧中。解决心灵的败坏,还是需要从心灵入手,需要重建教化体系。

回到人心,重建底线①

这些年以来,无数事件,以越来越戏剧性、越来越触目惊心的方式向人们证明当代中国相当普遍之人情冷漠、道德沦丧与伦理败坏。

对此现象,恐怕不会有人提出异议。但是,怎么解决?分歧很大。受到过去二十年来盛行的经济学、法学思维方式的影响,学者、媒体普遍倾向于将道德沦丧、人情冷漠的责任归咎于不合理的制度。他们推论说,在社会政治生活中,人们不能享有人格尊严和充分权利,相应地,公民的责任感也就比较微弱。

这样的解释当然是有道理的。当下中国各个领域的制度,确有诸多不合理之处,从而不利于人们的道德感之养成与扩展。为此,当然可以呼吁制度变革。但是,制度又如何变革呢?制度难道不是依靠人来变革么?更

---

① 本节内容最初发表于搜狐评论,2011 年 11 月 21 日。

为重要的是,即便制度有诸多不合理之处,难道我们就不生活了? 就不做人了?

因此,面对当下严重的道德溃散与人情冷漠,呼吁、推动制度变革当然十分重要,但对于美好的生活而言,同等甚至更为重要的是诉诸人心。道理其实再简单不过了:既然我们已经生活在不合理的制度下,那么,这个制度是不可依赖的。而不合理的制度框架也必然拒绝合理的制度之导入。此时,追求美好生活的人们唯一所能依赖的就是人心。这个时候依赖制度,已陷入自相矛盾的陷阱中。

人心也是靠得住的。因为,人人皆有不忍人之心。看到一个不懂事的幼儿爬向水井口,所有人的心灵都会被触动,产生一种最为深切的同情,而本能地伸手去拉他一把。这不忍人之心就是良心。孟子和整个儒家传统都相信,良心就是人的本能。人类社会正是靠着这种良心而得以存续的。

人皆有良心,则生命的本质就是面向我自有的良知,护持之,扩展之。这就是王阳明所说的"致良知"。由此,个人的气质就会发生变化,多一些善,对他人多一些同情。善是可以传染的,你善待他人,他人也会善待你。人们相互善待,冷漠就会退缩,社会秩序就会好转。不管大的制度环境如何,我们至少可以生活在一个温良的人际关系中。

所以,致良知一点也不难,人人皆可以做到。面对种种冷漠、败坏,不要再抱怨了。这个社会,抱怨之声已经太多了。互联网给中国社会带来了巨大的好处,但它有一个坏处,那就是人们在这里似乎特别容易相互抱怨。每个人都在怪别人、怪社会、怪制度。或许可以说,习惯于抱怨,就是人心堕落之结果。

问题是,如此抱怨,不能解决任何问题。解决问题的唯一办法是回到人心。面向自己的良心,对自己的良心负责。法律、制度不合理? 但是,你完全可以按照自己的良心行事,不做那些伤天害理之事。这就是底线。底线是人心为自己划定的。没有人心,就没有底线。没有人心的社会,就是没有底线的社会——其实这就根本不是"社会"。

当然，并不是人人都能够做到这一点。人心会被物欲遮蔽，在这个物质主义时代，这种可能性尤其巨大。现代哲学也完全否定人心，因此，大多数接受过高等教育的社会精英，宁愿物质地生活。知识分子竭力主张的制度决定论，就是这种哲学上的物质主义的必然逻辑。

大约只有古典的复兴，可以从根本上推动人心之重建。首先是儒家之复兴。在春秋战国时代的诸子百家中，惟有儒家以人心为本，而致力于发明人之仁心。从台湾社会就可以清楚看到，儒家有助于人心之善。当然，佛教、基督教等宗教之复兴，也都有助于重新收拾人心。事实上，过去十几年来，中国社会千疮百孔，而没有完全崩溃，很大的原因就是，儒家价值在底层还有一定影响力，并有部分复苏；佛教、基督教也在复兴。

人心之重建，可以实现道德觉醒，伦理与社会之重建。如此，不管制度如何，我们至少可以过上人的大体正常的生活。以此为基础，也可以重建整个制度。如果连正常的生活都没有，即便有民主、法治等制度，又有什么意义？

卷中　君子

君子引论

社会治理的核心问题是人群之组织问题,组织之关键又是潜在的成员中有人具有发起和领导组织之意愿和能力。在中国文明传统中,这样的人被称为"君子"。"君之为言群也;子者,丈夫之通称也。"①君子组织民众,构建制度,生产和分配公共品,塑造和维持秩序。而君子之形态在数千年间也有过变化。今日中国欲重建优良秩序,并承担其世界历史之使命,亦必以君子群体之养成为先务。

君子之起源

在中国,化成君子是贯穿五千年之基本文化理想。《尚书·舜典》记载,帝舜命夔"典乐",又以乐教胄子:"直而温,宽而栗,刚而无虐,简而无傲。"这就是最早的君子德行养成科目。可以说,华夏文明之自觉始于君子养成之自觉。

文明养成君子,君子又创造文明,由此而达至华夏文明的第一个巅峰——周代。作为经书之首的《诗经》所再三讽诵者,正是君子。这样的君子乃是完整的人,他们同时具备德行、技艺与威仪:

---

① 《白虎通义》,卷一,号。

第一,君子须具备德行。《左传》、《国语》记载了诸多周代贤哲关于这种德行之论述,而《周礼·春官宗伯》谓:"以乐德教国子:中、和、祗、庸、孝、友。"至关重要的是,德行不只是内在的德性,而必须见之于外在的行,见之于待人接物与家国治理之实践中。

第二,君子须具备技艺,才可以呈现自己的君子之德。君子需掌握各种知识,但光有知识是不够的,更为重要的是将知识付诸实践的能力,理性地处理各种事务的能力。君子绝不是闭门静思之哲学家,也不是专心侍奉神灵的神职人员,而是能够齐家、治国、平天下之行动者,其所依赖者,乃是实践之技艺。

第三,君子也具有威仪。"威仪"一词出现在周代,尤其是春秋时代,君子们都追求自己的威仪。那个时代的人们公认,卫国多君子。《左传·襄公三十一年》记载卫大夫北宫文子曾经这样界定威仪:

> 有威而可畏,谓之威;有仪而可象,谓之仪。君有君之威仪,其臣畏而爱之,则而象之,故能有其国家,令闻长世。臣有臣之威仪,其下畏而爱之,故能守其官职,保族宜家。顺是以下皆如是,是以上下能相固也。《卫诗》曰:"威仪棣棣,不可选也。"言君臣、上下、父子、兄弟、内外、大小,皆有威仪也。故君子在位可畏,施舍可爱。进退可度,周旋可则。容止可观,作事可法。德行可象,声气可乐。动作有文,言语有章。以临其下,谓之有威仪也。

由此可以看出,"威仪"并非后世皇帝对大臣、官僚对民众那种居高临下的"威"。并非只有君才有威仪,君与臣、上与下各有其威仪。君子威仪所关涉者,乃是君子与人打交道的方式,因此对于凡是能够被他人所感知的行为举止,君子都应当予以控制,遵循一定规范。由此,君子才能够保持自己的合宜形象,一举手一投足,皆合乎自己身份。

威仪的背后是敬慎的精神状态,具体表现为,在所有公共场合,举手投足庄重而得体。"威"并不是威风之威,而是庄重之意。庄重是内心的严肃认真态度之外在表现。君子对待任何人、任何事情都认真、敬慎，所谓"战战兢兢，如履薄冰，如临深渊"①。周人认为，君子应当稳重、庄严，孔子也说："君子不重则不威"②，切忌轻浮、油滑。只有这样，君子才能具有良好形象，处理好事务，获得别人敬重。

周文明最大的贡献也就在于，通过其礼乐体系养成了一批又一批同时具备德行、技艺、威仪之君子。这样的君子就是周"文"之人格化载体。正是这样的君子缔造和维持了社会之优良治理。并且，也正是君子中之贤且哲者，促成了中国思想、价值在春秋、战国时代的突破。孔子就是伟大的君子，孔子的弟子以及当时各邦国之创制立法者，就是君子之典范。

儒学就是君子养成之学

孔子的时代，礼崩乐坏，等级制意义上的君子群体败坏、溃散。原来以君子为中心的小型封建共同体纷纷然崩溃，士农工商皆游离而出，成为平等而自由流动的个体。中国进入平民社会。

这样的个体如何重新组织起来，如何在平民社会重建优良治理秩序，是孔子思考的核心问题。孔子立教之根本目标，正是在传统君子衰落之际，重建君子之教，在新的环境中养成君子，以为优良治理秩序之本。儒家思想的关键词就是君子。儒家之学就是君子养成之学。《论语》全书正是以君子开头，又以君子结尾的：

> 子曰："学而时习之，不亦说乎？有朋自远方来，不亦乐乎？人不知，而不愠，不亦君子乎？"③

> 孔子曰："不知命，无以为君子也；不知礼，无以立也；不知言，无以

---

① 《诗经·小雅·小旻》。

② 《论语·学而篇》。

③ 《论语·学而篇》。

知人也。"①

这两段话之间有深刻的关联。儒家之宗旨透过这一文本结构，已经再清晰不过地呈现出来。

孔子之后，君子不再是等级制意义上的，而意味着一组特定的品质，也即德行、技艺和威仪。跟此前的区别在于，当此平民社会时代，这样的品质不是先天的，也不可能在早期生活中习得，而必须通过"学"习得，所谓"学而时习之"——这当然是指孔门之学、儒家之学。

此处之"学"，不光是学习知识，更需要养成德行、技艺和威仪。因此，颜回问仁，孔子告诉颜回"克己复礼"②，"克己"正是自我约束利欲，自我提升德性。《大学》所说"格物、致知、诚意、正心"则是更为详尽的克己、修身之道。德治首先是君子自治其身，自修其德。

这样的"学"一定是群体性的。学的基本形态是来自各方之友朋会聚一堂，相互切磋。也就是说，"群居"乃是君子养成之基本形态。对这一点，曾子说得更为明确："君子以文会友，以友辅仁。"③历代大儒都在聚徒讲学，官方也开办学校，儒者又在官方学校之外办学，尤其是宋明儒之书院，极具特色。在这样的"群居"组织中，潜在的君子相互切磋琢磨，而提升德性，养成技艺。透过这种群居而学之机制，平民社会之普通人也可以具有治理社会之德行、技艺和威仪，从而成为君子。

关于君子之标准，孔子的话最为简明："君子喻于义，小人喻于利。"后世儒者之论多不出此范围。如《孟子·梁惠王上》，孟子这样区分士与民：

> 曰："无恒产而有恒心者，惟士为能。若民，则无恒产，因无恒心。苟无恒心，放辟，邪侈，无不为已。"

---

① 《论语·尧曰篇》。

② 《论语·颜渊篇》。

③ 《论语·颜渊篇》。

这里的士大体上就是君子,士君子,民则是前面所说的小人。士君子"从其大体","先立乎其大者",也即更多地关注心,集中于省思仁、义、礼、智之"四端"。因此,他们可以做到"忧道不忧贫"①,即便没有恒产也依然能够保持恒心,也即,心不为外在的物质所动。相反,一般庶民之"思"的能力较差,则很容易蔽于物,如此,若无恒产就可能行为失当。

董仲舒答江都王之语,意思与此相同:"夫仁人者,正其谊不谋其利,明其道不计其功。"董仲舒在"天人三策"之第三策中有更为详尽地论说:

> 故公仪子相鲁,之其家见织帛,怒而出其妻;食于舍而茹葵,愠而拔其葵,曰:"吾已食禄,又夺园夫、红女利乎!"古之贤人君子在列位者皆如是,是故下高其行而从其教,民化其廉而不贪鄙。及至周室之衰,其卿大夫缓于谊而急于利,亡推让之风而有争田之讼。故诗人疾而刺之,曰:"节彼南山,惟石岩岩。赫赫师尹,民具尔瞻。"尔好谊,则民乡仁而俗善;尔好利,则民好邪而俗败。

> 由是观之,天子大夫者,下民之所视效,远方之所四面而内望也。近者视而放之,远者望而效之,岂可以居贤人之位而为庶人行哉!夫皇皇求财利、常恐乏匮者,庶人之意也;皇皇求仁义,常恐不能化民者,大夫之意也。②

总之,孔子之后传统中国社会的君子,就是平民社会中具有较为强烈之道德理想主义精神和较高治理技艺之积极公民。君子的根本特征就是超越于理性经济人的成本—收益计算,而以仁义,也即以仁爱和正义作为自己判断、取舍、行动的标准。

---

① 《论语·卫灵公篇》。
② 《汉书》,卷五十六,董仲舒传第二十六。

君子之自然性

然则,君子从何而来? 社会一定会有君子吗? 不妨重温孟子关于君子
一小人之分的讨论,《孟子・告子上》说:

> 公都子问曰:"钧是人也,或为大人,或为小人,何也?"
>
> 孟子曰:"从其大体为大人,从其小体为小人。"
>
> 曰:"钧是人也,或从其大体,或从其小体,何也?"
>
> 曰:"耳目之官不思,而蔽于物,物交物,则引之而已矣。心之官则
> 思,思则得之,不思则不得也。此天之所与我者,先立乎其大者,则其
> 小者弗能夺也。此为大人而已矣。"

孟子所说的"大人"就是君子,"小人"就是庶民,凡人,常人,普通人。
孟子相信,人皆有恻隐之心、羞恶之心、辞让或恭敬之心、是非之心,据此,
人皆可以为善,均可成为君子。就这一点而言,人人平等。但是,人与人又
有差别,"思"的意愿与能力不同,也即反思、省思内在之"四端"的意愿和能
力不同。由此,人将在知识、德行和技艺等方面形成差别:有些人愿意思,
善于思,也即善于养心、收放心,而成就为君子;另外的人做不到这一点,则
只能处于"小人"之位置。

也就是说,君子之出现乃是一个自然的社会现象。君子是自然涌现
的。君子也可以划分为不同层次。《论语・季氏篇》记载:

> 孔子曰:"生而知之者,上也;学而知之者,次也;困而学之,又次
> 也;困而不学,民斯为下矣。"

孔子所说之"上"就是圣人。圣人以天纵之聪明向世人阐道,赋予共同
体以核心价值,让文明定型。他们是永恒的指导者,如中国之尧、舜、禹、
汤、文、武、周公、孔、孟。

"学而知之"所成就者乃是贤人。上天赋予每个人以"学"的能力,那些具有最高之学的意愿和能力的人,可成为贤人,比如孔门七十二贤。历代也都有贤人迭出,在思想、政治等领域为华夏文明之存续、扩展作出巨大贡献,如汉儒伏生、董仲舒、司马迁、诸葛亮,宋、明儒范仲淹、王安石、二程、朱子、王阳明、黄宗羲等,以及现代伟人曾国藩、孙中山、梁启超、张謇、张君劢、梁漱溟等。

社会中更多的是"困而学之"而成就之普通君子。这个君子似乎又可以划分为两层。第一层是士君子,他们跟随师儒学习圣贤之道,并将其传播到社会各个角落。第二层则是基层社会的绅士,他们仅接受过初步的儒学教育。这两类君子在道德、价值的社会性建构体系中发挥着承上启下的作用:他们分散在在不同领域、大小不等的共同体中,以自己的道德权威,发挥价值导向的作用;他们又以自己的治理技艺,发挥组织发起、资源分配之作用。

值得注意的,君子之涌现未必受恶劣的政治、文化环境之影响。尤其是圣人、贤人,反而都生于患难之中,在旧秩序崩溃之际涌现。他们的伟大也正在于,当此文明彷徨、国家解体、人民涂炭之际,透过立德、立言、立功而力挽狂澜,重定乾坤。

当然,普通君子之形成,可能受政治、文化环境的影响较大,因为,如果没有相对宽松的环境,那些陷于"困"境的人也就没有机会"学",从而无法成为君子。而这又会让这个时代的治理状态继续恶化。此时,圣、贤之涌现,对于社会治理架构之革新、新生,就具有决定性意义。

君子是治理成败之关键

正是由于君子的自然涌现,让社会是可治理的,即便大多数人"困而不学",只是凡人。为什么?

把这个问题放到制度经济学的框架内讨论,我们可以说,首先,君子可

解决公共治理领域中"集体行动的困境"①。"君子喻于义",君子以组织和
分配公共品作为自己的天职。因此,他会投入宝贵的精力,运用自己的道
德权威和各种资源,组织普通民众。古人早就清楚,君子就是具有"合群"
能力之人。君子具有发起组织、提供公共品的知识和技艺,比如,联合的技
艺,说服、动员、引导其他人的技艺。君子在多个层面上充当发起者(pro-
moter)。首先,君子是自治性组织的发起者。没有君子的发起,组织是无
法建立的。其次,君子也是公共事务的发起者。君子组织一个个小型社会
群体,设计各种激励约束机制,尤其是以身作则,节制那些"喻于利"的普通
人之"理性经济人"倾向,让他们投入共同的公共品生产活动中,从而维持
局部的社会秩序。无数君子分散在社会各个角落,并在不同层面上进行合
作,也就维持了社会整体秩序。

同时,君子也可解决制度变迁中的"搭便车"问题。设想一个社会完全
由理性的自利的个人组成,那可以推定,不会有人积极主动地发起集体行
动,参加集体行动,以推动制度变迁。原因在于,从事这种活动的风险很
大,个人所能得到的收益却并不大。尤其是,这种收益会被很多人分享,也
即被其他人"搭便车"。而一个理性经济人一定会选择搭别人的便车,而不
是让别人搭自己的便车。因此,如果所有人都是理性经济人,那么,所有人
都会等待搭别人的便车,而不会有人采取行动。凡人在很大程度上就是这
样的"理性经济人"。君子却不存在"搭便车"心态。他并不计较自己之行
动是否能够获得足够收益,君子"见义"勇为,君子甚至可以杀身成仁。

君子除了组织社会自我治理外,也最有资格作为庶民的自然代表,进
入政府,平治邦国、天下。"士大夫"一词清楚说明了儒家士君子社会角色
之多重性。"士"表明其学术性,也表明其社会属性。"大夫"则意味着他们

---

① "除非一个集团中人数很少,或者除非存在强制或其他某些特殊手段以使个人按照他们的共
同利益行事,有理性的、寻求自我利益的个人不会采取行动以实现他们共同的或集团的利益"
([美]曼瑟尔·奥尔森著:《集体行动的逻辑》,陈郁等译,格致出版社1995年版,第2页)。

在政府结构中拥有地位。也就是说，儒家士君子作为一个整体，横跨于社会、政府之间，而这一点对于优良治理至关重要。

总之，君子让社会治理成为可能。他们超越于"理性经济人"的成本－收益计算，视野超出私人生活，而关心公共事务，追求公共之善。君子就是西方共和主义意义上的积极公民。范仲淹所说的"先天下之忧而忧，后天下之乐而乐"，也就是今人所反复论说的"公民美德"。君子会运用德行、技艺、资源，组成和维护一个个组织，吸引和动员民众参与其中。在此过程中，君子借助言传身教，尤其是以身作则，可以化民成俗，民众也将接受道德教化、理性启蒙，成为好人、成为合格国民，而在基层社会形成优良而稳定的秩序，这是国家形成优良治理秩序之本。如果没有君子，就没有治理，更不要说健全的治理。

应该说，中国式治理的基本历史形态就是君子之治。君子之治是多中心的，始于个人之诚意、正心，中经齐家、治国，终于天下太平。这样的君子之治，"道之以德，齐之以礼"，也即透过君子之以身作则，透过伦理风俗，浸润大地，令人人"有耻且格"。当然，君子之治并不排斥"道之以政，齐之以刑"，只是，后者必须服从前者。[①]

君子与平等

平民社会中君子之涌现，让人与人之间再度出现差异，也即君子—小人之分。乍一看，君子—小人之分有悖于平等理念。现代社会最显著、也最重要的特征则是平等。现代国民（nation）的基本含义就是打破法律意义上的等级制度，所有人具有完全相同的法律和政治身份，法律同等对待所有人。由此，平等也就成为最为重要的现代观念。最初的法律和政治意义上的平等不断扩展其覆盖的范围，而有了男女平等、教育平等、收入平等

---

① 《论语·为政篇》：子曰："道之以政，齐之以刑，民免而无耻；道之以德，齐之以礼，有耻且格。"

观念,这些观念产生了重要的政治、社会成果。

尽管如此,平等仍会遭遇其自然的界限:人与人自然禀赋之不同。禀赋可表现为体能之强弱,也可表现为智力之高下,更可以表现为"四端"及相应的道德之思的能力之利钝。也就是说,不同人的德行必然有高下之分。因此,即便一个在几乎所有方面都实现了平等的社会,也依然有君子、小人之分。

这一点,也被一些西方现代思想家清醒地认识到。历史上,贵族始终是西方社会秩序的中心。在政治理论中同样如此。值得注意的是,致力于构建现代秩序的思想、政治人物,并没有因为平等而否定贵族的作用,只是对贵族的含义进行了转换,而让其在秩序构造与维护中继续扮演决定性作用。比如,柏克曾提出"自然贵族"的概念,在《新辉格党人对老辉格党人的声请》(1791)中,柏克说:

> 要使人们能够以一个共同体(people)的价值和身份活动,并满足他们融入这种身份的目的,我们必须设想,他们(透过直接或间接的办法)处于习惯性社会规训(habitual social discipline)状态中,在这种状态下,较为贤明者、能力出众者、较富裕者指挥、并且通过身教启蒙和保护弱者、愚者,及财富寡少者。如果多数人不在这种规训之下,就很难说他们生活在文明社会(civil society)中。在一个国家,一旦给定事物的某一特定构成状态,它会产生多种情形和态势,依照自然和理性,为了其自身利益,将会存在这样一项原则:让那些数量占优者的判断——当然不是利益——从属于那些美德和荣誉之占优者。在一个国家(假设这个国家确实存在,而法国并不属于这种情况),数量总是应予考虑的要素;但这不是全部。比起在戏剧中,在现实中,确实可以

更为严肃地说，"只要绅士们赞美我就足够了"①。

柏克首先指出，一群人只要试图形成和维持一个共同体，那就必由少数人充当领导者，这是一个无可抗拒的自然法则。这少数人就是"自然贵族"（natural aristocracy）。

人们可能反驳说，柏克是现代保守主义之创始人，自会对"自然贵族"情有独钟。然而，美国立国者中最具有民主精神的杰弗逊，在 1813 年致约翰·亚当斯的一封信中，同样论述了自然贵族对于共和国治理的决定性意义：

> 我同意您的看法：人们中间存在着自然贵族。这个群体的基础是美德和能力。以前，贵族中间最看重体力。但自火器发明后，体力弱者具备与强者同样的杀人能力，于是，身体的力量，比如美貌、良好气质、文雅等属性，就只是受人尊敬的一个附属性基础了。还存在一个"人造贵族"（artificial aristocracy）群体，他们的根基是财富和出身，既无美德也无才能。这些只属于前者。我认为，自然贵族群体是自然为了社会的指导、信托和治理（the instruction, the trusts, and government）而赐予我们的最珍贵礼物。事实上，上帝在造物时，若在把人构造为社会性状态时，却不提供足以管理该社会之各种事务的美德与智慧，那就是自相矛盾的。我们难道不可以这样说：一个政府尽最大可能，完全让那些自然贵族担任政府岗位，这样的政府形态是最好的。②

---

① An Appeal From the New to the Old Whigs. in Edmund Burke. *Further Reflections on the Revolution in France*. ed. by Daniel E. Ritchie. Liberty Fund, 1992, p. 167. 而孔子也说过与最后一句类似的话，《论语·子路篇》：子贡问曰："乡人皆好之，何如？"子曰："未可也。""乡人皆恶之，何如？"子曰："未可也。不如乡人之善者好之，其不善者恶之。"

② Thomas Jefferson to John Adams, Monticello, October 28, 1813. in *The Works of Thomas Jefferson, Federal Edition*, vol. 11：Correspondence and Papers 1808－1816. New York and London, G. P. Putnam's Sons, 1905.

杰弗逊的说法道出了现代政治哲学之重大秘密：唯一可行的民主制度是代议民主制，它能否健全运转的关键也就在于，社会中是否存在一些合格的代表，并有机会进入政府。他们具有公共精神，也具有决策的能力。柏克、杰弗逊所说的"自然贵族"就是平等社会中自然涌现的具有这些品质的人，他们就是儒家所说的君子，就是现代绅士。他们并非等级制意义上的贵族，而是品质意义上的贵族，而且是服务于民主制度的品质。

明乎此，我们也就可以理解《孟子·滕文公上》中一大段讨论。其中之"劳心者治人、劳力者治于人"在二十世纪曾招来猛烈批评。事情的起因是这样的，诸子百家中之农家具有无政府主义倾向，其人物主张，"贤者与民并耕而食，饔飧而治"。孟子与其信徒陈相展开了一番对话：

> 孟子曰："许子必种粟而后食乎?"
>
> 曰："然。"
>
> "许子必织布而后衣乎?"
>
> 曰："否，许子衣褐。"
>
> "许子冠乎?"
>
> 曰："冠。"
>
> 曰："奚冠?"
>
> 曰："冠素。"
>
> 曰："自织之与?"
>
> 曰："否，以粟易之。"
>
> 曰："许子奚为不自织?"
>
> 曰："害于耕。"
>
> 曰："许子以釜甑爨、以铁耕乎?"
>
> 曰："然。"
>
> "自为之与?"
>
> 曰："否，以粟易之。"
>
> "以粟易械器者，不为厉陶冶；陶冶亦以械器易粟者，岂为厉农夫

哉？且许子何不为陶冶，舍皆取诸其宫中而用之？何为纷纷然与百工交易？何许子之不惮烦？"

曰："百工之事，固不可耕且为也。"

"然则治天下独可耕且为与？有大人之事，有小人之事。且一人之身，而百工之所为备。如必自为而后用之，是率天下而路也。故曰：或劳心，或劳力。劳心者治人，劳力者治于人。治于人者食人，治人者食于人；天下之通义也。

"当尧之时，天下犹未平，洪水横流，泛滥于天下；草木畅茂，禽兽繁殖；五谷不登，禽兽偪人；兽蹄鸟迹之道，交于中国。尧独忧之，举舜而敷治焉。舜使益掌火；益烈山泽而焚之，禽兽逃匿。禹疏九河，瀹济、漯而注诸海；决汝、汉，排淮、泗，而注之江，然后中国可得而食也。当是时也，禹八年于外，三过其门而不入，虽欲耕，得乎？后稷教民稼穑，树艺五谷，五谷熟而民人育。人之有道也，饱食、暖衣、逸居而无教，则近于禽兽。圣人有忧之，使契为司徒，教以人伦：父子有亲，君臣有义，夫妇有别，长幼有序，朋友有信。放勋曰：'劳之来之，匡之直之，辅之翼之，使自得之；又从而振德之。'圣人之忧民如此，而暇耕乎？尧以不得舜为己忧；舜以不得禹、皋陶为己忧。夫以百亩之不易为己忧者，农夫也。分人以财谓之惠，教人以善谓之忠，为天下得人者谓之仁。是故以天下与人易，为天下得人难。孔子曰：'大哉，尧之为君！惟天为大，惟尧则之。荡荡乎！民无能名焉！''君哉，舜也！巍巍乎有天下而不与焉！'尧舜之治天下，岂无所用其心哉？亦不用于耕耳。"

君子与小人之间实为社会性分工关系。社会中的大多数人都是普通人，无法自行解决公共品供应问题，因而，治理是必要的。而社会中总有少数君子，不为物质欲望所控制，有意愿，也有能力进行治理。可以说，由于君子之自然涌现，治理是可能的。君子之主要作用，就是组织小人生产公共品。借助君子，小人也参与到公共治理过程中，而从私人变为公民。在此过程中，君子、小人形成合作关系，各得其分，且共同增进公共之善。

知识分子不是君子

春秋之末,君子经历了一次平民化转型,经由儒家之学而塑造的纯粹德行意义上的君子,替代了三代等级制意义上的君子。此后华夏文明历史上,先有汉晋士族之君子,后有宋明更加平民化之君子。不论社会如何变化,君子始终是社会之治理者、文明之塑造者。

十九世纪末开始,中国面临又一次大转型。西式知识大量传入,新式教育机构迅速建立。以白话文教育和废止读经为代表,儒学为中心的原有教育体系被彻底取消。由此,知识的社会结构发生了颠覆性变化:

第一,知识与治理分离。在城市,形成一批从事教育、科技、工程外交、行政、法律、商业等现代专业工作的专业人士(professionals)。现代人文、社会科学学者也属于专业人士。他们在自己的专业领域内深入研究,其讨论的问题只在专业圈内循环,对社会几乎没有什么影响,其主流也不关心社会治理活动。

第二,文化的城乡分布失衡。现代社会之地理结构是畸形的,也即是城市中心的。资源几乎完全集中于城市,因而,知识人到城市求学,被这些资源所吸引,即不再返回乡村。由此导致知识人集中于城市,乡村则出现严重的文化、文明空虚。

由此,君子群体溃散,由此造成严重社会治理混乱。这里需要辨析的是,现代知识人不是君子。

过去几十年来,不少人,包括那些对儒家有深切同情心的人士经常说,儒家士人就是中国传统社会的知识分子。这样的说法是不正确的。不论是哪个意义上的知识分子,都不足以准确地描述儒家士君子。

在大陆过去几十年的社会结构分析框架中,知识分子是指接受一定程度教育,并从事利用专业知识之各种现代职业的人士,也即专业人士。儒家士君子当然也是知识人,他们必然学习过经学、史学,涉猎典章制度之学、舆地学，甚至天文学。但由此即可看出，儒生所读之书与现代专业人士所读之书，性质大不相同。两者所承担的社会角色也大不相同：现代专业知识分子的工作是从事专业工作，儒生则准备治理社会。

知识分子的另外一个含义则源自法国、俄国，也即狭义的知识分子（intellectuals）。这些人虽然也从事专业工作，但对公共问题较为关注，自认为保持独立立场，自诩为社会的良心，而经常在大众媒体上发表意见。通常，他们对文化、政治、社会建制持批评、批判立场。现代中国很多知识人以此为荣。有些人强调，儒家士人就是这个社会良心和批判意义上的知识分子。

这样的看法并不准确。儒家君子当然会批判不合理的制度，这样的批判在每个时代都很多，真正的儒者对现实总是不满的。从表面上看，两者在这一点上是相同的。不过，略加分析就会发现，两者的差异极大。

现代知识分子通常以局外人的身份展开批判。现代知识分子在社会结构之外——有的时候，他们自认为在社会之上。因为这种心态，他们才会以社会的良心自居。因此，他们确实忙于批判，但也因此，他们的批判是虚浮的，没有切肤之痛。也正因为此，他们批判的对象可以随意摇摆，从批判政府，到批判民众，到批判风俗。比如，新文化运动知识分子就大力批判传统，这种批判已经夹杂了很多激情，而变得不负责任了。

相反，儒家君子在相当程度上是体制中人，在主流社会结构之内，他们是其中的精英。即便没有进入政府，他们也具有十分强烈的治理主体性意识，所谓"先天下之忧而忧、后天下之乐而乐"。因此，儒家士君子的文化、政治、社会批判通常秉持一种内部批判的视角。对于各种社会问题，他们有切肤之痛，由这种批判，他们通常会走向自我批评。

由这种批判，儒家君子必然走向改变的行动。这是知识分子与儒家士君子更为重要、更为根本的区别所在：现代知识分子通常只是口头上的批判者，他们经常自豪地宣告，他们只管批判，社会如何变好，那是其他人，比如说是执政者、官员的事情。儒家君子自己就是社会治理者，哪怕是布衣，也具有社会治理之主体性意识。因此，他们绝不只是口头上的批判者。他们会起而行动、实践,或者进入政府,或者在社会中推进自治,以改变他们眼里的不合理制度。

简而言之,今人所说广义的知识分子与社会治理关系不大,主要从事专业工作;狭义的知识分子不足以治理社会,因为,他们只是批判者,而没有建设意识。君子则具有建设意识,他们的批判只是建设的前奏。因此,中国的治理秩序如果想变得好一点,就需要重塑君子群体。

君子之新生转进

在传统社会,君子就是社会结构的凝结核,社会秩序就是因他们而形成的。

二十世纪上半叶,传统君子虽然溃散,但在现代社会框架内,新式君子群体已初步形成,并发挥重要作用。比如,商人通过养成德行、参与公共事务,而成为绅士。诸多专业人士、狭义的知识分子,也在一定程度上完成了这样的角色转换。

不过,二十世纪中期,这一正在发育的君子遭遇毁灭性打击。而这恐怕是当下中国治理失调之最深层次的原因。因为,社会丧失"现场治理者"。三代封建之治理,以君子为中心形成一个个基层小型共同体,这些君子再通过封建之约,而联结成为大型共同体以至于天下。汉以后,儒家士人同样分散在社会中,尤其是基层社会,他们充当社会之组织者、领导者。而现在,知识人集中于城市,主要是大城市,从事专业工作。于是,不要说乡村,即便知识人集中的城市,也不再有现场治理者。社会各个领域都缺乏领导者。

也正是这种社会状况,导致权力向基层延伸。当然,这两者是互动的。为了塑造国民,构建现代国家,国家需要将其权力向基层延伸,直接管理每个人。任何一个现代国家都会经过这样一个过程。但是,秦制经验已经表明,单一依靠国家权力直接控制每个人,是不足以维持优良治理秩序的,甚至根本不能维持基本秩序。秦制崩溃,学术得以恢复,儒生在基层社会通过聚徒讲学的方式积累力量,通过董仲舒—汉武帝之"更化",儒生参与到治天下的架构中,建立了共治体制。反过来,儒生构建社会,而成为基层社会的现场治理者。以他们为中心,形成了社会自治,这种社会自治构成社会治理之基础部分。

今日中国社会所面临的问题,与董仲舒—汉武帝时代相当,也即,在基层社会重塑君子群体,以承担现场治理之功能。只是在今天,这一工作面临着极大难度。中国正在快速城市化,人口分布和社会结构正在发生剧烈变化。在新的结构中,谁将是君子?君子将借助何种组织在基层社会联结民众、生产和分配公共品?这是重大而没有现成答案的问题。这个问题恐怕也是中国社会转型所面临之最重大问题。

不管怎样,社会对于君子之必要性已有共识。就在本文写作过程中,2012 年 1 月 19 日,《中国青年报》第七版刊登了该报社会调查中心围绕君子人格与当代社会问题进行的一项网络调查之结果:85.7%的受访者认为,当下社会需要君子人格。而 89.0%的人直言,当下社会君子少见。对于君子人格之积极作用,71.0%的人认为,君子人格可以重构国民道德与价值观;54.8%的人相信,它可以提升国民精神境界;53.7%的人认为,它有利于纠正社会不正之风;49.3%的人认为,它可以增强中华民族凝聚力和创造力。而 57.9%的人希望把自己的孩子培养成君子,86.9%的人希望社会加强君子教育,50.3%的人希望在教科书中列入君子教育的内容,加强对青少年的教育。

人们意识到君子重要性之时,君子群体重建的过程也就展开了。当然,这个过程可能需要几十年。这也是社会治理架构重构的过程。或许可以合理地期待,若干年后,中国将成为一个"君子之邦"。这个"君子之邦"的基础乃是君子式国民,其中将活跃着一批君子式公民,君子式商人,君子式法律人,君子式政治家,以及至关重要的君子式学者。他们将推动中国逐渐建立起现代的君子之治体系。最后,中国也以君子之道"合和万国",发挥与中国规模相应的世界领导作用。中国之文明与伟大,端赖于一定规模君子群体之养成。

一、君子或绅士中心的秩序①

　　二十世纪四十年代以后的哈耶克在以苏格兰道德哲学作为自我认知、社会、市场、法律、政治等方面思考的前驱。今天,成套的《启蒙运动经典译丛·苏格兰系列》摆到面前,让人顿生故友相逢之感。笔者与这陌生的老朋友进行交谈,对人性、社会、政治,归根到底,对人赖以生存的秩序,获得了一些新的认识。

　　古典哲学与现代哲学间存在着深刻的分歧:古典哲学相信,人天生是合群的;现代哲学则相信,人天生是一种原子化存在。

　　霍布斯的哲学要从"构成国家的要素入手"②,这个要素就是各方面完全相同的"个体"。这些平等的、自然的个体具有相同的自然天赋,即恐惧死亡的激情和计算成本—收益的理性。这两者促使他们订立契约,缔造出政府,由此有了文明,由此,人才成为社会性存在。

　　霍布斯之后,几乎所有现代人文、社会科学论说都以此一原子式个人主义作基本预设。哈耶克在其名篇《个人主义:真与伪》(收入《自由主义与经济秩序》)中把这种个人主义称为"伪"或者"错误的(false)"个人主义。

---

① 原刊《读书》,2010 年第 12 期。
② [英]霍布斯著:《论公民》,应星、冯克利译,贵州人民出版社 2004 年版,"致读者的前言",第 9 页。

哈耶克在其知识生涯的后半生,始终在对抗这种个人主义。他所依赖的主要知识资源则来自苏格兰道德哲学。

　　这个道德哲学的主要创始人是弗兰西斯·哈奇森,对抗霍布斯,几乎是哈奇森毕生思考的问题。1730年,36岁的哈奇森就任苏格兰格拉斯哥大学道德哲学教授,他的就职演说题目即为《论人之自然的社会性》(*On the Natural Sociability of Mankind*,中译本意译为《论人的社会本性》)。在此,哈奇森以霍布斯为主要靶子,对正在风起云涌的原子化个体主义预设和自然状态概念提出严厉批评,重申了人的社会性的古典命题。

　　哈奇森断言,人性本善。对于这一点,哈奇森在他的每一本著作中都反复予以论证,如他说:"与他人幸福有关的终极性欲望是一种最天然的本能,我们在他人身上期待着它。"①这也就给人的社会性作出了人性的论证,"被自然嵌入到人类中的许多情感和激情都是和善的和无私的,总是直接留意其他人的幸福。人类心灵就是这样的结构"②;"没有任何东西比美德自身更能使人接近。它是友谊和协作的起源,每一个人确实都因其自身而寻求于它"③。总之,"仁慈是直接的,本质上是自然的"④,人天然地关心他人,自己关心他人会让自己快乐,因此,每个人都具有关心他人、善待他人的本能。因此,"这种聚在一起对人来说本身就是吸引人的",而不需要任何其他理由,尽管这些理由,比如相互支持的利益等可以让这种联合更为长久。⑤

　　于是,哈奇森颠覆了霍布斯的命题:社会性生活就是人的自然状态。

---

① 　[英]弗兰西斯·哈奇森著:《论激情和感情的本性与表现,以及对道德感官的阐明》,戴茂堂等译,浙江大学出版社2009年版,第19页。

② 　[英]弗兰西斯·哈奇森著:《逻辑学、形而上学和人类的社会本性》,强以华译,浙江大学出版社2010年版,第223页。

③ 　《逻辑学、形而上学和人类的社会本性》,第224页。

④ 　《逻辑学、形而上学和人类的社会本性》,第229页。

⑤ 　《逻辑学、形而上学和人类的社会本性》,第218页。

在个体层面上,人生来就在社会中,比如需要父母的照料;从人类层面上看,人类从一开始就以社会的形态存在;从逻辑上说,人必在社会中。因此,霍布斯式自然状态从任何角度都不能成立,从个体、从人类历史、从逻辑上都不能成立,以此作为政治哲学推理的大前提,其结果自然是荒谬的。

君子与绅士的重要性

根据霍布斯,个体一次性地创造政府和社会。因此,在霍布斯的规划中,似乎并不存在与政府相分立的社会。能够证明这一点的是,霍布斯反复强调,道德价值乃是由政府创造的:"这种人人相互为战的战争状态,还会产生一种结果,那便是不可能有任何事情是不公道的。是和非以及公正与不公正的观念在这儿都不能存在。没有共同权力的地方就没有法律,而没有法律的地方就无所谓不公正。"当然,"这样一种状况还是下面情况产生的结果,那便是没有财产,没有统治权,没有'你的''我的'之分"①。

也就是说,在人们通过缔约行为同时创造政府和社会之前,根本不存在是非、对错,没有道德、伦理。人只不过是自然激情与自然理性的混合体,而不存在任何文明的、社会的属性。这个时候就没有价值,也就没有社会。因此,霍布斯的理论体系中没有伦理学。他所构想的第一秩序、唯一秩序就是政治秩序。

然而,没有伦理的政治秩序是不能成立的。具有激情和理性的原子化的个人可以通过缔约的方式设立一个主权者。这是第一次立宪。很显然,这个主权者本身是没有任何伦理规定性,没有人能够保证它将遵守自然法。霍布斯仍毫不犹豫地把第二次立宪——即制定实体性宪法和法律规则——的权利授予主权者。霍布斯也剥夺了原始立宪者的任何权利——洛克明智地保留了这个权利。相反,原始立宪者的实证性自由和权利反由

---

① [英]霍布斯著:《利维坦》,黎思复、黎廷弼译,商务印书馆1995年版,第96页。

这个主权者来确定。最严重的问题在于,这两次立宪过程不能改变人性。人仍然天然地把所有人视为战争的对象,包括主权者——除非霍布斯假设政治、法律可以改变人性。问题是,如果人性可因政治而改变,它还是人之自然么? 因此,霍布斯必须变成韩非,发展出一整套主权控制术,才可以解决统治的稳定性、正当性问题。霍布斯似乎没有走到这一步,所以,利维坦是不可能维系的。

哈奇森基于人性之善重申人的社会性命题,则正义、法律、政府以至文明就是自然地形成的,它们就是文明之自然。事实上,哈奇森提出了这样一个命题:人类文明其实是在努力地逼近自然状态。因为,"我们的本性的原始构造是为每一种美德、为所有诚实而广泛得到推崇的东西所设计的"。这就是人的自然状态,也是人的最高教养状态。① 只是,人不能幸运地生活在这样的状态,而必须生活在文明,也即依靠自己的技艺的状态,这样的状态相对于自然状态是不完美的。但是,人这种"被赋予了理性的动物决不放弃他的自然状态,他在锻炼和提炼各种技能时,在相互寻求和提供帮助的时候,以及用对于他的同胞的信任保护自己和人类时,总是以各种方式遵循自己的本性和上帝之父的指导"②。文明是有缺陷的人对自然的仿制的看法,可能有基督教观念渊源。但哈奇森从人性论上给出了充分论证。孟子对这点也有过十分精彩的讨论:

> 公都子问曰:"钧是人也,或为大人,或为小人,何也?"孟子曰:"从其大体为大人,从其小体为小人。"曰:"钧是人也,或从其大体,或从其小体,何也?"曰:"耳目之官不思,而蔽于物,物交物,则引之而已矣。心之官则思,思则得之,不思则不得也。此天之所与我者,先立乎其大者,则其小者弗能夺也。此为大人而已矣。"③

---

① 《逻辑学、形而上学和人类的社会本性》,第216页。

② 《逻辑学、形而上学和人类的社会本性》,第217页

③ 《孟子·告子上》。

"四端"内在于人的自然中,因而,"学问之道无他,求其放心而已矣"①。或者是"尽其心者,知其性也。知其性,则知天矣。存其心,养其性,所以事天也"②。所以,人皆可以为尧舜。只是,说来容易做来难。未必人人都能真正地做到仁、义、礼、智,更不要说成为尧舜。原因即在于,每个人"尽心、知性"的能力,也即"思"的能力大不相同。这种思,当然不是霍布斯所说的成本—收益计算能力,毋宁说是一种内省的能力,面向自己的心、认知自己的自然的能力。

哈奇森同样强调了理性在人真正地像人一样生活的过程中的重要作用。固然,哈奇森说:道德感官、道德感知能力"也许是灵魂始终拥有的一种固定不变的决断,就像我们的判断和推理能力那样",它是人对他人仁善的内在驱动力量,它构成了人的目的,所谓"天命之谓性"是也。而"理性仅仅是一种从属于我们的终极决断的能力……理性仅仅只能针对手段;或者说,理性仅仅只能通过其他直接能力比较事先已经确定了的两种目的"③。这一点,后来被休谟发展成一个著名伦理学命题:"理性是、并且也应该是情感的奴隶,除了服务和服从情感之外,再不能有任何其他的职务。"④这样,在普通法的"技艺理性"(artificial reason)消解了霍布斯的"自然理性"(natural reason)的自负之外,苏格兰道德哲学再次从伦理学角度消解了理性的自负,从而构成了哈耶克所说的进化论的理性主义传统,它极大地不同于笛卡尔式唯理主义。

但是,如哈耶克所说,苏格兰道德哲学决不否认理性的重要性。事实上,人身上同时存在其他感官,比如外在感官,这些感官追求某些快乐,人对这些快乐的追求很可能无视他人、损害他人。人也无时不面临着多重感

---

① 《孟子·告子上》。

② 《孟子·尽心上》。

③ [英]弗兰西斯·哈奇森著:《道德哲学体系》(上卷),江畅、舒红跃、宋伟译,浙江大学出版社 2010年版,第57-58页。

④ 《人性论》(下册),商务印书馆1995年版,第453页。

官带来的多种快乐,人必须作出选择。这就需要借助于理性。哈奇森说:
"通过频繁的沉思和反思,尽可能地强化私人或公共的平静欲望而非特殊
激情,并使平静的普遍仁爱处于特殊激情之上,这对所有人而言都必定具
有极端重要性。"①或者:"我们的本性中最真正缺乏的似乎是更多的知识、
注意力和思考。如果我们在这些方面拥有更大的完善,如果罪恶的习惯、
观念的愚蠢联合得到了阻止,激情就会呈现在更好的秩序中。"②

　　为了让理性充分地发挥作用,作出明智的判断,哈奇森引入了"旁观
者"这个角色。这个旁观者是人为自己设置的,用以判断自己的行为是否
合乎自然。这个概念非常巧妙而重要,它可以为人的社会性提供另外一个
坚实的论证,此处就不去详尽讨论它了。重要的是,它是思的一个工具。

　　既然"思"是如此重要,就自然地出现了君子、小人之分:孟子说得更为
明白:"人之所以异于禽兽者几希,庶民取之,君子存之";或者"君子所以异
于人者,以其存心也。君子以仁存心,以礼存心"。③

　　哈奇森的结论是类似的:虽然每个人都有道德感官,但是,不同的人,
其外在行为却是大不相同的,那就是因为不同人的内省、反思的能力不同,
认知自己的本性的能力不同,这样,人与人之间就有了道德程度上的差异:
"当一个行为出自仁爱感情或指向他人的绝对善的意图时,它在道德意义
上就是善的。善于反思的人确实可以拥有普遍的绝对的善的意图;但对于
普通大众来说,他们德性的构成在于意欲并追求特殊的绝对善,并使之与
普遍善相一致。"④由此,绅士就从普通人中凸现出来。道德上的善呈现为
对他人和共同体的关心,有些人长期地这样做,而让对他人的关爱变成自
己的习惯,"对于已经充分锻炼了公共感情并把它习得为一种习惯的活跃

---

① 《论激情和感情的本性与表现,以及对道德感官的阐明》,第118页。
② 《论激情和感情的本性与表现,以及对道德感官的阐明》,第144页。
③ 《孟子·离娄下》。
④ 《论激情和感情的本性与表现,以及对道德感官的阐明》,第29页。

之人来说,公共感情可能会普遍存在"①。

在孟子和哈奇森看来,这样的人是注定了将会出现的,他们的出现是一种自然。因为,他们关爱他人,这个关爱可以带给他们最大、最高尚的快乐。另一方面,普通人由于其道德感官,由于其自然的社会性,也十分乐于承认这些君子、绅士的权威。他人的优美、高尚、德行,都会激起我们的赞赏,我们自然地乐于亲近他们。我们乐于与所有人交往、合作,当然乐于与那些高尚的人、具有较高理性的人、具有行动能力的人交往、合作,以至于接受他们的指导,以他们作为自己的权威。

从这个角度看,苏格兰道德哲学是绅士的伦理学,儒家哲学是君子的伦理学。文明意义上的"社会"就是基于所有人共同的社会性而围绕着这些君子或者绅士编织起来的。社会由一个一个"会社"构成的,首先是家庭,这是最自然的会社,在其中,仁善是夫妻之间、父母与子女之间及其他亲属之间的支配性情感。超出这个范围,人们在同样的内在情感驱动下,组成各种各样的会社。人天然地具有合作的意愿和能力。通过这些会社,及作为一个整体的社会,人的社会性获得实现,由此,人逼近于那完美的自然状态。

君子或绅士与政治

由此一君子的或绅士的德性,自然地形成君子或绅士中心的社会秩序,此一秩序乃是政府的基础,政治就是介乎二者之间的桥梁。

所谓政治,指的是生活在特定共同体内的人针对权利、权力和利益的分配和再分配作出集体决策的程序和过程。政治可有多种类型,美国学者布鲁斯・阿克曼区分过"宪法政治"和"常规政治"。或许可以在此之外再增加一个确定宪制框架本身的"立宪政治"。

---

① 《论激情和感情的本性与表现,以及对道德感官的阐明》,第104页

令人奇怪的是，后人虽然大谈霍布斯的政治哲学，霍布斯本人似乎并没有对"政治"说过一句话。卢梭的契约论同样没有关于政治的理论。这并不奇怪。他们的理论预设了无数仅具有激情的平等的个体通过一次性缔约的方式构造秩序，则立宪的政治必然是多余的。同样，霍布斯要求人们设立一个主权者，这同样取消了宪法政治和常规政治的一切可能性。

最为经典地秉承了霍布斯哲学的现代经济学，最为典型地表现了非政治的倾向和困惑。对于合理的制度应当是什么，当代中国的主流经济学家们有非常清楚的认知，他们都知道一个现代国家应当是什么样子的。但一旦涉及这个合理的制度将如何出现，他们就会失语。他们的最大苦恼是，他们深知中国需要变革，需要重大变革，但是，他们找不到改革的动力。他们禁不住把变革的希望完全寄托于某个人的开明专制。简单地说，契约论者——洛克除外——和经济学家把政府、把优良治理的希望寄托于奇迹，寄希望于联邦党人所说的"机运（accident）"①。

苏格兰道德哲学和儒家的君子或绅士中心的伦理和社会理论，则自然地导向一种"基于思考和选择（from reflection and choice）"的政治。② 略微思考政治的性质，我们就会发现，政治性活动必以社会的存在为前提，必以社会为基地展开。

霍布斯拒绝承认社会，则政治性活动自然就成为无本之木。哈奇森则预设了人的社会性，论证了社会的常在性。因而，在哈奇森那里，政治就是可能的。如他所说："自然已经赋予了人们行使一切政治职责的活动能力和判断能力。"③

这可以从两个方面看，首先，"与所有的人（不管是好人、坏人，还是聪明人、愚笨人）各自为政相比，通过那些聪明、公平的人——他们可以将其

---

① *The Federalists*, No. 1.

② *The Federalists*, No. 1.

③ 《道德哲学体系》（下卷），第 201 页。

意愿强加到桀骜不驯的人身上,并能让他们一致同意一种好的设想——的仲裁和协商,普遍的幸福肯定会得到更为有效的推进,而公正也肯定会得到更好执行"①。这些聪明、公平的人其实已存在于社会中。可以推定,他们具有较强的道德感,同时,他们具有较强的正义感。事实上,哈奇森一定会同意,人心中存在一种正义感官,"所有人的心中都有一种天生的对不公正感到愤慨的是非感"②。他们同时具有较强的理智能力。这些君子或者绅士会依据自己的这种情感,向人们提出构造政府的规划:"聪明的人通过思考或体验这些危险[指执行权利、阻止伤害可能面临的危险]并向他人详尽地描述它们,可能让许许多多的人一致认同针对这些危险的唯一补救办法,即让某些信奉智慧和公正的人组成裁定他们一切分歧的仲裁机构,并且在一切对于整体的安全和繁荣必需的决策方针上组成领导机构。"③此即孟子所说的,"人皆有不忍人之心。先王有不忍人之心,斯有不忍人之政矣"④。

同样自然地,普通人同样具有信服绅士或君子之权威的本能:"人们天生尊重并钦佩他人所表现出来的卓越才干,如勇气、智慧、仁慈、公正和热心为公的精神,并天生信任那些具有如此品质并热爱他们的人,人们愿意将他们的重大利益交由这样的人来掌管,并且会热情地让他们担任光荣的公职并拥有管理社会共同事务的权力。"⑤

这样,一个政府就会被构造出来。这是通过政治的过程达成的。君子或者绅士提出规划,其他人经过思考,予以同意。这些绅士或者君子,似乎就是我依据奥地利学派经济学提出的"立法企业家"(rule-making entrepreneur)。甚至可以设想,他们可以提出相互竞争的规划,游说共同体内

---

① 《道德哲学体系》(下卷),第204页。

② 《道德哲学体系》(下卷),第202页。

③ 《道德哲学体系》(下卷),第203页

④ 《孟子·公孙丑上》。

⑤ 《道德哲学体系》(下卷),第201页

的成员,让他们从中作出抉择。

这样的立宪过程当然是人为的、构造性的,但它同样属于哈耶克所描述的自发秩序过程。亚里士多德描述的城邦生成过程就是一个自发的构造过程。政府就是由社会自发地构造出来的,理论上,每个人都可以提出自己的构想,参与竞争,而事实上的构造主体则是绅士或者君子。

哈奇森现在描述的是立宪的政治,这对应于霍布斯的缔约。在霍布斯那里,这是一个没有时间维度的奇迹,哈奇森所描述的缔约则是一个政治的过程。因此,霍布斯的缔约仅仅是一个政治上的虚构。哈奇森的政府成立过程却是现实地可行的。

或者可以说,它就是历史的、现实的。英美现代国家就是通过绅士中心的政治过程构建起来的,这就是"绅士宪政主义(gentry constitutional-ism)"。同样,如果考察那些秩序较为健全的国家的治理经验,当会发现,宪法政治和常规政治同样是以绅士为中心的,属于自发秩序范畴。就是说,它是从社会发动的,以社会为基地竞争性地展开的。因此,在这些国家,绅士在整体社会治理过程中始终发挥着枢纽的作用。无数绅士在不同领域、不同层面发起、组织、推动、参与社会自主治理,这种自主治理乃是社会治理的基础。

哈奇森很无奈地说,自霍布斯之后,"把狡诈的自私构想置于最慷慨大方的人类行为之上,已经发展成为了一种时尚话题"[1]。这样的时尚在西方已经持续了三百多年,从而显得不那么时尚了,但在中国,却正大行其道。苏格兰道德哲学的系统翻译、引入,或者可以让我们换一个角度来思考人性、社会与政治。

---

[1]　《论激情和感情的本性与表现,以及对道德感官的阐明》,第66页。

二、共和国与绅士:理论与历史^①

很高兴能跟大家交流我自己最近做研究的一些感想。北大法学社的活动跟共和国有关系,我就选了这么一个题目。我想讨论,在共和国建立的过程中,绅士扮演什么样的角色。历史的部分是我讨论的重点,但我会从理论的角度进行讨论,最后会讲一点现实的问题——现实总是让人比较悲观的。

理解现代建国事业

我的想法来自最近的研究:现代中国建立现代国家的事业是怎么展开的? 研究的核心概念是"立国"。现在,高全喜、陈端洪等人都在讲这个概念,我也凑个热闹。

立国就是建立现代国家,我从历史的角度来界定,中国士大夫群体是从 1895 年甲午战败开始,有了建立现代国家的意识。在此之前,虽然有中西交通,士大夫也了解到西方的民主、议会制度、总统制等,但基本上没有

---

① 2009 年 5 月 12 日在北京大学法学社的演讲词。关于这个问题的详尽讨论,可参见拙著《现代中国的立国之道》(第一卷),《以张君劢为中心》,法律出版社 2010 年版,第一章"现代国家的构建规划与进路"。

形成建立完整的现代国家的意识。从康有为的保国会提出保种、保教、保国看得出，他已经意识到中华文明的秩序面临着整体的危机。这个危机不是像以前修修补补、敲敲打打就可以解决的，这是整体性危机，必须要有整体性解决方案，这个方案就是建立现代国家。我的基本理论框架是把建立现代国家分成三个方面：

第一方面，我把它称之为立教。听起来比较古怪，其实就是指精神秩序的重建。思想史上对此有很多研究，像林毓生先生的"中国意识的危机"，比如康有为的"保教"。他们意识到中国的文化，或者儒家传统，或者中国人的精神世界，这个时候已经面临非常严重的冲击。那么怎么再重新建立精神秩序、文化秩序、道德秩序？这构成立国事业中非常重要的问题。

第二方面，我把它称之为立法。这不是说制定法典，而是制定一整套"国内普通法"，这又是我发明的概念。我把英国的普通法概念给予普遍化、一般化的处理。任何共同体要建立现代国家，就必须在原来基于地域性、身份性或者亚文化等意义上的习惯法之上，建立一套普遍适用于所有国民的法律体系。不同国家建立这样的法律体系有不同的路径。比如英国是普通法的路径，德国和法国是制定民法典的路径，苏联是通过革命的手段颠覆原来所有的法律、制定一套革命的法律体系。

从这个指标来判断，中国现在还没有建立起一套现代的国内普通法体系，因为我们最欠缺的是能够普遍执行人大所定法律的司法体系；现在的司法体系事实上不能够向国民提供普遍的保护。广州市前城管支队队长讲："我们必须要有城管，否则傻瓜都会来广州。"他的意思是，除了广州的聪明人之外，外地的一切傻瓜都不许在广州生活、居住。这意味着什么？这意味着，中国不是统一的现代国家，因为人民在这个地方不能得到宪法的普遍保护。严重的问题还在于，广州这个官员说了这句话之后，没有任何人有任何渠道可以寻求救济。没有宪法法院，人大也不对地方政府的歧视性法律进行审查。

最后一个方面是立宪，这个问题不用太多地讲。就是建立宪政制度，安排权力的结构和解决公共问题的程序。

这三块就是建立现代国家的内容。中国建立现代国家的努力已经进行了一百多年。我之所以讨论绅士的问题，也是来自于建立现代国家的问题意识。

绅士与建国

我们要问：谁在建立现代国家？这是我今天要讲的重点。为了从理论上回答这个问题，我尤其会探讨英美的情况，看看在那里，是谁在建立现代国家。

一个初步的观察结论是：英美现代国家是由绅士建立起来的，而苏联、法国大革命，包括中国后来的革命，它们的现代国家不是由绅士，而是由其他人群建立起来的。立国主体的不同导致了最终所建立的现代国家性质上有根本不同，这些国家后来的运行也完全不同。从经验上也能看出，英美的现代国家基本上保持了稳定；法国大革命之后换了好几个宪法；苏联崩溃了；这些经验提出了一个问题：为什么会有这样的差异？我找到了部分的答案：这跟国家是怎么样建立、由什么样的人建立有关系。如果现代国家是由绅士建立起来的，那么，国家就可能真正建立起共和的制度；如果不是由绅士建立起来的，那么国家就有自我毁灭的倾向，必然要持续不断地革命，自拆台脚，直到自己把自己颠覆为止。

接下来讨论，为什么绅士跟稳定的共和国、持续的现代国家之间有这样正相关的关系？我想进行一点理论的讨论。在《联邦党人文集》第三十九篇中，麦迪逊区别了民主制和共和制：民主制就是指直接民主，像卢梭所向往的日内瓦共和国，或者更小的乡镇、市镇，或者希腊的城邦，几千个市民聚集到一起讨论公共事务。这样的直接民主事实上没有政治，也没有政府，因为这是完全不必要的。人民、公民群体作为小型共同体成员，完全可以随意废止自己制定的法律，也可以随意更改发布的政令。像卢梭所讲的,法律就是公民的意志,而意志是可以随时变动的。人民这个主权者不受任何限制,当然也不受自己的限制。所以,小共和国实际上不是政治共同体。

陈端洪教授在讲"政治的宪政主义",批评我提出的"司法的宪政主义"。我想跟他讨论,政治是什么。在我看来,主权和政治在很大程度上就是冲突的,共同体如果有主权,那么肯定没有政治。当然这需要进一步的论证。只有当共同体没有主权,它才有政治可言。就像麦迪逊所说,只有在代议制共和国、代议民主制下才有政治。为什么? 因为这个时候,才会有政治家群体。什么叫政治? 政治家所从事的事业就叫政治。如果是主权者的话,他完全只服从于自己的意志,其他人则服从于他,那就没有政治可言。像麦迪逊所讲,代议民主制是唯一可行的民主制;直接民主制不是民主,只是主权者自己可以任意而为的怪物,它既不是共和国,也不是政治共同体。

接下来我要问:代表是谁? 当然,我们可以说,选民们投票选举出来的人就是代表。接下来还要追问:选民们所选的候选人究竟是什么人? 为什么选民会投这些候选人的票? 这就需要区分选举制下的正式代表与"自然代表"。为此,需要讨论柏克在讨论法国大革命时所谓的"自然贵族"的概念。自然贵族就是支撑正式代表的"自然代表"。

在我看来,政治是从社会自然延伸到公共治理领域的,社会的自然代表本身就创造了某种政治,比如进行自治,一个个不同类型的小型共同体的自治。这样的社会就构成了迈克尔·波兰尼所说的多中心治理秩序。[①]多中心治理秩序是民主和共和国的基本模型,或者说是它的内核、基础。共和国必然是多中心治理秩序。这样的理解肯定跟古典的共和主义有根本的差别。我是以大共和国作为描述的对象,跟一般共和主义所讲的共和国有很大的区别。

---

① 参见[英]迈克尔·博兰尼著:《自由的逻辑》,冯银江、李雪茹译,吉林人民出版社 2002 年版。

　　大型共和国必然是多中心的治理秩序。多中心的含义是什么？社会本身是异质的，它可能有各种各样不同的组织。人们因为不同的价值、追求不同的目的，结合成了很多自然的和人为的组织和社团，比如说家庭，行业组织，各种各样的俱乐部，娱乐、消遣性组织，还有慈善、公益组织，等等。这些组织都在行使着在一定范围、一定层次的个别的主权、治理权。在大型共和国里，主权是多元的，甚至可以说有无数的主权。宪法不是要设立最高的主权，而是要协调这些不同的主权。美国的宪法从根本上说是在协调联邦政府和州政府之间的关系。美国立国时是 14 个主权（联邦政府加 13 个州），现在是五十多个主权。把它再拓展，包括市镇，主权就会更多，几千个、几万个主权需要协调。宪法的目的是要协调不同的主权之间的关系，而不是要把联邦政府设定为最高的或者唯一的主权。

　　由此可以看出，宪政秩序必然是多中心的治理秩序。这个秩序构成共和国的基础，而这个秩序的节点就是绅士，他们是自然代表。大多数多中心治理的主体甚至不一定是民主的，比如家庭是一个治理的主体，是社会的和市场的主体，而家长不需要选举。还有某些类型的宗教组织，也未必是民主选举。其他娱乐或者什么样的活动组织，完全是商业化运营，谁掏的钱多，谁就是管事儿的人，而不是说通过投票选举选出代表。通过如此这般不同的渠道，形成了多样的组织。组织的领导者构成了绅士群体，他们就是共和国治理的一个个的节点。

　　托克维尔特别讨论了法学家在共和国治理中的作用。托克维尔在《论美国的民主》第二部分第八章探讨了法学家精神怎么样平衡美国的民主制度。托克维尔所讨论的最根本的问题是，怎么样防止民主被滥用，也就是怎样防止多数人的暴政。不仅是这一章，托克维尔这本书都在讨论限制民主的一些办法，其中一个是自治，另一个就是法律。这本书对法律和司法在美国政体中的作用可能比任何人都强调得多。我倾向于认为，托克维尔的书中隐含了我跟刘海波博士提出的概念：两权分立的宪政框架——判断权和统治权，或者说法律和统治。托克维尔特别强调了从基层法院一直到联邦最高法院所具有的政治功能。不仅整个社会的秩序是由司法体系来塑造和调节的,最为重要的政治秩序也是由司法来调节的。不管是基层的法院还是联邦最高法院的法官,托克维尔直接把他们比喻成美国民主社会里的贵族;更合适的是把他们称之为绅士。他们凭借他们的知识获得社会的领导权,通过他们的技艺理性来调节社会最基本的关系,这样的活动合乎我所定义的绅士。

我对古典的共和主义有一个想法:即使在古希腊的民主制度下,那样小城邦的共和国里面,我们也很难指望每一个公民都具有公民的美德。在那样的共和国里,你所能指望的也只是公民中间的绅士,也即公民中间具有公共精神的人,而不是指望每一个公民参与城邦治理。比如希腊几千个公民里面,也许热心公共事务的就那么几十、几百人,他们就构成了自然地进行统治的群体。

刚才主要是以美国为例讲绅士的治理。在多中心治理秩序中,美国的现代国家的建立基本上是社会自然的生长,而不是我们在中国语境里理解的革命。我在后面会比较几种不同的革命形态。

传统中国的绅士与治理

现在讲传统中国的绅士与绅权,其实也是想讨论:中国立宪政治的主体实际上是有某种传统的基因的。中国的传统也许跟民主政治和宪政不是直接冲突的。如果中国文明保持了足够的连续性的话,中国建立宪政制度反而会更容易一些。

回到历史。首先要区分读书人和君子—绅士之间的不同。读书人比较容易理解,比如通过科举考试掌握某种知识,我们通常把他称之为知识人。君子—绅士则除了有知识之外,还需要具备两个要素:一个是道德,这是他在社区里面获得权威的内在要件;还有一点是治理的能力,管理公共事务(不管是小范围还是大范围的)、管理社会及政府的能力。

知识、道德和治理的能力之间存在互动的关系。人们的目的是成为绅士，还是成为专家，不同目的下获取知识的对象就会有很大的差异。如果目的是从事政治实践，那么你所追求的知识一方面需要非常整全，因为你要对社会有全面的理解；但另一方面你所获得的知识又必须特别具体，因为只有这样你才知道怎么去做。这样的君子—绅士与一般的文人或现代的知识分子有非常大的差异。绅士具有一种特殊的心态或者特殊的思考方式，用一个词概括叫绅士的心智。

接下来我讲一下中国历史上四次伦理的自觉，也就是君子意识的自觉：

第一次是孔孟时代。我的起点是从春秋的封建时代开始。封建时代是什么时间？只要你不把它当成秦以后就行。春秋是比较典型的封建时代。那时没有专业的知识人，识字的人都是贵族，他们本身就是社会的治理者，本身就行使和拥有政治权力，他们是君子。

到春秋晚期，就像欧洲的十五、十六世纪一样，随着战争规模不断扩大，战争技术不断发展，封建秩序逐渐瓦解。在瓦解过程中出现了"专家"群体，他们要么是军事专家，要么是外交专家。孔子意识到了社会要发生根本性转变，礼崩乐坏，新秩序正在形成。因为专家是跟专制的君主结合在一起的，跟欧洲的历史一样，像马基雅维利这些专家都是跟专制君主共生的，法国的启蒙知识分子也都是跟专制君主同时出现的。

孔子和孟子看到了专制的秩序正在形成，他们所做的就是要唤起"君子"的自觉。他们都讲君子和道，讲"士志于道"①。因为专家是不讲"道"的，对专家来说，谁给他爵位他就跟谁干。韩非子、苏秦、张仪这些人都是完全功利主义的心态，没有任何道德约束。当然，孔孟的努力失败了，所以有了秦的专制制度之建立。但是，孔孟的这些努力树立了后世人们讨论君子人格的基本典范。

---

① 《论语·里仁篇》。

　　第二次君子意识的自觉是董仲舒。"独尊儒术"并没有要罢黜百家,只不过儒术纳入到主流,给懂儒术的人提供进入政府的机会。接受其他训练的人没有机会,但并不等于政府禁止研究其他百家。

　　请大家注意"儒术"一词,它特别强调"术"这一面,术是指掌握某种实践的技能,而不仅仅是读了几本经书。汉代很快形成了士族群体,这个群体基本的特征是"通经术、立名节"。到中央政府做官都是通过察举,要看这个人的道德修养,还要看它参与社会治理的能力。你必须在社区或小共同体内具有一定的能力、德行,才有可能被其他的绅士或者政府官员推荐。不是考试,而是推荐制度。由此选拔出来的人,通常来说都是社会里能够被大家普遍认可的士君子。

　　董仲舒塑造了从汉朝以后一直到唐之前社会治理的基本结构,是士族在社会里发挥主导的作用。这个主导作用不是靠皇帝赐给他的权力,而是靠他自己从社会中获得的权威。首先他是社会中的士君子,然后政府才委以他某个官职。这一点跟后来的科举制度有本质的区别。尤其是陈寅恪先生对魏晋南北朝历史的研究,揭示了很多很有价值的政治哲学素材。比如他关于"牛李党争"的讨论,揭示了在董仲舒之后的时代,社会主要是由士君子来治理的,皇权反而是居于辅助性的位置。[①] 所以,虽然有胡人蛮夷不断的入侵,但新的秩序可以很快建立起来。靠的是什么?靠的就是这些士族。

　　第三次是宋儒的自觉。它的背景和刚才提到的科举制度有关。科举制度在唐代的建立有很特殊的背景,跟武则天篡位有关系。武则天要颠覆李唐的秩序,她特别重视"进士"这一门。当时进士的科举考试特别重视文辞,要求参考者会写诗歌。当时,诗人和通过文辞获得权位的进士群体比较浪漫、放荡不羁。这个群体跟士族的行为模式有非常大的差异,对于唐代后来的政治产生了巨大的影响。因为这些进士都是文人,本身在社会里

---

① 关于唐代传统士族与新兴进士科士人社会地位、心智之不同及其所引发之政治斗争,参看陈寅恪先生之名著《唐代政治史述论稿》中篇《政治革命及党派分野》。

是没有根基的，没有社会性权威，可能都是出身贫寒之家，"朝为田舍郎，暮
登天子堂"。这些人进入朝廷之后，他们的权力完全是靠分享皇权，这一点
跟原来的士族有很大的区别，皇权完全支配着进士。他们给皇帝写点诏
书，陪着皇帝作两首诗，多是充当这样的角色。士人的软弱是唐代后期政
治陷入巨大混乱的根本原因，而且也导致始终没有再建立起稳定的秩序。
所以后来有了五代之乱，社会秩序陷入巨大的混乱。

经历如此混乱，有了宋代君子意识的自觉。张君劢、钱穆、陈寅恪等先
生都认为宋代文明是华夏文明的顶峰。这顶峰最重要的起点，就是宋儒的
文化和政治上的自觉，从而在某种程度上回复到孔子和董仲舒为士人所设
计的社会和政治角色。

第四次觉醒是曾国藩的自觉，主要是针对汉学，清代的考据之学。这
次自觉跟我们后面所要讨论的清末立宪有直接的关系。曾国藩是这个传
统的起点。从曾国藩到郭嵩焘，还有陈寅恪先生的祖父和父亲（陈宝箴、陈
三立父子），还有张之洞等人，然后到梁启超，到张君劢、陈寅恪，到现代新
儒家。在我看来，这是现代中国的正统。

现代中国的绅士宪政主义

我们对现代中国历史的理解有很多误区，以前都习惯于革命史观。等
到二十世纪八十、九十年代，出现自由主义的历史观，英雄就成了胡适。我
现在要另外树立一个坐标，就是张君劢。我有一本书接近完成了，《现代中
国的立国之道》，第一卷，《以张君劢为中心》。

我为什么选择张君劢？跟我刚才讲的从曾国藩到陈氏父子，到张之
洞、梁启超的传统有关系。这个传统是保守—宪政主义的传统。我之所以
以他为坐标，因为他解决了中西古今的问题。我认为，张君劢是现代中国
最伟大的思想家。我举几个例子来说明这点。他的立宪事业事实上取得
了成功。很多历史书，包括我现在看到的关于张君劢的传记和思想史，都

说张君劢的政治事业失败了。张君劢自己五六十年代之后流亡海外，命运比较悲惨，他也觉得自己是失败者。但过了六十年，回头再来看历史，不得不说，其实他是成功了。而且只有他一个人成功了，其他所有人都失败了，他所起草的宪法就是现在台湾的"宪法"。八十年代或者六十年代，人们讨论现代中国历史，受时间视野的限制，看不到这么远。现在，我们有足够宽的视野来重新评判现代中国，究竟哪种理念最后取得了胜利。我觉得，时间站在了张君劢一边。

张君劢之所以成功，非常重要的一点是他延续了中国士君子传统。立宪的努力从第一次的清末立宪，到民国的立宪、抗战建国的立宪，始终贯穿了一点：怎么样协调中国固有文化传统与西方宪政制度之间的关系。只有具有绅士心智的人，才能比较好地协调解决这个问题。

新文化运动的胡适、陈独秀这些文人，都采取激进的策略。这样激进的策略本质上来说是没有能力承担建国任务的。胡适等人说，以前你们的努力都失败了，我们现在要进行思想、文化革命，然后建立全新的秩序。问题在于，这样激进的心态最后使得你成了所有人的敌人。建立现代国家，要让现有的社会结构中的每个人重新建立关系，要给他们设计新的规则体系，而不是去消灭他们。新文化运动所鼓吹的激进主义以及它所引起的后来的激进革命党、革命政权，其目的不是让每个人的宗教能够被宽容，每个人都可以自由信仰，而是要消灭宗教。它不是让每个人都可以发财、每个人都拥有自己的产权，它的口号是消灭产权。它也不是让每个人，不管男女老幼，长得丑或长得美，有钱的或者没钱的，大家和谐的共处。它的理想是要消灭社会中的某个群体。比如，鲁迅刻薄地描写农民，比如革命党断言谁是反动派，据此，不仅要剥夺他的财产，还要从肉体上消灭他。这样的心态本质上不是在建立国家，而是在毁灭国家。所以它跟现代的立国事业是背道而驰的，由此建立政权，不是秩序的开始，而是革命的开始，"不断革命"。不断革命可以概括从新文化运动以来中国政治的基本态势。

现在回到比较经典的宪政主义革命时期，就是清末、民初立宪时代。

这两次立宪是传统中国绅士治国模式的延续，或者说是它的一次自我转型。我给清末立宪的定性就叫绅士立宪。它的主体就是绅士，不管是中央和地方的大员，还是上海苏州的绅商，像张謇、汤化龙等人，他们都是社会中的绅士。他们所要做的事情不是要颠覆社会结构，而是重新安排政治权力。事实上，他们在立宪之前已经享有非常广泛的治理社会的权力——政府官员也是由这些人组成的，但他们希望通过立宪来调整权力，使皇权和费孝通先生所讲的"绅权"之间重新进行安排，也就是扩大绅权并且制度化。清末立宪最重要的制度安排是地方自治和议会，这两点其实都是绅权自我实现的努力。

中国从1906年开始提出立宪，到1911年在很短的时间内就建立了共和国，而且没有经过屠杀和大规模暴力，非常平稳地就建立了。很多人都忘记了这段历史，而它为什么会那么迅速地建立起来？用现在的一句话说，这是绅士的华丽转身，它只不过是社会秩序自然的生长。绅士把他原来所享有的权利给予扩展和正规化，以宪法的形式确认下来。以前在传统社会，绅权缺乏制度性保障。现在，绅士们要求把权力用宪法保障下来，所以他们要开议会。以前，慈禧太后要做什么决策，也都会让绅商们发表意见，就像我们现在政府立法之前公开征求意见一样，但意见最后采纳不采纳，都是统治者的事儿。现在，绅士们所要求的是，采纳不采纳跟统治者没有关系，我们现在直接把法律制定出来了。这就是立宪的基本目标，这场立宪运动的主体就是绅士，而要建立的也是一个绅士治理的国家。

中国的历史从传统社会、前现代社会，到现代社会，也即建立第一个共和国，实际上没有断裂，这点非常类似美国的建国。不像法国大革命，跟前现代社会是彻底的断裂。相反，现代中国是历史的自然的延续。之所以能够保持延续，就是因为宪政秩序的主体跟传统的前现代社会主体是同一群人，所以历史保持了连续性。这就是我要强调的，为什么以绅士为主体建立的现代国家更具有内在的稳定性，它成功的可能性更大。但很不幸，最后，它也没有成功，这里面有很多历史的意外。

结论：无绅士即无宪政

最后说到中国现实。二十世纪中期，中国就没有绅士了，所以，优良社会治理的支持力量也就没有了。欲追求优良治理秩序，我们首先要问一个问题：中国社会有没有绅士？如果没有绅士，宪政就免谈，优良治理秩序就免谈。这就是我今天要得出的结论。

过去三十年，中国社会已经出现了一些精英。在八十年代之前，没有精英，只有干部，而干部不是精英。八十年代之后，逐渐出现了精英，因为我们有了私营企业，有了教会的发育。我到处都讲，搞政治学或是社会学研究，对中国社会过去三十年的变化，最需要重视的就是宗教的复兴，其次才是市场的发育。在这些政府之外的群体中，我们看到了各种各样的精英，比如有钱人当然是精英；像商人、律师、大学教授，还有各种各样的NGO组织，包括我、写评论的人，都算社会精英。

但是，精英需要转化成绅士，而基本的途径必须要有道德的振兴，然后是治理能力的训练。道德振兴尤其重要。我们生活在现代社会，特别容易具有道德虚无主义的倾向，尤其是知识分子，特别厌恶道德。但是，社会如果没有基本的道德自觉，很难出现绅士群体。没有绅士群体，社会就不可能坚固，也就不可能有宪政。宪政的本质就是社会控制政府。宪政支持共和国，但宪政的创造和维护主体是绅士。没有绅士，就没有真正的共和国。

三、美国的绅士与宪政
——《论美国的民主》导读[①]

　　早上好！昨天我们讨论了经济学、法律、宪政及其与传统之间关系的若干问题。我在讨论这些问题过程中反复提到一点，我们怎么认识西方，在很大程度上决定我们怎么认识中国，或者换一句话说，我们是不是正确地认识了西方，决定着我们能不能正确地评估中国的传统与现代之间的关系。

　　在我们生活的时代中，我们给自己施加的任务是实现所谓的现代化，或者用一个政治学的词汇来说，是在中国建立现代国家。在过去一百多年里，中国人都在做这样的工作。我们站在现在，回望这一百多年，应该说，起码在中国大陆，经历的挫折显然比成功多得多，以至于现在我们还不得不把这个事业当成自己的工作和任务来做。为什么会出现这样一些挫折？坦率地说，一个很重要的原因就是我们没有正确地认识西方。

　　我们要想建立现代国家，当然要去看西方国家是什么样的，因为它们已经是现代国家了。教科书中讲我们的近代史（你们把它称为近代史，我则把它称为现代史）的开端，是"中国人睁开眼睛看世界"，所以，"看世界"

① 2011 年 7 月 13 日上午在立人大学的演讲词，地点：湖北省蕲春县青石中学多媒体教室。这个讲话的视频可见 http://v.youku.com/v_show/id_XMjkxMTI3MTMy.html。

对中国的现代化是非常重要的一步，是一个开端。过去大概一百五十年里，中国人都在看世界——大概这几年开始，世界也开始看中国了。我们看世界，究竟看到了什么样的一个世界？当然，这个"看世界"是指看西方，而不是去看非洲、菲律宾。我们看欧洲、美国，后来看日本，其实都是想看清楚，它们的现代国家是什么样子的，现代国家是怎么组成的，它的基本制度是什么，支持它的制度是什么，人民的心智是怎么样的。大家都在看，我觉得过去一百年的先贤，在很多时候，看的有点儿偏差，这个偏差的形成大概跟他们的认知范式有关系。他们在西方的大学里接受的教育，大部分都是西方国家在完成现代国家的构造之后为解决一些技术性问题而提出的方案，也就是说，他们其实接受的是一些后现代的理论。比如我昨天举的例子，胡适先生跟随杜威先生学习民主，大体上学的是后现代的民主，而不是民主本身。不是作为现代国家构造要素的那个民主制度本身，是给生了病的民主治病的药方。现在学界讨论很多的所谓"协商民主"，也是西方在这个意义上的一个理论。我们看到了一个后现代的西方，已经完成了从前现代到现代转型后的西方，也就是说，我们看到的是十九世纪后期到二十世纪的西方。而实际上，我们面临的任务是欧洲人在十七世纪、十八世纪面临的任务，也就是建立一个现代国家。这样一个落差，或者说是时间上的错位，使得我们构建现代国家时所使用的西方的工具太先进了，与我们的任务不匹配。我们这时候需要的是锤子、榔头，是强有力的工具，而现在我们拿了牙医使用的很精致的袖珍型的工具，那当然不能解决中国的问题。

　　因此，如果我们想完成建立现代国家的工作，那么在学习研究的过程中，需有非常明确的"中国问题意识"，基于这个意识，对我们所能接触的西方的理论工具做一个非常审慎的选择。也就是说，我们要面向自己的问题，从西方理论的仓库中挑选对我们有用的那些工具。西方的历史太漫长了，西方的文化、学术、思想的资源也是异常丰富，我们解决中国问题，究竟需要什么？当然，需要跟你的目标有关系："我要干什么？"如果我要去西方学界做一般的学术研究，那当然需要研究西方最时髦、最时兴的理论。如果我想要了解西方的由来，当然要去研究西方的古典。假定你要承担在中国构建现代国家这样一个理论构思的工作，我的建议是，要去特别关注"现代早期"，或者说是西方现代国家构建期中那些伟大人物的思考。我的朋友高全喜教授称之为"早期现代"。如果我们要去完成过去一百年都没有完成的构建现代国家的工作，那就需要回到美国的立宪党人时期，进入到法国大革命的脉络中去，在这个脉络中思考怎样解决"五千年未有之大变局"的中国难题。

阅读建议

今天，我准备和大家讨论托克维尔的《论美国的民主》。当然，这本书的内容太丰富了，我只把我所注意到的一些点、一些问题向大家提出来，我也希望通过这样的讨论能够达到以下几个目的：

第一，大家都是高中生或是本科低年级学生，你们的学术事业刚刚开始，也许还没有开始，我给大家一个建议，在本科期间一定要精读几本经典，不管你学习的是什么专业。假定你学的是经济学专业，建议你花一年时间读《道德情操论》，花另外一年时间读《国富论》。一字一句地读，去思考它每一句话究竟要说什么，把一字一句拼凑成一个章节，然后思考每个章节要解决什么问题。如果你学的是政治学专业，要读亚里士多德的《政治学》《论美国的民主》《联邦党人文集》。刚才讲到美国制宪者，除了《联邦党人文集》，还应当有《反联邦党人文集》，它们应该对照着读。你会发现，他们围绕着建立一个伟大的政体进行了伟大的思考。他们把这看做一个理性的事业，通过反复的辩难，通过援引各种理论、历史的经验，通过观察和思考美国的民情、国情，综合所有这些因素设计美国的政体。所以，《联邦党人文集》和《反联邦党人文集》都是应该阅读的。如果你学习的是伦理学，那要去读亚里士多德的《尼各马可伦理学》。

　　你们进了大学之后,会突然觉得世界很丰富,有各种各样的书、各种各样的思想,还有各种各样的人,一下子扑面而来。我读大学时也是一样,各种书都在读,尤其是读了很多没用的文学。当然,文学对人生的成长是有用的,但对学术来说是绕了一个弯的。你有没有勇气和技巧去把本专业的几本经典非常仔细地阅读完,是决定你以后能不能成为一个杰出的学者(假定你想要成为一名学者)的第一个前提。当然,即使你不做学者,以后到企业或政府机关工作,一本经典也要比一百本教科书、参考书,还有像美国学院的教授所生产出来的专著的效用大得多。

　　为什么要读经典?因为经典告诉你,这门学科的范式是什么,核心问题是什么,解决问题的基本思路是什么。这是经典的真正用途。实际上,你们的老师们也是要依赖经典的。如果你自己仔细阅读经典,基本上就可以和你的老师进行对话。这是我给大家的第一个建议。

　　第二,通过阅读《论美国的民主》,希望大家以一种复杂的眼光看待民主。不知道你们敬爱的刘瑜老师是怎么跟你们讲的,我与她有过交流,她的基本看法是,自由与民主都是很简单的事情。对这种观点,我当面就以非常激烈的语言反驳过她。就像前面所讲,中国建立现代国家的事业是人类有史以来最复杂的事业。事实上,建立宪政制度是人类所能从事的事务中最复杂的。人类的大部分时间是生活在非宪政的状态中的,为什么会这样?因为一个共同体要真正过上宪政的生活,要建立起稳定的宪政制度,需要非常多的必要条件、充分条件,共同体所有要素恰到好处地组合到一起。这个要求太苛刻了,人类历史上的大多数共同体在大多数时间都不能达到这个条件,所以不能建立起比较完备的宪政制度。即使偶尔因为某种原因,比如说外部因素建立起宪政制度,很快也会退化,自我崩溃。也就是说,宪政制度是非常脆弱的。虽然人类都热爱自由,自由是人的本性,但要把这个本性发挥出来,且保持在一个稳定的状态,需要非常多的条件。所以,建立宪政制度其实是对人之作为人的能力的一个根本考验。

　　也因此,我给大家的建议是,一定要以复杂的视野看待宪政制度,看待自由的事业。只有这样,你才能努力地去发现建立宪政制度究竟需要什么条件。首先从理论上来思考,然后才有可能在现实中抓住每一个机会,在每一个可能的领域中做力所能及的工作。这些工作看起来可能与宪政、自由离得相当遥远,但实际上对于一个宪政制度而言,它可能会是一个必要的条件,只不过中间的因果链条比较长。面对这样一个比较长的因果链条,有的人可能会选择不去管它,只管原因本身。我则愿意追究原因的原因。人类所组成的这个世界跟物理世界有一个根本的不同:它是一个"复杂现象"。哈耶克在他晚年所进行的一般性社会科学理论中反复指出,不管是经济活动还是政治活动,由人所组成的现象都是复杂现象,其复杂程度远远超出物理世界。那么,我们就应当用复杂的心态去对待它。

托克维尔的问题意识

接下来我们讨论《论美国的民主》,我主要围绕目录和前言来讲。

看任何一本书,我们要提一个问题:作者想解决什么问题? 他的意图是什么? 尤其是对经典而言,这个问题十分重要。现在很多学者写书,目的经常是,这是一个课题,我必须写一本书。其实在英文书中,百分之九十五也都是这种性质的书。因为要评职称了,所以必须写一本书。至于经典,却一定是在解决对于人类生存而言至关重要的问题,并且找到了道,所以它才会是经典。那么,拿到《论美国的民主》,我们首先要问:托克维尔想解决什么问题? 写这本书的宗旨是什么?

在这里插一句题外话,如果大家对关于自由的各种理论,不管是经济学还是政治学、伦理学,甚至历史学感兴趣的话,给大家推荐一个网站libertyfund.org,你能想到的所有与自由有关的各个学科的经典,在这个网站上都有,而且都是免费下载使用的。有些书有多个版本,比如说《论美国的民主》,刚有一个非常新的版本,是 2010 年出版的,这个版本是学术版,有非常详尽的注释,而且把托克维尔在书信中相关的论述都作为注释插入文本中。

　　《论美国的民主》中文版选用了第十二版序。① 十二版序的第一页有两句话能够体现托克维尔写这本书的基本出发点。首先他认为，"民主即将在全世界范围内不可避免地和普遍地到来"，下面又有一句，"曾被君主政体的法国视为奇闻的美国各项创制，应该成为共和政体的法国的学习对象"②。这就是他的两个宗旨。

　　第一句话表明，他认为，民主制度是世界潮流，浩浩荡荡。所以，一个研究社会科学的人首先要弄清楚民主制度究竟是怎么运转的，为什么它具有必然性。托克维尔是借助美国（当时是最经典的民主国家）经验阐明民主制度的基本原理，并论证民主为什么是不可避免地和普遍地到来。

　　第二句话表明，美国的制度要成为法国学习的对象。也就是说，托克维尔写这本书的目的就是要学习，这本书就是他学习美国民主制度的一个心得，是他做的一个读书笔记。

　　从这里马上能看出这本书与中国的高度相关性。什么相关性？法、中都在学习先进国家。就全世界的现代化历程而言，法国也是一个后发国家。相比于英美，法国是后进国家。然而，现代中国人用于构建现代国家的理论资源，大部分来自于法国和德国，这实在是一件非常奇怪的事情。因为，法国本身也是一个学习者。我们没有去找师父去学，却找徒弟去学习了，而师父本来就在那里。这是百年历史中让人最为遗憾的事情。

　　从托克维尔的角度看，当时的法国面临很大的问题。大家都知道，法国的革命来回地反复，这本书写于十九世纪三十年代，法国的民主政体、宪政政体始终不能稳固地建立起来。也正是基于这样一个目的，托克维尔到美国进行考察，他在书中特别关注美国宪政制度成功的地方究竟在哪里，它跟法国不同的地方在哪里。书中有一个很明显的框架，就是美法之对

---

① 　这里所用的中译本是董果良译：《论美国的民主》，商务印书馆 2002 年版，上下两卷。
② 　《论美国的民主》(上卷)，第 1 页。

比。大家在读美法对比的时候,不妨再加入一个中国的维度,即美、法、中的对比。首先请仔细地思考,托克维尔在如何进行比较?比较的方法是什么?我们可以用这样的方法进行中国和美国的比较,中国和法国的比较。这样反复的比较有助于我们把这三个事物的边界不断地清晰化,进而理解民主内在的逻辑究竟是什么,如何在中国建立完善民主制度。这是阅读这本书需要特别注意的一个方法论维度。

托克维尔还给自己提出了一个更伟大的任务,而这个任务是中国学者也需要承担的。第8页有一句话,"一个全新的社会,要有一门新的政治科学",这是托克维尔非常伟大的抱负,而这个抱负基本上实现了。那么,他是怎样实现这个抱负的?我相信,他并不完全依赖于他对美国民主政体的考察,而是他把法国的事实与美国的事实进行比较,然后站在法国的脉络中理解美国的民主制度。这种方法深化了对美国民主制度的理解。也就是说,在一个事物中去认识这个事物本身,会出现"不识庐山真面目,只缘身在此山中",不一定能够把事物本身认识得非常清楚。托克维尔作为一个法国人,他对民主制度在法国的失败有刻骨的经验,所以,他考察美国民主制度时特别注意一些很微妙的地方,而这些微妙的地方,也许是美国人自己都没有意识到的。这样的视野对于托克维尔最终完成关于民主的新的政治科学的构建,构成一个非常重要的优势。

回过头来说我们中国,作为一个中国的学者,在某种意义上说,其实是享有某种理论上的"后发优势"的:我们已经看到了美国人的理论,也看到了美国人的经验。我们还有一个美国不具备的资源,那就是中国失败的教训。假定我们能够把这三个因素组合到一起,从理论上讲,我们应该对民主的理论有更深入的理解。

这是我比较关心的一个问题,只不过,以前都是在经济学语境中讨论这个问题,当时讨论的是关于市场经济之理论。中国的市场现在所处的状态,作为一个相互伤害的体系而存在的市场,应该让我们能对西方关于市场的既有理论,进行更深入的思考。也就是说,我们可以借此深入到可能西方人都没有触及的某个层面,思考市场的建立和运转究竟需要什么样的条件。我们在当代中国看到的情形是,形式上都具备了市场运转所需要的要素,比如私人产权、个人可以平等自由地流动、开放的环境,像全球化、国际化的市场、自由贸易,等等。这些条件在形式上中国都具备了,但我们并没有得到一个真正的市场经济,没有得到一个真正的市场制度。为什么?这个事实应该引导我们思考市场的一些更基本的问题,也就是这些要素之外、但对于市场建立和运转至关重要的一些条件,而这些条件在中国可能不具备或是不完全具备。

比如,我们可能要更深切地去思考道德对市场的根本作用。因为,在一般的国家里,道德伦理体系大体是正常的,没有很多圣人,也没有很多小人。而在中国,情况则完全不同,当然没有圣人,基本上也没有君子,都是小人。这时候我们要提出的问题是:在这样的社会状态下,市场有没有可能建立并正常运转?斯密不一定能提出这个问题。斯密最初写《道德情操论》的时候,其实是没有提出这个问题的,因为,当时英国社会普遍积极向上的精神让他对人性是比较乐观的。不过到了晚年修订《道德情操论》的时候,他看到了金钱使人堕落的倾向,他开始有点儿悲观,对自己的理论进行了一些修正。但是,斯密在英国所看到的情形,要比中国当下好太多太多了。中国目前的道德真空状况也确实造成了市场的极度扭曲。这一现象其实是有助于我们进行理论思考的,对市场和宪政来说都是一样的。

现实的不幸通常都是思想家的幸运。一般都是国家处在悲惨状态下的时候会出思想家,这一点说起来有点残酷。我觉得最糟糕、最残酷的事情是,我们已经处在悲惨的状态,却没有出思想家,白白浪费了机会,下一次又犯同样的错误。①

---

① 　为此,笔者提出"第二次思考"概念,参看拙著《中国变革之道:当代中国的治理秩序及其变革方略》,法律出版社 2012 年版,第 414 页及以后。

民主制的构成

　　托克维尔基于法国的经验对一般的民主理论作了非常深入的思考。下面来看他思考的一些主要结论,或者说是我自己比较偏爱的几个结论。

　　这本书上卷的理论意义比下卷要大一些,尤其是对于政治科学而言。下卷基本上是在讨论民主制度会对民情产生怎样的影响;上卷则是在讨论民主制度的运转需要什么样的条件,或者更完整地说,首先,民主制度是怎么运转的,其次,它需要什么样的条件。

　　上卷第一部分第二章讨论"英裔美国人的来源及其对未来的重大影响"。这里顺便说一句闲话,我们经常讲美国人没有传统,没有悠久的文化。人们这么说的时候,通常是在用民族国家的理论来界定文化。这是一个错误。美国的文化很悠久,因为他们本来就是英国人,他们建立现代国家的时候就认为自己是英国人。他们谈论英国的制度的时候就认为那是自己的传统。他们当时所使用的法律,包括一些政体方案,都是从英国延续而来的。美国的制度我们大体上可以把它理解为英国制度的共和翻版,两家不同的地方在于,一个是君主制一个是共和制,但两者的精神和实质是完全一致的。

　　接下来看托克维尔对民主制度的论述,民主制度是怎么构成的。大家都知道,民主制度有一个根本原则,或者说是第一原则,就是"人民主权"。然而,恰恰是在"人民主权"这个问题上引出了很多歧义。"人民主权"在中国被理解为"人民当家做主"。在某种意义上可以这么说,只不过这听起来比较俗气。那么,人民怎么当家做主呢? 这时候就出现了分歧。

　　一种看法认为,由人民决定每件事情。这是卢梭的看法,也即直接民主。其实,人民主权是一个政治神学原则,卢梭从这么一个政治神学原则直接推导出了一个政体设计方案。这中间的跨越是非常大的。刚才我也特别讲到,一个政体一定要有一个神话,没有神话的政体也许可以建立起来,但绝不可能维持下去。任何一个政体,不管是民主政体、君主政体,还是贵族政体,都需要神话,只不过神有所不同而已。那么,民主政体的神是什么?就是人民。人民实际上是想象的存在物,你说不出人民在哪里。它不是一个客观的存在,它是一个超验性存在,所以,人民主权实际上是现代民主政体的一个神话。

需要特别注意的一点是:任何一个政体都需要一个神话,但一个政体如果由神话直接推导政体设计方案,那一定会出大问题。比如,君主政体需要一个神灵,比如古代中国有天道信仰。没有这个信仰,君主政体就无法维系。但是,假设这个政体的第一个构造原则是,王可以成为天,那么,这个政体肯定要崩溃。假定"天"是政体的最终保障,那一定会有一个宪法原则:任何人都不能宣称自己是"天"。也就是说,神一定高居于所有人之上,因为这样,他才是神。以后有机会,我愿意跟大家讨论《尚书·尧典》。在中国,真正有效的政治秩序的建立是以"绝地天通"为前提的,把地和天隔绝开来,也就是说,人不能宣称自己是神。这时候,政治秩序才可以建立起来。只要有人宣称自己可以是神,政治秩序肯定是不能维持的,因为,这个成神的人当然会胡作非为。

"人民主权"原则同样面临这样的约束。人民是神,所以,人民不能在现实的政治场域中活动,一定要把它作为神供奉起来。神如果行走于人间,他就一定是堕落的,因为他此时无非就是具有欲望、偏见的人而已。"人民"这个神是不能在人间像一个人那样活动的。

托克维尔揭示了一个核心命题,这也是《联邦党人文集》论述的核心命题:唯一可能的民主是代议制民主,任何其他的民主都是不可能的。

谈到代议,马上就会涉及一个问题:谁来代议?代议士如何产生?代议士如何组织起来,才不至于冒犯人民?这是托克维尔紧接着讨论的问题,这个问题也是联邦党人讨论的主题。托克维尔在后面几章都是讨论美国的政体——宪政政体。我建议大家,当你谈论理想政体、理想社会秩序的时候,最好不要用"民主"这个词,而用"宪政"这个词。当然,这是我的偏好,但我也能讲出一些理由来。因为,"民主"的意义太狭窄了,你的理想事实上包含了很多超出民主的制度,比如法治。民主与法治是两回事,两者可能会发生冲突,单纯用"民主"这个词就不能包括法治。所以,我建议大家用"宪政"这个词。

我建议大家用"宪政"一词,还有一个特别重要的原因,我们所向往的那个真正理想的社会的基础,既不是民主,也不是法治,而是社会自治。托克维尔就是这么论述的。当他在讨论美国宪政政体的时候,他首先讨论新英格兰的乡镇 township,市镇。为什么从这个地方开始? 这是托克维尔非常敏感也非常伟大的地方。我们在思考宪政民主问题时,总是在全国性的、国家的层面来讨论,中国过去一百年在这方面也花费了很大精力。当然这很重要,但这只是宪政政体的上层结构。而一个宪政秩序真正有效运转,是需要一个稳定的基础的,这个基础就在基层自治。

谈到自治,需要强调一点,自治跟民主的关系并不是很大,因为自治完全可以是不民主的。当然,不民主不一定意味着反民主,它可以不采取投票的方式来议事的决策机制。假定一个市镇中只有几百人,很多事情是不需要投票的,通过协商、互相串门就能把问题解决了。自治的灵活性是非常高的,它可以采取多种治理模式。

基于这一点,我对现在的村民自治制度是有很大的保留的。政权允许村民自治,这当然值得赞赏。但是,"村民民主自治"这个概念就是自相矛盾的。"自治"是什么含义? 自治首要的含义就是,村民可以自己选择自己喜欢的治理模式,可以选择民主制度,也可以不选择民主制度。在中国的乡村社会,本来就存在自治。在很多地方,家族自治实际上能够给乡村社会提供秩序、提供公共品。现在强行让村民通过投票再选举一套治理的人员,比如村委会,实际上会导致乡村秩序的混乱。这时候会出现权威之间的分立、分裂甚至对立,所以,它经常会影响公共品的供应,而不是改善地方的治理。最糟糕的一面是,它可能会给某些本来缺乏自然形成的权威的人提供获取权力的机会。比如,一个人人品不怎么样,但是他在上面认识什么人,或是操纵黑社会,他就能通过操纵选票当选。如果是在一个不民主的状态下,他们反而没有这样的机会。如果我们要有一个真正的村民自治,第一条就应该让村民自己选择他们认为合适的治理模式,这才是真正的自治。

总之,我们在设计一个宪政制度框架时,首先要从下面开始思考,自下而上地思考秩序怎么构成。然后,托克维尔从市镇往上讨论,到了县、州、联邦。关于分权,大家都比较清楚,三权分立。我想补充一点,稍微专业一点儿地说,不应该简单地说"三权分立",而应当说"三权分立与制衡"。这两种说法的区别非常大,《联邦党人文集》有三篇是专门论述这个问题的。因为孟德斯鸠总结的英国的政体是三权分立,把三种权力分配到三个部门,让他们分别行使。如果按照这个模式,政府肯定是要解体的。所以,麦迪逊专门辨析,孟德斯鸠本来不是这个意思,他还在讲制衡,制约与平衡。这才是美国宪政制度真正的精髓所在。

谈到这一点,托克维尔马上就讲到了司法审查制度。只有在一个制衡的设计方案中,才可能有司法审查。这里就涉及刚刚所讲的民主与法治会产生矛盾的地方。这确实是美国当代的政治哲学、法律哲学讨论了几十年的热门话题,即"多数的悖论",意思是说,人民的多数通过的法律,一个不经过民选的法官有什么资格判定它无效?最高法院法官不是经过民选产生的,而是总统委任的,他们有什么权威、有什么正当性来宣告两个国会的多数,包括总统这个人民选举出的代表共同通过的法案无效?这实际上涉及政治哲学最核心的问题,就是人民的意志和普遍的正当性之间的冲突,或者说多数人的意志(这时候不能说是人民的意志)与理性的冲突。

一个有效的治理秩序一定要基于多数人的愿望来做决策,这是毫无疑问的,总不能基于少数人的愿望来做决策。但是,没有任何东西能保证多数人所做的决策是正确的。我们要给民主施加一个约束,这个约束就是司法审查。其实,司法审查并不是用法律来限制民主或限制多数的意志,它其实是用正当性来进行限制的,只不过因为法官有各种各样的优势,他们有更便利的条件能够探知这个正当性。比起其他社会群体,他们更能够逼近、探究正当性,所以,能够拿出最接近于正当性的一个论说。

这里的关键在于理解,一个政体总有一个追求永恒的野心,要追求不朽,就得顺服于正当性,正当性本身才最接近于神,或者说,它就是神。这个神是什么?如果在一个民主政体下,它就是人民。而我们看《联邦党人文集》第78篇,汉密尔顿在讨论司法审查的时候,他的论述就是这样的。因为,多数并不能代表人民,多数不是人民,多数只是多数自己。司法审查实际上引入几个机构共同的、相互的审查,以期最逼近于人民的意愿。我翻译过一本书《最小危险部门》,它提出一个论证,说司法审查中的法官实际上是把共同体永恒而普遍的价值抽象出来,用它来审查多数基于眼前利益而制定出来的法律。① 那么,所谓司法审查就是把一个长远的考虑引入到短期的政治决策过程中,这是一个时间维度、时间视野的问题。

大家都知道冯克利先生,他讨论过一个很有意思的问题,时间意识在政治中的作用。当然,这与巴斯夏所说"看得见的"与"看不见的"的命题是有关系的。一个政治决策是基于当下的利益、当下的需要作出的,还是基于当下考虑、同时也考虑到长远的后果而作出的,区别会很大。在一个宪政政体中,在民主决策之外再引入一个司法审查,实际上是要把当下的考虑和长远的考虑结合在一起,而且在某种程度上是要用长远的考虑控制当下的考虑。也就是说,要把当下的决策纳入到时间之流中去,让每一个决策都能够服务于长远的目标。

而这是当代中国十分匮乏的。当代中国政治的决策机制中,没有任何一个维度,没有任何一个制度设计,能够把长远的考虑引入决策过程中。所有决策都是短期的,这是我们现在看到的种种混乱在政治结构上的根源。

---

① 参看[美]亚历山大·M.比克尔著:《最小危险部门——政治法庭上的最高法院》,姚中秋译,北京大学出版社 2007 年版,第 25-30 页。

上面是对美国政体的一个分析,归结起来,主要是两点:一个是基层的治理;第二点,我强调了司法审查的重要性。

上卷的第二部分讨论了很多内容,其中尤其讨论到了多数暴政。这是托克维尔讲得非常多、同时也是被后世引用最多的一个观点。但我很少谈论"多数的暴政",而在我看来,当代中国的很多学者喜欢谈论这一点,实在有点儿矫情。在中国脉络中,我觉得这是一个虚幻的问题。事实上,托克维尔所讲的多数的暴政,也只是在预言一种危险。他并没有认为,美国就已经存在多数的暴政。因为,他下面马上就讨论了,美国人是怎么有效地预防了多数的暴政。

在这里,托克维尔讲了一个特别有意思的观点,那就是,美国不存在行政集权。这里我想给大家提供一个托克维尔的政治学分析范式。托克维尔谈到了两种不同形式的集权。在中国有一种集权太多了,而另一种集权根本就没有,这才是我们痛苦的根源。我们痛苦固然是因为一种集权太多了,但同时也是因为另外一种集权基本上没有。托克维尔分析的两种集权之第一种是行政集权。这种集权很容易理解,中国多的就是行政集权。另外一种集权是政府集权,其实应该翻译成"治理的集权",这个集权对于一个有效的宪政民主制度而言是至关重要的,没有这种集权的政府是没有办法运作的。①

举一个最简单的例子,法律的有效执行。任何一个现代国家,只要想保证大范围的合作和交易,就一定要建立一个全国性法院系统,这也是美国政体的精髓所在。美国分州法院和联邦法院两个系统,联邦法院就是全国性法院,这个法院只受理跨州的、涉及联邦的纠纷。回头来看中国的法院系统,中国其实是没有全国性法院的,而只有地方法院。从名义上说,所有法院都属于人民法院系统,但实际上,它们都高度地方化了。最高法院在理论上、一般来说不是一个一审法庭(当然有些案子也可能是一审法

① 参看《论美国的民主》,上卷,第 95 – 108 页。

庭），也不是一个终审的法庭，因为绝大多数案子都不可能到达最高法院。我们实行的是两审终审制，一个案子到市法院就终审了，连省法院都进不了。结果，中国没有统一的司法，国家的司法是高度地方化的。这也就意味着没有统一的法律，因为，没有有效执行法律的司法，也就没有有效的法律。当司法高度地方化的时候，法律也必然高度地方化。所以会出现这样一种局面：红头文件比法律条文效力更高，因为，红头文件是地方政府颁布的，而法律是遥远的北京颁布的，地方政府完全可以置之不理。这就是中国的市场、社会等各方面出现问题的最大原因。比如行政诉讼，涉及地方政府的诉讼，理论上说你很难找到正义，因为法院高度地方化。中国社会之所以出现问题，是因为政体设计在两个方面同时存在问题：一方面是行政太集权，另一方面是政治太分权，或者说，在一些必要的应当集权的领域里太分权了而没有集权。

从这个例子就可以看出，政治科学是非常复杂的，不是一个简单的分权、集权的价值判断就能够解决问题的，我们需要对每一个事物内在的性质进行思考，然后理性地构想方案。比如，政体设计涉及一个非常重要的问题，要不要联邦制？我反对在中国建立联邦制，即使我们以后有机会建立一个宪政制度，我也是反对建立联邦制的。很简单，所有的联邦都是从邦联合而成的，你不能把一个完整的国家拆散了变成邦。

由此例证我觉得，我们思考政治问题时，要依据最基本的原理，面对现实，进行个别化的思考。当然在思考过程中，跨国的对比是一个非常重要的维度，通过对比，我们可以看到什么样的制度在什么样的环境中是比较恰当的，在什么样的环境中可以有效地运转，这有助于我们在自身的文化、政治脉络中设计出能够有效运转的制度。

托克维尔在讨论怎么样控制、防范多数暴政的时候，还讲到了一点：法律家（lawyer，中文经常翻译成法学家，实际上是不准确的）作为贵族发挥控制多数的作用。① 在这里我还是想说一句，民主究竟怎么治理？托克维尔本身是一个贵族，所以他对贵族治理是有一些情结的。在美国，汉密尔顿也是有贵族情结的，他甚至要建立一个王权制的国家。他为什么会有这样的考虑？这背后其实有非常深刻的思考。

简单地说，民主同样是精英政治。"代议民主"这个词就包含了这个含义，代议民主在某种意义上就是精英决策的制度，因为我们选出的代表一定期望他是精英，而不会期望他是一个跟你一样的人，你肯定希望你投票选出的是比你优秀的人，比你有更丰富的知识、更广阔的见识、更敏锐的观察力、更坚强的意志，还有演讲能力、说服人的能力，以及对于政治的理解力。这些能力都不是一般民众所能具有的，而这些品德、素质对政治的代议过程是至关重要的。

所以，大家要注意一点，直接民主和间接民主有一个非常大的区别，这个区别跟人数没有关系，而是代议民主在民主中引入了理性的因素，还引入了德性的因素，这是代议民主与直接民主在性质上的区别，而并不是一个选出代表议事，另一个自己直接议事这样简单的区别。实际上，当你选出代表来议事的时候，就把理性的因素和德性的因素同时引入到政治决策过程中，这一点才是代议民主真正的优越性所在。

代议民主需要有代议士，需要有各种各样的品德、素质，那么，有品德有素质的人从哪里来？当然是在社会中，就在我们民众中间，而他们在民众中间大概就是领袖。为了讨论这个问题，我受别人的启发，发明了两个词：一个是"自然代表"，一个是"选举性代表"。所谓自然代表，某种意义上就是伯克所讲的自然贵族，也就是英美政治中的绅士，以及我们中国传统政治中的君子。这时候民主就变得很有意思，你仔细观察英国、美国社会的治理会发现，其实这个社会的要害并不在于民主不民主，而在于绅士群体的存在本身。当一个社会不是民主社会，普选制还没有建立起来的时

---

① 论《美国的民主》（上卷），第 302 – 311 页。

候,英国就是一个宪政的国家。普选事实上是很晚才出现的。这个历史说明了什么?这段历史说明,普选没那么重要,重要的是绅士或君子本身。

当然我们做理论分析的时候会这样讲,普选就是一个政治神话,因为它要满足人们对于参与的期待,而这样一个期待是民主政体稳定最根本的保证。希望是政治秩序稳定的一个保证。如果剥夺了这种希望,人们就会进行破坏,或者是保持疏远的姿态。但是,只有普选,而没有绅士,普选就没有实质性意义。民主的运转,或是宪政的治理秩序,核心是有没有一个绅士群体,这个绅士群体是如何组织起来的,他们是怎样行使他们的权威的。这才是决定性的因素。因为,选举性代表一定要出自这些自然代表之中,只有从自然代表中选举出正式代表,社会才能与政府之间建立起有机的关联。这些绅士和人民共享同样的信仰、道德,共享同样的希望,有同样的诉求,对生活、对生命、对神有共同的想法,从这样的自然代表中产生的选举性代表不会变成人民的绝对统治者,而是普通民众的一次向上提升。这样的代表不是革命者,而是社会的有机组成部分。

这就回到了昨天的一个论题:宪政并不是要改变生活本身,只不过是让生活的公共部分更加趋向于理性化。这个论题你们听起来可能缺乏一些背景,我们对比一下,革命期间的法国议会与英国议会的区别就在这里。法国议会选举出的是什么样的人?用我们现在的话说,是选出了一批公共知识分子、文学青年、诗人,他们不是原来这个社会中的自然代表。他们进入议会之后所要做的工作,就是改造社会本身。他们的敌人是社会,而不仅是暴政。在中国也出现过这种情况,民国初年的政治混乱就是因为有一批新贵,就是原来的革命党人,他们不是从原来社会的脉络中自然提升出来的,而是空降而来的,他们的观念、思考问题的方式和普通民众是不同的,所以他们鄙视民众。这样的代表不足以支撑宪政秩序,相反,他们倒有可能带来所谓多数的暴政。当然这个时候,多数是伪装的多数,因为他是把多数当成敌人的。

因此,政治是非常复杂的,选举本身也很复杂,如何通过选举制度的设计使得公共知识分子不容易当选，而让真正的绅士能够当选，对于政体设计而言，是至关重要的。也就是说，选举制度要让主流人群当选，而不能让边缘人群当选，否则，民主就会走向少数人的暴政。现代中国的历史已经为托克维尔的这个命题提供了最好的注解。

四、大革命已去，绅士当登场①

二十世纪八十年代末，思想界有了"告别革命"的说法。确实，经历过"文化大革命"的一代人，更不用说经历过更早一些岁月的运动的人们，对革命实在是心有余悸了。但是，要告别什么革命？思想界似乎一直语焉不详。

"小"革命被"大"革命淹没

仔细考察一下就会发现，二十世纪中国历史上一直存在两种不同类型的革命传统。中国要变革，这是十九世纪末人们就已形成的共识，然而一个世纪过去了，中国还是要变革。那么，怎么变？人们产生了分歧，最后形成两种革命观。这种分歧最早可以追溯到戊戌变法时期，但那时还比较隐晦，暂且忽略。

比较明显而尖锐的分化，是在晚清最后几年的东京中国留学生群体中。面对中国变革之道，留学生分裂成了两派：同盟会及其支持者主张"种族革命"，梁启超领导的立宪派则主张"政治革命"。按时人的说法：所谓种族革命，就是以激烈手段推翻满清君主。所谓政治革命者，则以和平手段

① 原刊《同舟共进》2009 年 7 月号，收入本书时有所补充。

促成政府实行宪政。

这两种革命背后是两种大不相同的变革心态：种族革命是激进的，而政治革命是保守的。立宪派所要求的只是改变政治结构，以使民众，主要是当时社会的领导阶级也即绅士，获得参与社会管理的制度化渠道。因此，他们要求开议会，进行地方自治。革命党人则不仅要求建立民主制度，还要求打破延续了上千年的帝制文化与社会秩序。

由此可以看出，革命党人抱持的是"大"革命的心态，与此相对应，立宪派所主张的是"小"革命。从皇权专制变为宪政民主，那也是革命，但它只局限于政体上，而与"大"革命不同，"小"革命并不准备颠覆政体之外既有的文化社会秩序。

中国学人把法国十八世纪末的巨变称为"大革命"，倒是很准确的，只有法国配"大革命"之说。相反，几乎同时发生在北美大陆的独立战争及美国立国，却从未被称为"大"革命，尽管从事后的历史进程看，美国革命、建国的世界历史影响要大得多。

到"五四"新文化运动期间，"大"革命与"小"革命两种心态的对峙继续并强化。人们熟悉的运动主将都具有"大"革命心态：他们主张打破整个旧秩序，全盘重建新秩序，尽管胡适与陈独秀的新秩序方案及其实现途径并不相同。

不过与此同时，社会上还有一种思想潮流，代表人物是当年的立宪派梁启超，在"东西方文化论战"中与胡适、陈独秀等人论战的梁漱溟，及在"科学与玄学大论战"中与丁文江、胡适、陈独秀论战的张君劢。他们反对新文化运动，因而在历史书中常被描述成落后、保守分子。但他们绝不反对"德先生、赛先生"，相反，他们对民主的信念可能比其对手更坚定，他们正是二十世纪三四十年代风起云涌的民主宪政运动的主要领导人。

因此，他们的保守，其实大有深意焉：正是为了让"小"革命得以正常进行，他们才起而反对"大"革命的宏大计划。他们认为，全盘颠覆整个旧秩序对于建立民主政体来说是不必要的；贸然进行这样的大革命必然导致大灾难,使有限度的政治革命丧失得以正常进行的社会文化环境。

二十世纪中期的历史证明,他们的看法是正确的。但此后的中国历史是沿着大革命的轨迹前进的,小革命的变革努力被淹没。以至于今天,人们普遍相信,大革命就是中国现代历史变迁的必然。"五四"运动之后,紧接着就是二十世纪二十年代的国民革命,同时也兴起了共产革命。这两场革命,都是按照大革命的原则进行的,只不过,前者三心二意,半途而废,后者却一心一意,进行得比较彻底。"大"革命类型的社会变革有一大特征:政权的建立不是革命的终结,反而是革命的新开端。

"大"革命消灭绅士

英美也发生过革命,但随着宪政制度建立,革命也就结束了。甚至可以说,政体革命就是为了从根本上终结扰乱文明演进的革命现象。

但在十八世纪末的法国、二十世纪的苏俄和中国,大革命建立起来的乃是革命性政权,政权为自己设定的任务是以权力进行最广泛的社会、经济、文化革命。由此不难理解,二十世纪四十年代末新政权建立,首先制订的法律是《婚姻法》《土地法》,这显示了新政权继续进行广泛而深入的社会、经济革命的雄心。后来,又有知识分子思想改造运动,再有"四清"运动,最后有全面的"文化大革命"。所有这些运动,都是政府试图用权力改变人们的价值、信念、社会结构,它们是二十世纪初就已形成的大革命**逻辑**的自然展开。

凡此种种"大"革命措施,产生了一个显而易见的后果:社会不复存在了。这是中外历史上"大革命"的共同结果。事实上,大革命的核心目标就是彻底改造社会,其结果也就是顺理成章地消灭了社会,其中的关键则是消灭了社会赖以组织的核心——绅士。

一个正常社会,既有政府,也有"社会"。所谓社会,就是除政府之外的组织、制度,比如家庭、教会、企业、商会、学校等。作为一个整体的社会

(society)是由无数"会社"(societies)互动地构成的。民众的大多数问题可在这些会社中解决,只有少数问题需要借助政府。

这些会社也是由特定的人来组织、管理、领导的,他们就是"绅士"。这里所说的"绅士"是广义的,是指超越私人生活、投身于政府之外的公共事务的人。绅士未必是富人,社会各个阶层都有绅士。作为会社领袖,他们是社会结构的节点。当然,这些人也可以凭借自己在社会中历练的自治经验进入政府。

古今中外正常社会的治理,都是以绅士的自治为基础的,只有在社会自治的基础上,政府才有可能发挥应有的作用。绅士主导的社会也会变革,并且总是变革,但这种变革是常态的、日常进行的,最极端的形态也不过是"小"革命。

"大"革命的主体却不同。大革命通常是由社会边缘人群,比如文人,尤其是底层文人发动的。他们处于社会边缘,掌握某些抽象观念,倾向于以局外人的眼光看待社会。他们认为:政府之所以比较糟糕是因为社会比较糟糕,要彻底改变政府就必须彻底改变社会。而绅士是跟不上形势的、腐烂的反动派,于是革命政府毫不犹豫地从经济上、从社会中,甚至从肉体上消灭他们。

这就是二十世纪中期以来中国基本的社会—政治格局。到今天,执政者仍然处在由革命党向执政党转化的过程中,与此相应,社会依然脆弱,因为绅士缺乏成长的空间。中国经过三十年的市场化转型,已经有了庞大的经济精英、文化精英群体,也有了不少NGO。但是,这种精英的精神结构不够健全,绝大部分精英不是绅士,因为他们缺乏公共精神,缺乏组织、领导、管理会社的机会,根本原因是,具有革命诉求的政治管制体系不利于社会、绅士之发育。

当今中国的诸多制度性冲突,皆与"大"革命的这一遗产有关。比如,究竟是大政府还是大社会、大市场?究竟是权大还是法大?"大"革命不承认实证法律的权威,也就意味着权力的至高无上:政府惟有拥有法律无法想象的权力,才能改造人们的价值、信念,塑造人们的生活方式。

另一方面,大革命也消灭了绅士,或者没有绅士成长的空间,所以,即便有大社会、大市场的观念,也不能变成现实,因为大社会、大市场之形成、维系和扩展,是以社会、市场的自我治理为前提的,而社会、市场领域中没有绅士,就不可能有自治。

那么,不断革命的状态还应当延续下去,或者说还能够延续下去吗?伯尔曼研究欧洲现代历史,得出一个结论:稳定的治理秩序之建立,惟有通过革命者放弃乌托邦图景,与传统、社会和解方有可能。① 大革命具有不断革命的内在趋势,但每一次不断革命,都会导致革命动力之衰减,最终,大革命将会自我中止,革命的权威将会衰减。

八十年代以来的中国,就处在这样的状态。而社会的生命是内生的、自然的,一旦革命权威的力量衰减,它就会自我复苏、扩展。中国三十年变革的过程,也正是社会自我恢复的过程。只是,这样的过程还在起步阶段,成熟的社会依然没有被构建出来,因为绅士群体,也即君子群体还没有成熟。

但不管怎样,绅士成长,也即社会成熟之路,已经打开了。

---

① [美]哈罗德・J.伯尔曼著:《法律与革命》(第二卷),《新教革命对西方法律传统的影响》,袁瑜珍、苗文龙译,法律出版社 2008 年版,第 29 页。

五、从精英提升为绅士①

社会中总有"精英"。精英是什么意思？社会学、政治学有复杂的讨论，这里则采取其最简单的定义：精英就是各个地方、各个领域掌握一定资源、具有一定影响力的领先者。经过三十年的变迁，当代中国社会已经形成了一个多元化的精英群体。

但是，并不是每个时代、每个领域、每个地方都有"绅士"。所谓绅士，就是精英中具有公共情怀及从事公共事务之能力的人。社会正是依靠绅士的领导与组织而形成共同体，享有安宁与繁荣的基础性道德与治理秩序。中国社会优良治理秩序之形成，正有赖于当代中国的精英群体中蝶化出一个成气候的绅士群体。

中国的绅士传统

中国历史演进，秦的皇权专制代周的封建为一大变，汉武帝独尊儒术，形成钱穆先生所说的"文人政府"，形成儒家士大夫与皇权共治体制，又为

---

① 本章原刊《文化纵横》，2008 年第 2 期。

一大变。① 唐之前士大夫的形态及其治理理念尚比较复杂,宋明以来则基本形成费孝通先生所说的"皇权"与"绅权"共同进行治理的大格局。② 传统上,皇权不下县,除了维持政治与司法秩序、承担重大公共工程建设职能之外,皇权不承担地方、社区公共品供应的职能,这些职能由"士绅"以自治方式承担。

"士绅"是一个同质性群体:他们都接受儒家教育,获得科举功名,随后或者出外担任官职,离职之后又返回乡里,或者长期留在乡里。他们的心智结构是相当独特的。在教育过程中,儒家的伦理、政治、社会理念必然会对他们产生影响,比如讲求君子人格,标榜忠孝两全的伦理,多少具有"以天下为己任"的责任意识。这种伦理意识指向的是治理实践:担任官职从事国家管理,留在乡里从事社会治理。

因此,士绅既是国家权力的行使者,同时又是社会自治的中坚。在后一领域,他们的活动范围是十分广泛的。宋代几乎所有大儒都积极地创办独立书院,推动形成自由讲学之风,这是宋代思想学术繁荣的制度前提。儒者也积极地从事社会自治,蓝田吕氏兄弟制定出最早的"乡约",并被各地士绅模仿。士绅们也先后倡导建立社会的自我救助体系,比如,提出"先天下之忧而忧"的范仲淹创办了范氏义庄,苏东坡在杭州创办了多家慈善性质的施医局,这两者均维持了数百年而不坠。当然,像修桥铺路、教育文化等当时最主要的公共品,基本上也是由士绅来组织供应的。同时,士绅们也承担部分非国家的司法职能,负责维持乡里治安。

至于组织这些地方公共品供应所需的资源,很大部分来自商人,这一点在明清尤其明显。余英时先生的研究表明,到明中后期,商业在中国社会上的比重日益增加,有才智的人便渐渐被商业吸引了过去。由此,地位

---

① 关于共治体制的简单论述,可参看拙著《华夏治理秩序史》(第一卷),《天下》,上册,海南出版社 2012 年版,第 78 - 83 页。

② 参看费孝通著:《乡土中国》,上海世纪出版集团 2007 年版,第 91 - 123 页。

上升的商人与士人之间发生了一种复杂的互动关系。商人普遍受儒家观念熏陶，以儒家伦理为本发展出商人伦理，并承担起社会自治领导者的功能，从事诸如编写族谱、修建宗祠、书院、寺庙、道路、桥梁等活动。商人在从事这些活动时，总是会与儒生合作，两者在从事社会自治事业中所产生的交集，就构成了当时的绅士群体。

由此可见，传统的绅士一身挑起国家管理者与社会管理者的双重责任，他们的地位既来自教育，也来自权力的认可。反过来，他们代替国家承担了直接管理民众的责任，部分地阻止了专断权力直接侵害民众。可以说，传统中国社会的治理体系以绅士为核心，将社会自治与国家管治融为一体。

到晚清，绅士群体又经历一次变化。伴随着现代工商业发育，出现一个"绅商"群体，其代表人物是南通张季直先生。这群人是由官场、学界进入商界，再立足商业，与学界保持联络，且进入公共事务领域。儒家以天下为己任的价值观念，使他们终究不甘只做一个商人，而是利用自己从事商业所积累的资源、人脉、经验，积极从事于社会自治活动。在当时，不光是商业、教育本身基本上是自治的，绅商们甚至在中央权威涣散之时直接接管了一些城市、市镇，维持市面稳定繁荣。

清末立宪，即由这些绅士推动。在立宪活动中，绅士们反复强调的是开国会（包括地方议会）、办理地方自治两条，而这两项制度的参与主体都是全国性与地方性绅士。立宪的本质是把本来就巨大的绅权纳入政府正式架构中，与皇权重建平衡。或许可以说，清末立宪就是由绅士推动、旨在建立一种绅士共和体制的努力——对于宪政运动来说，这其实是常态：英国革命、美国建国同样是绅士们建立绅士共和体制的事业，以至于历史上有"绅士宪政主义"（gentry constitutionalism）的说法。

革命反对精英

由于十分复杂的原因,晚清立宪失败了。不到十年间,中国社会政治格局发生了巨变。清末废科举,新式教育兴起,逐渐形成了一个接受现代教育(包括留学)的现代专业人士(professionals)群体,从中兴起具有公共关怀的现代知识分子群体。现代大学、报刊、社团、政党等制度兴起,为后者议论公共问题、参与政治提供了便捷的渠道。

这样一个群体逐渐替代信奉儒家伦理、以科举为其权威渊源的绅士群体,成为日益现代的中国社会的精英之主要构成部分。这是两代完全不同的精英。传统士绅忠诚、信仰中国固有文化。他们是社会的有机构成部分,不仅具有文化、社会上的权威,也参与地方行政。现代知识分子却与中国固有文化没有有机联系,倒是西方价值、思想的信奉者。他们脱离了基层社会,寄居于现代城市,主要是沿海城市。他们无法参与地方治理,因而在政治上属于边缘人物。但是,借助现代的文化、政治制度,他们在文化上、观念上、政治上的影响力异乎寻常地巨大。他们成了思想领域和政治舆论的主宰者,也成为政治活动的参与主体。

以新文化运动为标志,精英群体的思想、观念急剧激进化:比如,在文化上形成林毓生先生所说的"全盘性反传统主义"。以新青年社同人积极参与政治及国民党改组为标志,形成了一种新式政治,其基本特征就是意识形态化、激进化,即便相对保守的国民党也走上了革命之路。在革命逻辑中,唯一的精英就是革命党人自己,整个社会都是革命党人要改造、甚至摧毁的对象。以武力夺取权力之外,革命党人则是当然的权力垄断者。孙中山设想,军政之后实行训政,训政的基本制度安排就是"党治"。这样的观念与政制格局支配着后来的历史。

当然,最后一批绅士,比如梁漱溟、张君劢等人,进入民国之后正值盛年,十分活跃,成为所谓"社会贤达",甚至组织政党。即便是新式知识分子,其中不少人也接受过传统教育,很多新式商人也具有儒家救国救民的情怀。这样,绅士群体仍然具有一定社会基础。国民党的党治秩序也存在这样那样的疏漏。训政固然是以党代政,但其目的是训练人民自治能力,培植地方自治之社会的基础。因而,自治是国民党所认可的,精英始终有参与公共事务的空间和渠道。至于学术、文化、教育、新闻出版、宗教、慈善公益等领域,国家权力也无力控制,而留给社会相对自由的活动。新旧混合、中西交织,中国社会反而焕发出一种活力。

但这只是绅士传统的回光返照。沿着革命的逻辑,中国历史走向了五十年代。一个强有力的革命政府建立起来,个人、家庭被统合到国家自上而下地建立和控制的"单位"之中。除了政府及政府控制的社会组织之外,不再存在民众自愿组织的任何其他机构。大陆已经没有"社会",人的全部生活由国家来安排。经历了一波又一波文化革命,中国固有的文化传统也基本上断裂。与此同时,不再存在私有财产制度和市场制度,经济活动基本上由国家组织、由国有单位或城乡集体单位来承担,商人不复存在。

这样,除了"干部"及国家认可的先进分子——他们最终也都会成为干部——之外,不再存在任何精英。所有领域都由一元化的干部控制,这样的干部,只是国家机器的工具而已,他们已没有自主的地位与意识。因而,五十年代至七十年代的中国是没有精英的,更不要说绅士了。

精英再次登场

从八十年代开始,"社会"在中国逐渐恢复,精英群体随之出现并壮大。

首先是商业精英快速崛起。从八十年代以来,国家控制的经济体系不断松动、瓦解,不论在乡村还是在城市,私人企业部门迅速成长。中国固有文化本来就有强烈的世俗化倾向,中国传统的经济活动本来就是以基于私人产权的市场方式组织的。国家控制权力松动之后,民众创造财富的文化本能就逐渐释放出来,一批一批商人成长起来。

第一批商人是八十年代初的城乡个体工商户及由其发展而来的草根私人企业家，他们来自国家控制体系下的边缘人群。第二批商人是八十年代中期到九十年代中期从国家控制体系中流动出来的，包括乡镇企业家、从机关、大学下海的商人。他们与官府有着较为密切的关系。随后，成长起了第三批以知识起家的商人，他们深深地介入全球化过程中。

这三类商人同时活跃在当代中国的商业舞台上。随着其规模扩张，原来由国家借助权力来安排的经济活动，逐渐由私人企业家接管，私人企业家成为社会财富的主要创造者。由于大量人口的生计从依赖国家转向依赖私人企业，也就是依赖私人企业家，后者对社会其他领域的影响力也就大大地扩张。

其次，社会精英渐成气候。在国家权力无力控制、不得不退让的领域，或者掌权者没有预料到的新兴领域，社会力量应运而生。比如，围绕着艾滋病的防治，出现了大量民间社团。由于城市人口结构的巨大变化，传统的居委会组织难以覆盖居住在新建小区的大多数居民，居民们开始进行社区自治。同时，自八十年代以来，与整个世界，尤其是苏联东欧等国一致，中国经历了一次强劲的宗教复兴。

当然，在土地实行家庭经营之后，人民公社体制随之解体，乡村社会重新向自治方向回归，宗族、宗教、商业等领域的精英在相当部分乡村社会取得实质领导地位，官定的村民自治制度经常变成肯定这些精英权力的程序。

同时，媒体逐渐成长，在官方媒体之外，出现了一批面向受众的市场化媒体。尤其是九十年代以来，出现了一批新锐媒体，网络媒体也迅速获得支配性地位，它们拓展出了较为自由的舆论空间。九十年代中期以来，公共问题的讨论场所已经从官方媒体转到这些新兴媒体。整个社会的话语体系、价值体系是由这些媒体塑造、支配的。

还有很多其他领域也出现了"社会企业家"，或者"社会活动家"。这些社会精英进行活动的资源是多元的，其中主要是私人企业部门所积累的资源。借助自己的道德权威,这些人士在相关社会领域中享有广泛的影响力,享有较高社会权威。

第三,文化与知识精英具有了独立意识。早在七十年代初,一些知识、文化精英就已放弃正统意识形态,转而开拓出另外一番文化与知识天地,由此发展成为八十年代的文化运动。这些文化、知识群体的价值观念虽然有很大差异,但都与国家拉开了距离。今天,社会、人文学科的课题已经基本上由学者自行安排。

尤其引人注目的是,中国逐渐形成了一个公共知识分子群体,他们表达着与官方意识形态不同的观念,并且逐渐地改变了官方的意识形态话语体系。今天,法治、市场经济,甚至宪政都是官方意识形态所认可的。

最后,随着上述精英群体的形成、发育,作为国家控制体系之“螺丝钉”的“干部”群体也发生变化。他们不再是干部,而成了“公务员”。名词的变化,意味着其意识的变化。他们具有了自己的意识,他们刻意地扩展自己的选择空间。在官员群体中似乎也形成一个政治企业家群体。他们乐于在自己管辖的部门或地方进行一些制度创新试验,或者对民众的创新予以默认,甚至公开支持。

总之,过去三十年中国社会所发生的最大变化,是“社会”逐渐形成。精英与社会同步成长,这个群体是过去三十年增长、繁荣及制度变迁的创造者、推动者。但是,当代中国的精英群体还远不够成熟。

精英群体的先天不足、后天失调

殷海光用来形容现代中国自由主义的一句话,可以恰当地形容当代中国的精英群体的特征:先天不足,后天失调。

所谓后天失调是指国家与精英之间的扭曲关系,妨碍了精英群体的健全成长。

当代中国各个领域的精英都是在国家控制体系松动的缝隙中发育出

来的。但是,国家权力的控制虽然松动了,却始终保持着其革命党信念,没有放弃全盘控制社会的意图,对于社会各个领域精英的自发成长,本能地采取压制态度。

在经济领域,私人企业始终受到法律歧视。在当权者眼里,私人企业家始终不具有道德上、政治上的正当性。这一点,甚至体现在宪法的相关条款中。自愿组织社团的社会活动家更是政府所厌恶的。政府也一直禁止使用"公共知识分子"一词。尽管执政党曾经提出过吸纳这些精英的设想,但是,革命党的性质决定了国家与自发形成的社会各精英之间,终究是一种敌我关系,只不过在必要的时候可以享受统战对象的待遇而已。

这种情形与传统中国完全不同。传统士绅脚踩国家与社会两条船,因而能够在国家管理与社会治理两方面同时发挥重大作用。在当代,精英群体的功能受到政体结构的限制,无法得到充分发挥,因而也就难以真正承担起精英的公共责任。已经有一些企业家愿意从事慈善公益事业,但政府对于此类活动始终保持警惕,不让其自由进入这个领域。民众却因此得出结论,中国的商人是狭隘而自私的。

这样的精英与国家间关系也给精英带来了另外一重毁灭性影响:权力腐化精英,进而掌握权力的精英与商业、知识等领域的精英相互腐化。以商业精英为例,私人企业的市场准入始终受到法律、政策的严厉限制。商人如欲进入某一领域,必须以各种形式贿买官员。商人由此获得的,并不是所有人可以普遍享有的权利,而是贿买者自己独享的特权。特权为企业家带来垄断利润,为了保有这种利润,商人继续向政府投资。

长此以往,商人的心灵就会腐败。公众看到官商之间这重关系,自然对商人财富的正当性产生怀疑。"原罪"问题被不断提出,就反映了这种普遍的不信任心理。不信任又让商人恐惧。事实上,当初为获得市场准入而进行的贿买行为,也确实让他们随时可能被政府有选择地拿出来作为牺牲品。为了躲避这种法律与政治风险,他们要么通过移民的办法躲避,要么把自己与权力更紧密地捆绑在一起。

其他领域同样如此,精英同样因为权力的挤压而走向腐败。南方某大学一个处长职位引来四十位教授争抢,显示了在权力控制学术的体制下,知识精英也倾向于借助行政权力来维护和增进自己的利益。一旦行政评价体系压倒学术标准和学术伦理,学术腐败及学者的丧德就是不可避免的。

总之,置身于与国家的扭曲关系中,精英群体同时是受害者和施害者。他们固然遭受不合理的压制,但他们又利用各种不合理的制度获得特殊利益,而被普通民众视为特权享有者。他们发挥正常作用的空间被挤压,因而对国家时有怨言;但受道德形象拖累,在已有的自由活动空间中他们又不能充分发挥正面作用。

这种局面的形成,还有更深层次的精神根源:当代中国的精英群体成长于道德真空的精神气候中,因而先天不足。

二十世纪的中国经历了一波又一波反道德的观念与政治力量的冲击。晚清至民初,传统的道德体系先是经历进化论的冲击,再经历"五四"全盘性反传统主义思潮的妖魔化,传统及包含在传统之中的道德伦理体系被"祛魅"(disenchantment)。五十年代之后,反传统的观念运动变成摧毁传统的政治、社会运动。随着传统的毁灭,人们的道德感趋向微弱。因为道德总是与传统联系在一起,唯一能够发挥作用的道德是传统道德。唯理主义者、革命者所构造的所谓"新道德"总是反道德的。

从五十年代开始,国家权力也借助其整个思想教育体系,向整个社会灌输物质主义的哲学信念,依据这种信念,人只有肉体,而无灵魂,唯一真实的是权力,宗教不过是毒药而已。到九十年代,主流经济学建立了起霸权地位,把"经济人"追求自身福利最大化的学理假设,当成唯一普遍的伦理准则向全社会贩卖。中国人刚刚因为幻灭而抛弃一种物质主义,很快又被另外一种似乎带有自由主义气息的物质主义所征服。人们疯狂追求金钱,进而否认金钱之外的一切价值。人们肯定肉体,进而相信肉体享乐就是灵魂的归宿。

当代中国的精英就是在这样的精神气氛形成、发育的。大部分精英是物质主义的信徒,他们贪婪地追求财富的行为方式、丑恶腐败的生活方式、玩世不恭的人生信条,对已经摇摇欲坠的道德体系与人们的道德感,推了最后一把,使其接近崩溃。很有可能,精英的心灵普遍地比普通民众更为卑污。这样的商业、文化、知识精英,生活在物质之城中,听不见灵魂的召唤;他们把自己封闭在俱乐部、高尚社区中,看不到其他群体的悲苦,缺乏最起码的同情心;面对权力的强横,他们缺乏基本的道德勇气,哪怕是在自己的权益遭到侵害时;面对社会公益事业,他们缺乏普通市民也具备的伦理担当,汶川大地震之后房地产商们的集体表演就是一个例证。

在权力控制体系松动之际,精英在当代中国再度出现,中国社会因而表现出活力。但是,这个精英又因为先天不足、后天失调而被腐败症纠缠,中国社会也因此朝着黑暗的深渊狂奔。精英的精神分裂症状与当代中国繁荣与贫困并存、活力与腐败共处的双面性,是互为因果的。

成长为绅士

如果一个社会只有国家权力,没有多元化的精英群体,那这个社会其实没有"社会",其国家体制也不可能长久维持。如果一个社会的精英群体完全堕落,那这个社会必然走向全面的腐烂,国家也与这样的社会同步走向衰败。好在,中国社会还没有走到这一步。事实上,在我们上面所描述的也许有点过于灰暗的精英图景中,还是依稀可以看到很多亮点的。

在当代中国,并不是所有精英都在腐败。相反,考虑到当下中国的基本制度结构,很多精英的出现、发育,本身就是其精神自觉的产物。他们依凭着道德勇气、伦理担当而与权力抗争,与贪婪对峙,在夹缝中获得生存之地,并在公众心目中塑造了正面形象。大量社会精英、文化精英就是这样成长起来的。甚至商业精英中也有相当一部分接受着某种道德约束。不少企业家保持着草根本色,积极地对乡里承担责任。还有一些企业家在舆论的影响、引导下,逐渐地意识到自己的责任。

换言之,在当代中国的精英群体中,已初步形成了一个绅士群体。当然,这个群体的规模还很小,他们的公共伦理意识也不是十分强烈,他们发挥的作用似乎也不足以力挽整个精英群体腐败之狂澜。

但是,这个弱小的绅士群体却是中国社会重整并再出发的先锋。正是他们,在过去二十多年,推动着社会各个领域的制度变迁。优良的社会治理机制未来的进一步发育,有赖于这个绅士群体的成长,有赖于更多精英转身为绅士,更为积极地承担公共责任,在各个领域发挥更为广泛的领导作用。

实现这一点,当然需要国家与精英的良性互动。就此而言,社会各个领域的精英需要寻找与政府沟通、合作的更为有效的途径和话语表达体系。但是,国家、精英关系的改进,主要是要看掌握权力者能否经历一次国家意识的自觉。政治哲学的基本原理是:任何国家,不论最初是以何种方式建立,如果它要长久统治,最终都必须转换为某种形式的共同治理。任何形态的全能国家都不能长期自我维系,惟有通过权力的分享,才可长久享有权力。

古罗马哲人西塞罗说,"国家乃是人民的事业"①。源于古罗马的"共和国"概念,传达的正是这样的政治理念。其实,回首中国历史,每个阶段也都在寻找这种"共同事业"得以成立的政体架构:秦的一家专制"不二世"而亡,汉武帝与董仲舒乃共同谋划皇权与士大夫共治,奠定华夏两千年文明大格局。慈禧晚年幡然醒悟,开放立宪,欲与绅士共建现代国民国家,弥平朝野、满汉、官民鸿沟。孙中山先生虽倡言军政、训政的革命纲领,但这不过是通往人民自我统治的"宪政"的手段而已。

权力分享当然始于与精英的分享。权力自我克制、退让,合理地确定精英在国家架构中的位置,容纳精英从事广泛的公共治理,是合乎权力运

---

① ［古罗马］西塞罗著:《论共和国》,王焕生译,上海人民出版社 2006 年版,第 75 页。

作的经济原则。而精英发育成为绅士,进行社会自我治理,也是为权力创造和维系社会基础。惟有在此基础上,权力才能在其所保留的领域中有效地运转。如果没有这样的基础性社会秩序,权力的运行成本将会非常高,甚至根本不能奏效。

从根本上说,国家既然是人民共同的事业,国家治理就不只是政府管理。甚至可以说,政府管理是次要的,有效的国家治理乃是社会自治基础上的政府管理。如果掌握权力者能够具有这样的国家认知,自可消除对绅士的敌意,转而与其进行协商、合作。

另一方面,精英群体的伦理自觉对于中国未来优良治理秩序的形成,同样十分重要。历史上,宋代的绅士群体最为引人注目。眼见得唐末五代之礼义扫地,胡安定、孙明复、欧阳修、范仲淹诸公发起一场道德振兴运动。这些士人在私生活方面表现出一种严肃的制节谨度,甚至带上某种宗教狂的意味。"先天下之忧而忧,后天下之乐而乐"的名言,更是被士人传诵,激发强烈的公共情怀。经由这样的道德自觉,士人才重新成为社会的领导者,以天下为己任最终落实为以公益为己任、以治理为己任,推动社会"再文明化"。

在经历了物质主义的不断清洗之后,中国重新出现一个绅士群体的前提,恐怕也是精英群体的道德自觉,及在此基础上的公共责任伦理自觉。精英们需要抛弃那些冒充伦理学家的经济学家所贩卖的利益最大化教条,向传统回归,面向自己的灵魂,在信仰、自由、服务中寻找生命的意义。

六、新绅士阶层正在兴起？①

人的最高政治理想是自我治理（self-government），民主宪政制度的实质就是法治所维持、调整的多中心治理秩序。政府只是这一秩序的一个环节，从政治角度看，或许是最重要的环节，但这种秩序的基础，却是非政府的自治，即广泛的社会自治。发达的社会自治以最低成本最有效地满足民众的大多数公共品需求，同时也为政府权力划定一个界限，限制政府强制性权力之滥用。

而社会自治之维系，一方面依赖普通公民的公共精神，另一方面又依赖自治的积极参与者、组织者与领袖。后者就是本文所说"绅士"。绅士传统在中断了大半个世纪之后，正在当代中国再度浮现，而他们将构成自治发育、扩展的中坚。

没有绅士就没有自治

中国传统国家理论尽管强调皇权的无限性，但在现实中，国家权力的范围终究是有限的。在国家权力之外，存在着广泛的自治领域，这包括宗族、家族自治、商人行会自治、知识群体自治、自治的社会公共品供应体系及自治的社会救助体系，等等。也因此，相对正常的中国传统社会中从来

---

① 本篇原刊《南方周末》，2008 年 4 月 10 日。

都不缺乏绅士,社会自治的领导与组织者。

在科举制的制度背景下,这些人士被称为"士绅"。他们通常都有科举功名,接受过传统儒家教育,儒家的价值观念多多少少会对他们有所影响。人们固然不必将他们理想化,但儒家对于家族伦理、对于君子人格、对"以天下为己任"的伦理责任的强调,都足以教导其中部分人,也即士绅们,积极地投身广泛的社会自治活动。士绅中相当部分又担任过官职,具有组织、管理社会活动的经验、技能,从事自治活动也是驾轻就熟的。

尤其是在宋代之后,儒家以天下为己任的价值,不仅仅指向了政府管理,更多地指向了广泛的社会自治。宋代儒生在社会各个领域、各个层面组织公共品之生产和分配。

至于从事这些事业所需要的资金,很大部分来自商人,这一点在明朝尤其明显。应该说,商人地位提升,而与儒家士人相互合作,乃是明清社会治理的一大特征。到晚清形成"绅商"群体,其代表是南通张季直先生。在当时,不光是商业、教育本身基本上是绅商自治的,绅商们甚至接管了城镇,不少城镇就是由这些绅商自治管理的。绅商们也积极投身立宪政治活动,清末各省咨议局和民国初年各级议会议员,多是大大小小的绅商。

上述历史证明,绅士是中国社会维持正常秩序的关键因素。此后,由于儒家教育传统中断,政治剧烈变化,绅士群体遭遇生存危机。到二十世纪五十年代中期,随着私人企业和独立大学消失,这个群体也就逐渐灭绝了。事实上,这个群体也没有存在的必要了:一旦权力全盘控制社会,自治不复存在,绅士就是多余的。

反过来也可以说:没有绅士,社会也就无从自治,起码无法实现健全的自治。当代中国的现实正在证明这一点。

这是因为,自治需要成本,而并不是每个人都愿意并有能力承担这种成本。人人都有自治的本能冲动,谁都知道小区自治很好,但在现实中,并不是所有人都乐于投入小区自治:他可能为了生计忙碌而根本没有时间,即使有时间他觉得去干别的事更划算。

但有些人可能具有不同的成本－收益计算方程，他可能认为，人的自尊比别的价值更重要，他可能已有一定地位、金钱，愿意投身这种服务他人的事业，以寻求另一种心理满足，也完全有可能仅仅是公共精神推动着他去参与小区自治。这些中某些人又具有自治所需要的其他素质，即经验、知识与技能，借助这些，他们可以成为各个领域自治活动的组织者、领导者，成为绅士。

社会自治仅靠人对于自治的热情、本能是不足以正常发育、维系的。比如，基于对个人利益的直接认识，人们可以热情地投入小区自治维权活动中。但与行政体系、与企业不同，这些民众之间不存在组织化的关系，缺乏必要的信息交流、协作渠道，因而其行动能力必然非常有限。分散的民众也不可能与政府、与房地产开发公司、与物业管理公司进行谈判，没有办法在谈判过程中作出合理的决策，比如不知道何时可以妥协。

假如存在一批绅士，局面就会改观。绅士们具有一定的道德感召力，可以把分散的民众组织起来；他们具有必要的组织经验和技能，可以透过某种程序，发现小区的正确的公共利益所在，并在人们中间形成共同意见，然后与其他利益方进行谈判。实际上，在每一次小区业主维权活动中，人们都可以看到一些活跃人士，他们就是绅士的雏形。没有他们，小区业主维权根本无从启动。

进一步说，离开了绅士的组织、领导，人数众多的民众不仅不可能具有与自己人数相称的力量。即使具有力量，也往往靠激情维系，而难以成为一种理性的力量。这一点对于中国这样处于转型中、社会潜在冲突相当严重的社会来说，非常重要。民众的组织化其实意味着民众的集体行动有可能趋向理性化，尤其是如果这种集体行动是由绅士领导、组织的话。因为，绅士精神通常具有理性和建设性。中外历史已经证明，一个由绅士组织的社会和一个没有绅士领导的社会，制度变迁的形态和后果是大不相同的。

因此，中国如果要形成一种健全的社会治理秩序，就需要涌现出一个绅士群体，经由他们的组织、领导，使社会形成自然秩序。这也是保证社会平稳转型的基础之一。

当然，绅士与官员不同，他们之发挥组织、领导作用，不可能依靠权力，借助强制，只能依赖自身具有的独特的精神气质，依靠道义权威，以人们的自愿认同作为发挥作用的前提。

绅士精神是什么

现在有些人羡慕"绅士风度"，因而让孩子上贵族学校、打高尔夫球，等等，不惜血本，培育孩子的绅士风度。舆论对此多冷嘲热讽。

家长们的这种做法能否培养出绅士风度，确实可以讨论，但无论如何，家长意图培养孩子"绅士风度"的意愿却是值得赞赏的。历史已经证明，这种绅士风度确实是民主、自治制度正常运转所必需的。因为，绅士风度意味着"温文有礼"（civility），谦让有礼，尊重他人，诚心互信。惟有具有如此品行的人，才愿意通过理性的辩论来决定公共事务。有学者曾经研究过清末民初的各级议会，其绅商议员不乏绅士风度，这也正是那些议会在动荡格局中勉强维持的一个秘密所在。

当然，不论是英国绅士还是晚清绅士，表现出绅士风度的一个前提是必要的财产。一个人如果不能解决自身的生计问题，恐怕难有余裕关心、从事公共事务。而且，如果他每天都要为生计发愁，恐怕也难以有一种宽和的心态，难以从容地与他人进行理性的讨论。相反，他可能有太多的怨恨、太强的报复心理，而这是与民主、自治的精神气质是不相容的。

当然，财产不可能自动地带给一个人绅士风度。今日中国无数富裕者，可是一点都没有绅士风度。归根到底，绅士风度是以"绅士精神"为内在基础的，绅士风度更多的是一种道德人格的外在表现。

古代士绅之道德人格的源泉，是儒家所标举的"以天下为己任"的自我道德期许，据此，士绅们为了"齐家、治国、平天下"而从事"诚意、正心、修身"的道德涵育。这样的要求确实有点过于高远，但每个时代确实都有一批士绅坚守这种理想。他们以自己的道德表率赢得他人的尊重，并以此动员社会其他成员提供资源或积极参与，从而推动、组织各种形式、各个层面的社会自治事业。宋代社会自治最为发达，端赖于彼时士人的道德自觉。经由这种道德自觉，士人才重新成为社会的领导者，以天下为己任，最终落实为以公益为己任、以治理为己任，推动社会"再文明化"。

因此，中国重新出现一个绅士群体的前提是那些潜在的绅士之道德自觉。用钱穆先生描述宋儒的话说，潜在的绅士们在私生活方面，需表现出一种严肃的制节谨度，甚至带上一种宗教狂的意味。也就是说，他们必须超越物质主义，抛弃那些冒充伦理学家的经济学家所贩卖的利益最大化教条，借助传统的宗教和道德，诚意、正心、修身。由此形成的道德人格，乃是他们承担社会责任的前提。

谁可以成为绅士？

每个人都可能成为绅士。武训行乞办学，就是一个例证。毕竟，对于组织、领导社会自治的人士来说，重要的不是知识、财富，而是"德行"。当然，在现代社会，正常情况下，由于居于这样那样的天然优势，商人、退休官员、专家、公共知识分子等成为绅士的机会是相对最高的。

首先是商人，商人不仅掌握着经济资源，更具有企业家精神。今天，不少企业家把从事慈善、公益活动简单地理解为捐款。这种资源对于社会自我治理确实十分重要。但其实，商人还可作出更大贡献。慈善、公益活动，同其他社会自治领域一样，最需要的乃是社会活动能力。如果经济增长的驱动力量就是企业家精神，那社会自治的驱动力量就是社会活动家精神。而企业家精神与社会活动家精神之间具有某种相通性，经营企业所积累的管理、组织经验，可以轻易地转换成为组织社会自治事业的技能。事实上，商业活动天然地具有自治的性质，商人最容易理解自治。因此，古今中外各个社会，商人都是自治的中坚。

其次是退休官员。古代的士绅经常是退休回乡的官员,到当代,人们可能也注意到一个十分有趣的现象:很多地方的退休官员积极地反对现任官员的腐败、违法活动。其实,这些退休官员可以在广泛的社会自治领域中发挥重要作用,成为地方绅士。因为,他们具有组织管理经验,具有人脉,能够动员一定的资源。

第三个群体是各个领域的专家,尤其是律师、医师、经济专家、工程技术专家等。他们不仅具有专业知识,更重要的是,这些领域本身就是自治的重要领域;他们在这里所历练的知识和自治经验,对于广泛的社会自治具有重要价值。尤其是律师最值得关注,近代英国绅士中,律师相当显赫,在当代中国的社会自治努力中,律师也经常发挥着领导、组织作用。这些人士还可以发挥更大作用。

第四类是供职于大学、研究机构的学者与活跃于公共领域的知识分子。大学、研究机构在现代社会中居于特殊位置,是思想的生产者,而社会变革终究是思想变革的产物。公共知识分子活跃于舆论领域,通常具有社会良知的自我角色期待。因而,这些人士对于社会治理事务具有较高热情,也具有一定知识。

当然,在当代中国,所有这些群体都同完整的绅士角色有相当距离。商人们或许已经积聚了一定金钱,但普遍缺乏必要的道德自觉,也缺乏参与自治的意愿。一些商人只是捐赠金钱,出于种种顾虑,不愿自己出面组织自治活动。至于各个领域的精英专家,既缺乏足够的道德自觉,又受现有教育模式及专业管理模式的局限,与社会其他领域有较大隔阂。

因此,当代中国还没有形成一个成规模的绅士群体。但是,在商人中间、在退休官员中间、在专业人员和知识分子中间,人们已经能够看到一些正在成长的绅士。他们正是目前种种自治活动的组织者、领导者及自治制度的中坚。随着他们的成长、扩大,民主、自治制度也将获得更为稳固的社会、政治及精神基础。

七、从知识分子到新士绅[①]

提到"知识分子",人们很容易有一种肃然起敬的感觉。尤其是当知识分子以"社会的批判者"、"理性的旁观者"、"启蒙者"自居,强调自己是"社会的良心"、"道义的守护者"的时候,旁人假如不肃然起敬,简直就是一种罪过。

但是,从知识分子的内在视角看,这种姿态是否健全?从社会的角度看,这样一群知识分子对于社会之优良秩序的形成和维护,是否真的如知识分子及其他人想象的那样重要?中国之转型果真是需要更多这种知识分子,还是需要别的什么人?假如说,有些人所理想的知识分子已经消解了,那么,这个群体有没有重建的可能?更进一步说,这种重建是否必要、可欲?

从士大夫到现代知识分子

严格意义上的"知识分子"是一个现代概念,李零教授在《丧家狗》一书中把孔子解读为"知识分子",是不够恰当的。孔子所从事的事业确实关乎知识,但是,孔子并不是今人所理解的"知识分子"。

---

① 本篇原刊《中国图书评论》,2008 年第 3 期。

知识阶层在中国历史上经历过几次较大转型。西周封建时代，"学在官府"。部分贵族掌握诗、书、史、卜等知识，在封建的礼治秩序中，这些知识乃是管理家、国，处理公、私事务所必需的实用性知识、技艺性知识。从《左传》就可以看到，诸侯交涉的语言就是"诗"。孔子所谓的"学而时习之"，所指的恐怕就是掌握及实践这类技艺性知识。

春秋中后期，这类贵族开始分化，一部分成为行政、军事、刑律等方面的专家，此即战国以来地位迅速上升的"文吏"，秦始皇"以吏为师"，就是指这些人。另一部分则成为专攻知识、观念的"文士"，诸子百家是这类人物中的佼佼者和老师，他们在权力之外生产道德、文章。

与文吏相比，文士们是有理想的。不过，由于普遍地具有"内在超越"的治理思路，这些文士，尤其是影响较大的儒生，却需要借助权力来实现他们的理想。儒生们曾亟亟走动于秦廷，也曾经投奔过陈胜、吴广，最终他们在汉室找到了归宿。

汉代建立起来的大一统秩序之核心制度是钱穆先生所说的"文人政府"：文士凭借着自己的道德修养、经史知识、文学技巧而登上仕途，一变而成为"士大夫"。在朝他们是士，执掌权力；在乡则为绅，管理社会。此一大格局延续两千余年，一直到二十世纪初，儒家士大夫群体都是社会治理及政府活动的支柱。

这个"士绅"群体远不是"知识分子"一词所能涵括的。他们确实是道德文化的守护者，对现实也秉持批判态度，比如著名的汉末太学生议政。但是，士大夫首先是社会治理的实际参与者，如宋儒所说，"与天子共治天下"。他们不是为了知识而知识，而是为了治理而学习知识，实践道德。因此，士绅不是观念型人物，而是实践型人物。他们不在社会之外，而是社会的领导者；不是现实的批判者，而是现实的塑造者。

这种情形到二十世纪初发生巨变。城市出现了现代科学、技术、工商、行政等专业机构及现代学校体系。政府应因这种变化废除科举，士人失去了科举入仕之制度化渠道。于是，接受教育的人士进入专业机构，成为"专业人士"(professionals)。

这些专业人士与传统士大夫有巨大区别,他们中的绝大部分不再是社会的治理者,只是专业岗位的就业者。他们不再有"以天下为己任"的情怀,只是踏实地扮演专业技术人员的角色。

当然,在这些专业人士中有一批具有社会关怀者,他们在当时日益发达的大众传播媒体上对社会事务发表看法。他们成为现代意义上的"知识分子"。此类知识分子的典型就是以胡适为代表、活跃于开放性都市的自由主义文人。当然,还有信奉其他意识形态,而同样以观察、议论为职志的文人。这个知识分子群体的重要特征是"独立性",这种独立性恰恰把他们与传统士绅区分开来:他们不直接参与治理活动,因而也就无党无派,具有相对独立的精神世界。

正因为这种独立性,二十世纪五十年代,知识分子成为国家压制的重点对象,连带地,有可能变成知识分子的专业人士也被整合到国家权力控制体系中。知识分子在某种程度上消失了。

八十年代以后,自上而下的权力控制体系逐渐松动,作为独立的观察者和批判者的"知识分子"再度复兴,他们发动了"文化热"和"新启蒙运动"。今天活跃于各个网络论坛和报纸时评版的文人们,基本上也在知识分子谱系之内,尽管已经等而下之。

应当说,这个时断时续的知识分子传统在现代中国公共空间中是十分显赫的主角,他们启动、主导了具有不同指向的"启蒙运动",传播、塑造了种种温和或极端的意识形态。借助观念的力量,这个知识分子群体对现代中国政治、社会的变化产生了巨大影响,当然也直接颠覆了旧文化、创造了某种新文化。

不过,从今天、从事后的角度看,这种影响未必总是那么可取的。

知识分子的僭妄

　　社会学、政治学意义上的"知识分子"是法国式启蒙运动的产物。巴黎的启蒙运动虽然与苏格兰启蒙运动——更恰当的称呼是"苏格兰道德哲学"——均冠以"启蒙"二字,但两者具有十分不同的气质,其思想进路也大相径庭。对此,学界已经有过不少研究。

　　简单说来,信奉法国启蒙理念的知识分子首先是批判者,而批判的前提是理性的自负。启蒙知识分子一向以理性的代言人自居。如哈耶克在《科学的反革命——理性滥用之研究》一书中所说,这些启蒙文人其实并没有多少科学专业知识。也恰恰因为无知,他们才会把科学理想化,并立志用科学原理来改造世界。[①]

　　启蒙知识分子相信,蕴涵于科学中的理性,可以充当审判现实世界的标准,而他们已经掌握了这种万物的尺度。以此尺度衡量之后他们宣布,大众是愚昧的,社会是腐朽的,传统是不可救药的。只有他们自己,因为掌握着理性,已然洞悉了人间的秘密。这个世界只有经过他们所标举的理性的启蒙,才能走向光明。由此,知识分子开始了其全面批判的伟业。

　　现代中国的知识分子也是以批判者的姿态登场的。林毓生曾经分析过现代知识分子的"全盘性反传统主义",并将其归因于古代儒家"以思想文化解决问题的进路"[②]。这种思维方式确实对知识分子全盘反传统心态有所影响,但现代启蒙传统中理性的自负恐怕才是最为重要的原因。启蒙理念推动知识分子在过去一百多年中发起了一轮又一轮文化批判、社会批

---

① 　[英]弗里德里希·A.哈耶克著:《科学的反革命——理性滥用之研究》,冯克利译,译林出版社2003年版,第4－5页。

② 　参看林毓生著:《中国意识的危机:"五四"时期激烈的反传统主义》,穆善培译,贵州人民出版社1986年版。

判。以前的批判对象是中国传统、中国文化,愚昧的农民、可笑的市民。九十年代以后,他们又瞄准了新的批判对象:市场、消费、全球化,等等。

中国知识分子也继承了俄罗斯知识分子的一项精神遗产,自诩为"社会的良知"。有很多批评家要求中国知识分子学习俄罗斯知识分子的社会良知。只不过,中国知识分子即使有良知,也不是内省的责己,而是批判他人的傲慢。他们虚构了自己良知高出别人一筹的神话,以取得批判的道德制高点。这样的批判在现代杂文传统中十分常见,今天仍所在多有。当代的网络更是放大了这种声音,充满"良知"的知识分子相信自己正在为穷人请命,尽管他们所出的主意其实正在把穷人推入苦难的深渊。

知识分子的这种理性和良知批判,确实触及某些社会、政治乃至文化、精神弊端。不过,他们的批判并不足以服人,因为他们自己是自相矛盾的。知识分子总是强调理性,但面对现实的社会和人,他们中很多人恰恰缺乏理性,因为他们很少意识到自己的理性能力的限度,比如他们通常是科学拜物教者。知识分子尽管也在提出各种各样的主意,却不得要领,因为他们缺乏必要的技艺性知识。知识分子总在试图启蒙他人,但由于缺乏常识,他们比社会上大多数人的心灵更狭隘。知识分子总是强调良知,但他们中大多数人并无信仰。

事实上,按照启蒙的理想,知识分子根本就是反对传统的信仰与道德的——而离开传统的信仰与道德,其实也就没有信仰与道德,所以,启蒙带来的是虚无主义。当代中国普遍的道德瓦解与持续的启蒙有极大关系。知识分子将传统的道德、社会关系、习俗妖魔化了,没有人再去敬重那些东西。他们告诉人们,要自由,就必须像娜拉那样走出去,摆脱道德、习俗、伦理、社会的约束,只按照自己的理性行动。九十年代盛极一时的主流经济学,可以说是另一种形式的启蒙教材。

结果似乎让人沮丧:经过启蒙,个人解放了,但并没有获得自由。殷海光晚年回顾中国自由主义知识分子史,在《中国文化的展望》一书中曾沉痛地讨论过"解放"和"自由"的根本区别,严格意义上的中国知识分子自其诞生以来,恰恰错误地把摧毁传统、摆脱各种规范约束、获得个性解放当成了自由。①

　　这样的认知错误注定了那些坚定地以知识分子角色自我期许的人,面临无法摆脱的悲剧命运。他们对自由的向往是真诚的,希望中国建立民主、法治制度,希望中国人过上文明的生活。但是,以批判传统开始,他们很可能使他们与自己的目标南辕北辙,对中国制度的良性演进未必发挥他们自己所期望的良性作用。

英美:没有知识分子的转型

　　历史比较或许有助于理解这一点。过去一个多世纪的中国处于建立现代国家、即立国(nation-making)的过程中。在这一过程中,知识分子的位置是相当显赫的。知识分子也相信,如果没有自己所进行的观念的启蒙,这样的过程根本无法展开。

　　然而,处于类似历史阶段的英国,根本就没有什么"知识分子"!在英国,从十六世纪中期开始,王权逐渐扩张,君主专制主义蔚然成为主流。不少比较类似于后来的知识分子的人士,热衷于炮制君主专制主义的理论,后来为秩序辩护的霍布斯,也有点现代知识分子的模样。

　　这些新生理论触发了一场以复古为旗号的宪政主义运动,一路发展而成为后来的议会革命。中国知识分子一定会对这场运动的参与主体十分惊讶:这个舞台竟然没有纯粹的知识分子!舞台上活跃的是实务型人物,包括普通法法官、律师,可能接受过法律教育、可能出身乡绅的国会议员,还有具有道德理想的商人,以及清教教会领袖,等等。简而言之,他们是比较典型的英国"绅士"。

　　这些英国绅士具有权利、自由的愿景,但也具有治理社会事务的经验

① 　参看殷海光著:《中国文化的展望》,中国和平出版社1988年版,第277页及第528页。

和智慧。这两者在他们身上合二为一。他们是社会自我组织的领导者、组织者、参与者，他们不是社会的批判者，他们就是社会。自由、权利对他们来说，不是抽象的观念，他们所要做的不是传播这些抽象观念，炮制这方面的言词，而是在现实中小心守护自己既有的自由，在乡村、在议会、在法院，致力于建立能够保障这些自由的法治、宪政制度。建立现代宪政国家的主角正是这些绅士。他们不是居高临下地进行启蒙或批判，而是自下而上地积累法治、宪政的一砖一瓦。

立宪时代美国最伟大的宪政主义思想家，差不多也都是宪政主义的政治家或社会活动家。有一本《美国政治思想史》列举了 55 位美国政治思想人物，而这些人物大多数是法律家（律师、法官）、政治家（总统、国会议员、地方政治领袖）、教会领袖、社会活动家，等等。[①] 美国的立宪政治不是托克维尔所说的法国式的文人政治，[②]而是政治家的政治、法律家的政治。

当然，英国、美国作为原生态现代国家，其历史具有一定特殊性。笔者也无意否认知识分子在现代国家形成过程中的功能，尤其是在后发国家。在这类国家，自由、权利、民主、宪政的观念确实是先于现实的，因此，必然形成一个以启蒙本国民众、传播此类观念为职志的人群。

但是，无论如何，可持续的、可正常运转的治理秩序都是自我生成的、自发形成的，而不可能由某种强制性权力依据某种理念自上而下地进行全盘设计和构造。复杂而微妙的宪政制度不可能在一夜之间由开明君主自上而下建成，也不可能由启蒙了的个体透过一份理性计算的共同契约一次建成。相反，这种秩序只可能在固有的社会中内生地生长，是自由的理念与原有各种社会结构"资相循诱"的结果。

因此，观念的启蒙是必要的，但它只是制度变革的一个催化因素，真正

---

① 　Jeffrey Sikkenga. *History of American Political Thought*. *Bryan - Paul Frost* . Lexington Books ,2003.

② 　参考［法］托克维尔著：《旧制度与大革命》，冯棠译，商务印书馆 1996 年版，第 174 - 183 页。

的变革还是在固有的社会结构内部展开的。对于这一点,法国、中国启蒙知识分子均未能清楚认知,而过高估计启蒙的作用,反而使启蒙产生了严重的负面后果。现有的种种历史叙事似乎也过高估计了这个群体在历史过程中的地位,比如,很多学者仅仅依据以胡适为中心的现代自由主义知识分子的命运,而断言自由主义在中国已经失败。这样的叙事忽略了另外一个与知识有关、但又与严格意义上的知识分子性质不同的群体在现代历史中的重要地位。

在知识分子之外

除了知识分子群体之外,现代中国的舞台上还活跃着另外一个群体。这个群体的主体是历史学家近年来研究颇多的"绅商",或者广而言之,现代"士绅"。他们在中国现代治理秩序的生成过程中所扮演的作用,可能远比知识分子重要。

观察一下清末立宪运动,立刻就会明白这一点。清末立宪运动的发动者、组织者主要是活跃于地方的绅商。现代工商业在沿海、沿江城市繁荣之后,不少士绅在传统的仕、学之外,转入进入商业领域。科举废除之后,更是如此。同样,大量乡绅也进入城市,以商业谋生。城市普通工商业者的规模也在扩大。

这样,中国形成了现代"市民"社会,这个市民社会大体上是自治的,不仅包括"在商言商"的行业自治,也包括更广泛的地方公共事务的自我治理。很多城镇就是由商人透过自治组织供应公共品的。而这些商人自治的领袖人物,也具有公共关怀,并与政界、学界有密切关系。他们是"绅商",其代表人物是张謇。在当时的社会情势下,他们具有救亡图存的公民精神,商人自治很自然地演化出政治参与,由此形成立宪运动。

应当说,绅商的这种政治选择,介于当时满人权贵所体现的保守和以留学生为主的激进人士所倡导的革命之间,是当时最为健全的选择。他们主导了地方宪政转型，这种主导地位即便在辛亥革命之后也长久不散。后来的地方自治、联省自治、起草宪法等运动，都是绅商所主导的。实际上，这个形成于绅商群体的宪政主义传统，在南京国民政府建立之后，依然推动着宪政事业，尽管政治权力为立宪设置了种种障碍。这其中的代表人物是张君劢。他所起草的宪法最终变成了宪政的现实，尽管不是在整个中国。

　　因此，断定自由主义在中国已经失败是仓促和偏颇的，自由的理想已经在部分中国变成了宪政制度，而这个制度后面主要的推动力量正是形成于晚清、并一直持续于整个二十世纪前期的宪政主义者，具有自由理念的现代士绅群体。这个群体与知识分子有一定的交集，他们也属于知识阶层。但在性质上，他们不同于严格意义上的知识分子，不是那种以批判为职志的知识分子。由于知识结构、价值观念、社会脉络等方面的不同，他们与知识分子的气质、能力有相当大的差异。

　　启蒙知识分子基本上生活于学院之中，与社会其他阶层的联系是有限的。因而，他们对普通民众的诉求缺乏敏感，所提出的方案过于抽象而缺乏现实感。他们尽管自认为在从事构建社会治理秩序的活动，但基本上不具备治理社会的技艺。更糟糕的是，根据启蒙的理念，各种既有的社会制度都是需要打碎的，其他人都是有待启蒙的对象，启蒙知识分子当然不可能依靠社会上的其他人，他们不仅鄙视那些掌握权力者，也鄙视那些被权力侵害者。知识分子主动地把自己孤立于社会之外、社会之上，当然也就很难在现实中找到可以依托的社会力量。

　　宪政主义的主体则是律师、政治家（议员及有抱负的行政首长）及社会领袖，包括宗教领袖、商人与地方自治的领袖等。他们内嵌于社会结构中，在实践过程中积累了关于治理的技艺性知识，这种技艺有助于立宪政治的组织动员。现实感也使他们比较容易从细节处入手。最重要的是，绅士宪政主义在很大程度上与传统社会保持着内在的连续性，并且有效地利用传统社会延续下来的种种制度，从而形成现实的政治力量，参与到宪政规则的博弈中。

　　对比相当强烈。当然,知识分子的观念启蒙和理性批判永远都是必要的,知识分子所塑造的意识形态对于制度转型来说也是非常重要的。但是,现代知识分子的角色特征决定了他们所能发挥的现实制度建设作用是比较有限的。更有甚者,知识分子发动的启蒙运动对于制度转型可能会产生负面作用,比如,打破传统社会结构的结果将是根本没有源出于社会的政治力量来与权力抗衡的。

　　后发国家经常面临的一大风险或许正是,知识分子在政治舞台上过分显赫,全社会、当然也包括知识分子自身过分地期望知识分子发挥作用。自八十年代以来,关于现代中国历史演进有一种经典表述,即从器物现代化,到制度现代化,再到新文化运动所代表的观念现代化,人们认为,这是一种历史的进步,知识分子的启蒙事业是制度转型的高级手段。殊不知,这样的阶段论本身就不成立,因为,宪政主义运动一以贯之;假如成立,则正好应了现代化失败的论断。

　　事实上,知识分子的过分膨胀,甚至也无助于知识的积累。回顾过去一百年的思想学术史,那些声名最为显赫的启蒙知识分子似乎没有留下多少知识遗产,不光没有专业学术遗产,也没有人写出给人以启发的关于自由、关于权利、关于民主、关于法治、关于宪政的思想性著述。这方面少有的一些知识遗产,多出自学院学者或宪政主义者之手。

　　但今天,仍然有很多人对知识分子的作用期待过高。这种心态,可能正是今天人们忧郁地谈论知识分子在当代消解之深层原因。

士绅重建还是知识分子重建

　　当然,今天如此苛刻地谈论知识分子,已经有点没有意义了。九十年代以来,严格意义上的启蒙知识分子似乎已经消失了——尽管还时不时有些回光返照。一个重要原因是,政府已经拥有足够的财力投入可能产生知识分子的专业领域,这种资源分配又是高度行政化的。因此,体制内的专业人士已经习惯于自我约束,自设禁区,他们给自己划的禁区很可能超出政府可能要划的,知识分子就此部分地消解了。对此,仍然以知识分子自居的人士,大感痛惜。

不过,与此同时,与传统的知识分子群体有类似之处、但性质又不完全相同的群体,正在形成。最为引人注目的是"公共知识分子"。同样是知识分子,公共知识分子与二十世纪的启蒙知识分子有何区别,是一个值得关注的问题。在笔者看来,最大的区别或许是,公共知识分子较少启蒙心态。这与他们的知识结构有关:启蒙知识分子接受的人文、哲学教育,相信观念可以塑造人、进而塑造制度,所以,在他们看来,制度转型的前提是改造"国民性",所以他们要启蒙。公共知识分子更多接受的是社会科学教育,相信制度本身有其逻辑。在他们看来,应当直接致力于构造优良的社会—政治—道德制度,而不用去管他人的心灵。①

除公共知识分子之外,还有另外一个群体在悄然发育,包括关注社会公益的律师,从事村庄、社区、商业等领域自治的活跃人物。他们当然也属于知识阶层,通常属于专业人士,而具有公共情怀。他们与公共知识分子群体有密切关系,他们从事的很多活动借由公共知识分子的参与而成为公共事件,并对制度转型产生一定影响。

这两个群体共同构成了当代的"新士绅"。这是一个融合了学术、商业、社会的群体。相比于二十世纪上半期,这个群体还远不够成熟,其规模也十分微弱。不过,"新士绅"似乎在重新接续那个传统。他们不是以某种自明的知识来启蒙大众,或者试图说服权力,而是将抽象的观念化为细节性知识,参与社会的日常治理,为民众维护权益的努力申辩,将民众的努力转化为制度变革的动力,自下而上地重新塑造治理秩序。

这个群体与知识分子的区别还是比较明显的。知识分子以批判为业,

---

① 　不过,到今天,笔者也发现,公共知识分子的启蒙心态同样相当严重。

意味着他们把自己放在社会之外、社会之上；在市场之外、市场之上；在民众之外、民众之上。他们是以旁观者的身份来观察、批判的，因此常有众人皆醉我独醒的苦闷。而现代绅商群体及当代新士绅群体不是在社会之外、社会之上的，而是在社会之中的，这可以说是对传统士大夫角色的回归。当然，这是在具有明确的国家—社会二分格局之后的回归。新士绅致力于以自由的理念实现自治，重新塑造治理的基础性制度，从而驯化权力，引导国家走向善治。

假定今天中国需要一个推进制度转型的知识、文化、精神群体，恐怕无须过多地期待现代历史上那个知识分子群体的重建。这在今天，似乎已经不大可能，没有人再相信启蒙的神话了。

新士绅群体的发育，可能更为可欲。人们期待于知识分子的绝大多数社会、文化、政治功能，完全可以由新士绅承担起来，而且是以更为理性、更为建设性的方式承担。中国社会的转型，有赖于每个知识人的建设性参与，而不仅仅是批判。学术共同体、法律人共同体、出版人共同体、时评家共同体等领域的自治性社会的发育，本身就是社会转型的组织部分，又是更广泛的制度转型的推动力量。同时，学术、精神领域自治的发育，又是学术、文化、精神生长、繁荣的制度保障。而这些自治的发育，需要的是基于道德自觉的参与和坚守，而不是置身事外的批判。

八、君子式官员:以维护秩序为己任

在古典哲学时代,其实也就二百年前,哲学家们总是在提出了一套伦理学和法学理论之后,才讨论政治学。事情很简单:没有伦理学,政治学就没有意义。因为,没有伦理,也即没有"好"、"善"这样的价值准则,就没有真正的政治。不志于善的政治最多不过是伪装的政治,它是赤裸裸的暴力或者利益的统治而已。这样的统治不可能造福于被统治者,他们将丧失人的尊严。这样的统治也必然败坏统治者的心灵,让他们同样没有人的尊严。当代中国最严重的问题之一,就是政治伦理的普遍匮乏,官员们不知道自己的合宜的角色是什么。要走出目前的物质主义陷阱,就需要通过儒家教育养成官员之君子意识。

官员之物质主义迷信[①]

2010 年 9 月 10 日,宜黄县政府为新客运站建设进行强拆动员工作,两名被拆迁当事人自焚,致三人烧伤,其中一人死亡。在高层压力下,该县机关八名党政机关干部受到处理。10 月 10 日,县委书记邱建国、县长苏建国双双被免职。

---

① 本节原刊《东方早报》,2010 年 10 月 14 日。

自焚事件和官员处理，均引发舆论强烈反响。就在此风口浪尖上，宜黄县政府一位官员化名投书财新网，透视此一强拆自焚事件，从各个方面对强拆的必要性进行了论证——当然是站在政府官员的立场所进行的透视。

面对强制拆迁、面对扭曲的增长，人们常会对官员们产生一种道德义愤。实际上，除了利益考量之外，官员们的行动是由一种特定的价值和行为逻辑支持的。这位官员的文章即呈现了基层政府和官员关于增长、关于治理的基本理念。正是这种治理理念支撑着地方政府的所有行为，包括十分蛮横的强制拆迁。剖析这套价值、逻辑，有助于人们找到解决当下中国问题的方案。

这篇文章十分自豪地列举了宜黄县近年来取得的伟大"成就"。作者列举了GDP、财政收入、规模以上工业增加值、城镇固定资产投资等四项指标来说明，宜黄是中西部欠发达地区赶超沿海发达地区的一个成功样本。

作者的这种描述表明，发展经济确实是官员们的共同信仰。当这位官员作者列举本地成就的时候，选用的全部是经济增长指标。放眼全球，这样的政绩观是相当奇怪的，世界上没有哪个国家的各级官员会把经济增长当做最重要的政绩来炫耀，当然也没有哪个国家的官员会拿出主要精力来追求经济增长。

有选择就有所遗漏。作者的遗漏是引人注目的：作者没有提及民众的生活、就业，没有提及本地公共服务供应与分配情况，没有提及当地的社会治安状况、官员的廉洁状况。所有这些与民众日常生活密切相关的公共服务指标，作者都忽略了。有这样的遗漏也就可以推测，这些东西在官员心目中根本不重要。

非常有趣的是，作者把这一经济增长成就归于近几任县领导的"殚精竭虑"，尤其是县委书记的精明强干。虽然承认一些领导急功近利争政绩，但作者又强调，这种做法客观上促进了宜黄的大踏步发展。

当然,现实中不是"一些领导"争政绩,而是所有官员都在争政绩,这就是经济学界所说的"政府间竞争"。经济学家以此来解释过去十几年来的经济增长——其实,这种在上级面前围绕着政绩指标进行的竞争,不是十几年来的新鲜事:五十年代的"浮夸风",就是政府间竞争的产物。

此一为了政绩的竞争,确实可以推动地方官员滥用权力,以广泛而严重地侵害民众权利和利益的方式,追求最短时间内的政绩最大化。官员们为此不惜对民众使用强制措施。如果哪位官员运气不好,可能遭到处理。宜黄县官员就属于运气不好的。作者痛心地说,宜黄事件之后,县领导的主要精力用于处理善后和"灭火"工作,无法集中精力发展经济。宜黄已经出现了严重的公共管理危机,作者所关心的仍然是经济增长。由此可以看出,增长主义已经变成了官员群体的一种迷信,而且这种迷信根深蒂固。

增长主义迷信必然导致权力迷信。

作者已把当地经济增长归功于地方官员的"殚精竭虑"。在文章最后一部分,作者还从理论高度上对此问题进行了讨论。中国是后发型现代化国家,又要实现民族复兴、赶上西方发达国家,这就决定了"积极政府"是当代中国现实和必然的选择。而且事实已经证明,一以贯之地贯彻积极政府的理念,中国已经取得很大的成功,比如就出现了宜黄的"大发展"。

这是在重复一个历史神话。几乎所有历史学家都把作者所说的"积极政府"当成现代中国历史演进的必然——但其实,历史哪有什么必然性。事实上,在中国的政府最为"积极"的五十到七十年代,经济增长表现是东亚各经济体中最差的。正因为整个社会经济体系已经濒临崩溃,才有了八十年代以后的改革。而改革的基本取向就是"放权让利",也即,政府不再那么"积极",私人企业家获得更大发挥空间。这才是中国"奇迹"的基本动力。包括作者这样的官员、包括无数经济学家,甚至不能正确地解释自己亲身经历的历史。

基于上面的历史神话和意识形态,作者说,印度落后于中国就是因为印度政府不能像中国这样最大限度地调控经济和社会资源,包括征地。在这里,我们看到了增长主义迷信背后的物质主义国家哲学:人就是物质性存在,评价一个国家好坏的唯一尺度就是其经济增长成就,其他价值,比如社会自治、人的自由和基本权利得到保障、国民享有平等的民主参与权等,一点都不重要。

基于这样的价值观,作者得出了一个结论:印度政府的权力受到约束,固然最大限度地保护了个人权益,事实上却损害了绝大多数人的利益,最终个人的长远利益也受到损害。

这是人们十分熟悉的奇异的辩证法,是牺牲个人利益以实现集体利益、国家利益最大化的粗俗说法的翻版。在这一论说中,个人权益毫无道德和法律上的独立意义,而只是实现所谓"集体利益"的工具。至关重要的是,有些人虽然开口闭口集体利益,但何谓集体利益,却不由集体全体成员民主地共同决定,而由集体之上、甚至集体之外的极少数人决定。

于是,集体所有成员都被列入潜在的牺牲者的名单之中,而根据官员的需要,在适当的时机,被逐一牺牲。这样的集体利益也就成为他者的利益。今日中国各级"积极政府"透过牺牲个人利益,比如广泛的强制拆迁,即便真的在正常的企业家精神驱动的增长之外,实现了某种超常规增长成就,也是他者的增长。它不仅无助于民众利益,反而就是以牺牲民众利益为前提而获得的。

这位作者还在中国语境中论述了"积极政府"在经济增长过程中广泛使用强制性权力的必要性。作者说,经济增长是有成本的:要增长,就需要"搞城市建设";而这就需要进行拆迁;拆迁补偿标准太高,政府肯定吃不消。因此,政府就要使用暴力,进行强制拆迁,以控制补偿标准。

这就是增长主义的魔鬼之脚趾。我敢断言,这篇文章中的一句话,一定会成为年度经典话语:从某种程度上说,没有强拆就没有我国的城市化,没有城市化就没有一个"崭新的中国",是不是因此可以说没有强拆就没有"新中国"?作者在文章最后坚定地断言,只要地方要发展、只要城市化没有停止,强拆工作就依然要进行下去。

　　在作者看来,广泛地使用暴力可以控制经济增长的成本,从而保证经济的高速增长。在这里,官员们娴熟地进行着宏观层面的成本—收益计算。在经济学家提出的政府间竞争模型中,地方官员扮演着企业家的角色。不过,他们绝对是世界上最奇怪的企业家,因为他们掌握着不受控制的暴力。宜黄县委书记、县长一定可以算进行地方政府间竞争的官员的典型,而他们竞争的手段就是对民众使用暴力。

　　当然,按照官员们和经济学家的逻辑,几个农民自焚的"成本",简直可以忽略不计。地方经济的高速增长,可以实现"绝大多数人"的利益,这足以弥补极少数人自焚所带来的成本。甚至死者本人,也会因为经济增长,他的"长远利益"得到实现而在地下高兴。

　　作者还从另一个角度解读了强拆现象出现的原因,作者认为,面对政府征地、拆迁,农民是贪婪的,他们做梦都想依靠政府征地实现一夜暴富的梦想。因此,与农民平等地谈判根本不可能,政府只能强制。作者因此感叹,"严重的问题是教育农民"。

　　这位作者没有反思:自己所在的政府为什么这么傻,要让农民一夜暴富? 作者关于控制经济增长成本的论说表明了,政府本身就在通过强制拆迁赚钱。那么,为什么本属农民的土地,政府可以拿去赚钱,而农民就不能自己赚钱? 究竟是谁应当接受教育?

　　作者还说,官员们精心为公民打造设计的现代救济方式——法律武器,老百姓弃之如敝屣,仍习惯选择上访尤其是越级上访。

　　作者完全可以去问一下愤而自焚的钟家人或者当地法院,他们事前事后到本地法院起诉,法院是否受理? 或者钟家人到本县有关部门上访,会是什么结果?

　　由上面两个论述,我们看到官员心灵中有一种强烈的自恋症,看到了官民在社会基本现实问题上认知的巨大差异。这种差异恐怕是官民陷入对立状态的根源。而这种认知差异也是当代中国最为严重的社会问题的表征,这个问题就是因为有权、无权,因为贫富分化而造成的社会结构的断裂：官与民、富人与穷人，生活在两个完全不同的世界。

　　具体地说，官员们生活在自己的强大统治逻辑中，关注的是增长、发展等宏大目标。他们根本无意于理解、感受普通民众的生活与其尊严、权利和利益。事实上，普通民众就是官员实现自己和所谓集体目标的工具，是一种生产要素而已。这些官员也可能出身平民，但他们绝不可能以平等态度对待普通民众。在官员看来，征地、拆迁的时候，没有什么公平交易可言。政府给什么，民众就该服服帖帖地接受。如果拒绝，他们就把自己变成了政府的敌人，官员立刻可以动用暴力机器对付之。宜黄县委书记、县长就把钟家人当成敌人，这位作者也论证说，这些人贪婪而短视，他们妨碍官员们从事其伟大事业，当然只配得到暴力。

　　面对目前对宜黄官员的处理，这位作者显然觉得十分委屈。这种委屈感，来自多个方面。

　　首先是面对上级的委屈。作者指出，强拆是经济增长战略所必需的，上级领导也是靠着基层政府强拆而获得好看政绩的。强拆是功劳，为什么反而要遭到处理？强拆在全国普遍存在，为什么偏偏处理我们宜黄？

　　其次是面对法律的委屈。作者说，一切机械照搬法律会犯"本本主义"的错误。作者坦率指出"法律并非一用就灵"的一大原因：公共利益部门化、部门利益法律化，立法者脱离实际、脱离民众，等等。这样的法律根本无法执行，怎么能用这样的法律要求基层官员？

　　第三是面对媒体的委屈和怨恨。在作者看来，宜黄强拆、自焚之所以变成事件，完全是因为媒体小题大做，无中生有。在作者看来，实现经济高速增长合乎国家利益，某些民众权益遭受侵害是合理的代价，为什么要抱着苛刻的眼光来监督？

　　第四是面对网民的委屈。作者承认，收入差距、官民冲突让很多人或多或少对社会、对政府存在一些不满。网民们的这种情绪无处宣泄，只好宣泄到宜黄政府官员身上。

　　这些委屈感揭示了现有体制的巨大缺陷。基层官员之所以成为媒体、网民抨击的靶子,是因为目前的体制迫使他们不得不挖空心思追求政绩,而他们的权力恰恰又不受监督,可以对民众随意滥用。由此,忽视和侵害民众权益就成为一种政治习惯,并且也没有什么机制来防微杜渐、及时制止。他们习惯于我行我素。一旦高层施加巨大压力,他们遭遇惩罚,难免心中不服。

作者的委屈表明,基层官员隐约地认识到,他们自己也是制度的牺牲品。但这种委屈也表明,基层官员普遍缺乏基本政治伦理和政治反思能力。升迁的愿望太强烈了,增长迷信太根深蒂固了,敌我意识太强烈了,以至于他们把滥用权力、侵害民众权益等犯罪行为,当成追求国家富强的捷径。

这份文本揭示了政治体制改革的迫切性。只有进行深刻的政治体制变革,这份文本所揭示的官员的思维模式行动模式,才有可能被改变,政府与民众、权力与权利的关系才有可能恢复平衡,政府官员才有可能具备最基本的政治伦理。

回归孔子与斯密

权力集中一切资源追求经济高速增长的增长主义,在创造出壮观的经济增长业绩的同时,也制造着严重的经济、社会、政治乃至社会精神问题。近几年来公众普遍关注的权贵私有化、贫富分化持续扩大、暴力拆迁与征地、房价疯狂上涨等热点问题,无不导源于增长主义的意识形态与其政策组合。增长主义也广泛而严重地侵蚀着国民的精神,令国民普遍陷入焦虑、不安乃至怨恨的状态。

执政者倒是很早就意识到了增长主义的不可持续性,于 2005 年年初提出了"和谐社会"纲领。人们也曾热烈期待治国理念的根本转型,但过去几年,这一纲领似乎很少被人提及。增长主义依然凭其巨大惯性,支配着整个政府与社会。这样,前几年已暴露无遗的诸多经济、社会问题,几乎无一被有效解决,反而持续恶化。

　　动车组特大事故以及民众的强烈反响,大连民众为抗议 PX 项目而发动大规模游行示威,以一种令人惊心动魄的方式提醒人们,增长主义已经接近于它的极限,再也不能奉行鸵鸟政策了。面对今日诸多严重精神、社会、政治与经济问题,治国者必须坚决抛弃增长主义意识形态,改变一味追求和维持高增长的政策组合,转向治国的正道:以正义治国,以维护公道秩序为己任。

　　确立此一治国理念的关键是认识到:国家是一个命运共同体,它由各自具有不同信念、价值观的个体及其结成的团体构成,每个人以自己认为合理的方式与他人合作、交易,解决问题,追求幸福。这一点,也就确定了政府的正当职能。古往今来之圣贤、思想家与伟大政治家几乎一致坚持:治国者、政府的正当职能,是以公正的第三者身份执行法律,维持和平、公道的社会秩序。

　　圣人孔子早就指出了这一点,此即《论语·季氏篇》:"丘也闻,有国有家者,不患贫而患不均,不患寡而患不安。盖均无贫,和无寡,安无倾。"

　　八十年代知识人在反思集中计划体制弊端时,总爱搬出孔子这一句话,作为国人偏好平均主义的依据:"不患寡而患不均。"而且不幸的是,由于反对虚拟的平均主义,而走上了另外一个极端,也即信奉"效率优先,兼顾公平",也就走向了不顾其他社会价值的增长主义。

　　其实,孔子指出了一条中道,而这些批评者没有理解这一点。这里的"均",当然不是平均的意思,儒家始终强调君子、小人的社会分工,怎么可能主张平均主义? 其实,这段话清楚地表明了孔子所理想的治国之基本原则。

　　孔子所说的"均",按照孔安国的解释,是"政理均平"的意思。[1] 朱子注四书则解释"均"意为"各得其分"[2]。这个意思十分接近西人对"正义"

---

① 《论语注疏》,卷十六,季氏第十六。

② 《论语集注》,季氏第十六。

的经典解释,查士丁尼的《法学总论》第一句话说:"正义是给予每个人他应得的部分的坚定而恒久的愿望。"①而只有政府的制度比较公正,民众才有可能"各得其分"。

"寡"是指土地、人口数量之寡少。春秋时代人口稀少,人力资源最为珍贵,贵族们竞相吸引人民。孔子的意思说,土地、人口寡少并不要紧,关键是国家安宁,人民具有安全感,相安无事。

由此可以看出,孔子提出的治国原则,既不是平均主义,也不是效率优先,而是"均平主义"。它的意思是,政府必须建立合理的制度,并公平地执行法律。政府应当把主要精力用于维护正义,这就是政府的关键性正当职能所在。如朱子所说,政府唯一要做的事情让每个人在经济活动、社会活动中"各得其分"。这样,财富的初次分配大体就比较均平,社会就比较安宁。如果不能做到人们各得其分,那么即便财富迅速增加,但分配严重不公,贫富差距过大,尤其是存在一个赤贫阶层,这个社会迟早将陷入动荡。

孔子所论述者乃是古典国家的职能。当然,到今天,政府必须承担大量公共品供应、因而需要充沛税源,政府不能不关心财富的生产活动。重商主义的兴起有其一定的逻辑依据。但到了这个时代,治国者越发需要审慎明智,拒绝经济的诱惑,决不能听任政府之商业化。

亚当·斯密写作《国富论》的一个重要目的是把政府从商人变回政府。斯密集中批评之对象是重商主义体系,这个经济学体系就是一种物质主义的经济学体系,它指导君主为了积累国家财富而对工商业进行控制、管制。斯密提出的政治经济学体系则是反物质主义的。在第四卷《论政治经济学之诸体系》卷首写道:"被当做国务活动家或立法者之科学之一分支的政治经济学,为两个不同的目标而运思:第一,为人们提供丰厚的收入或必需品,或者更准确地说,让他们能够自己向自己提供那样的收入或必需品;其次,向国家或共同体提供足供公共服务之需的收入。政治经济学为使人民

---

① ［古罗马］查士丁尼著:《法学总论》,张企泰译,商务印书馆 1997 年版,第 5 页。

和国家同时富裕而运思。"①

　　也就是说,治国者也是需要关注经济,因而需要经济学的,但治国者所需要者乃是政治经济学。这门经济学确实关注"国民财富之性质和源泉",但斯密告诉治国者:创造财富是国民的事情,让他们自己向自己提供收入或必需品。因而,斯密眼里的政府三大职能,不包括资源之直接占有与财富之直接创造,仅限于提供公共品,维持秩序。

　　换言之,斯密所设想的作为治国者之科学的政治经济学,与财富无关,而与秩序有关,与正义有关,它是一种秩序或正义的科学。它讨论的主题是:政府如何维系社会创造财富的秩序,此秩序本身是国民基于分散的知识自发地合作、交换而形成的。

　　因此,斯密在《国富论》中明确提出,政府不能成为商人。他曾说过:"论气质之不相容,无过于商人与君主。"②商人可以以最大化收益、最大化财富作为自己人生目标,按照斯密的说法,在恰当的制度框架下,商人的这种努力将有助于公共利益。然而,政府如果也以最大化即时的收益和最大化资源占有、财富积累为目标,则必然使整个经济体系扭曲。或者是政府既为裁判员又为运动员,而置非政府的商人以不利位置;或者是政府给予某些商人以特权,让其他商人处于不利位置;或者是政府让投资者、经营者作为一个整体处于特权地位,而令其他社会群体如劳工、消费者处于不利地位。简而言之,一个按照经济的逻辑行动的政府,必然让自己成为特殊利益群体,进而在社会不同群体之间制造权利的不平等。当代中国社会在经济高速发展之后却面临种种问题,即是因为这种不平等。

　　或许有人以为,这样的政府未免过于消极,恐不适合于中国这样的后发国家实现赶超式现代化的需要。这种看法似是而非。财富是由企业家,

---

① Adam Smith. *An Inquiry into the Nature and Causes of the Wealth of Nations*. edited with an Introduction. Notes, Marginal Summary and an Enlarged Index by Edwin Cannan. Liberty Classics, 1981, vol. 1, p. 428.

② *An Inquiry into the Nature and Causes of the Wealth of Nations* , vol. 2, p. 819.

或者说是由每个人身上的企业家精神创造出来的。只要政府维持了人人平等、和平交易的社会秩序，人的企业家精神得以释放，经济自可实现增长，社会自可创造出财富。

而且，在此一正义制度约束下，财富在不同群体、个体中间的配置将自然地较为均平。在这样的一次分配基础上，政府只需进行最低限度的再分配，即可造成一种均富的社会格局，从而维持共同体的凝聚力。至关重要的是，惟有正义的政府才有可能进行相对公平的第二次分配。

反过来，增长主义政策组合的致命缺陷在于，政府偏离了自己的正当本性，成为逐"利"的公司。这样的政府必然忽略其基本职能：正义地维持秩序。甚至更糟糕，增长主义意识形态支配的政府在很多时候反而是正常社会合作、交易秩序的破坏者，社会健全精神秩序的侵蚀者。比如，政府以强力征地、拆迁，引发与民众的大量冲突；政府人为操纵地价、房价疯狂上涨，引发全社会的房产崇拜与精神焦虑症。这样的政府进行的再分配，也必会出现收入较高者福利收益也较多的"逆向再分配"现象。

中国要实现现代化、构建现代国家，甚至只是为了维持正常社会秩序，都需要回归孔子、斯密的智慧。增长主义特别容易在官员、在专家那里诱发一种总量谬误：把 GDP 总量当成唯一重要的目标来追求。但在很多时候，总量会掩盖结构的失衡与秩序的扭曲。孔子和斯密要求治国者把关注点从经济总量转向经济社会的过程、结构，也即转向透过实施正义来维护公道的社会秩序。有此秩序，就有一切。无此秩序，一切华丽都是浮云。

要让政府官员以维护秩序为己任，恐怕需要对官员进行必要的儒家教育。孔子说"君子喻于义"，这里的君子就是治理者；《大学》说："国不以利为利，以义为利。"这是儒家之核心理念。这个理念确实十分古老，但也十分现代。让官员接受必要的儒家教育，可以将儒家的这些理念灌注给官员，有助于官员走出物质主义迷信，走出商人角色意识，而以君子自我期许。由此，官员将能明白政治伦理，清楚自己行为之界限。

九、商人的君子化之道

过去三十多年，中国社会结构发生了巨大变化，其中最为引人注目的是出现了一个庞大的企业家群体。大约从二十世纪九十年代中期开始，挤入这个群体就成为国人心目中人生成功的标杆。但差不多也是从那个时候开始，这个群体就陷入了角色混乱与精神困顿之中。他们财富增长的速度固然很快，但他们社会形象下滑的速度更快。他们还有可能自我构建为社会领导者吗？

众所周知，在大众媒体上，在公众心目中，商人的形象毁誉参半。其中的原因当然很容易理解，渐进改革意味着权力之手始终控制着最重要的资源，而导致商人不得不攀附权力。因而，不少商人也确实活动于灰色地带。民众对于官与商的勾结十分反感。而这在给企业带来异乎寻常的成功之外，也给商人带来了灾难：中国商人的犯罪比例，也许是世界上最高的。经济在快速增长，而企业家却一个接一个地进了监狱。

对于商人群体自己来说，这是一个悲剧；对于中国社会的转轨来说，这同样是一个悲剧。近代自由社会之建立，商人阶层居功至伟。但是，中国的商人阶层有没有资格承担这样的历史性使命？

显然，为了自救，也为了承担其使命，商人群体需要一场道德自觉，养成自己为君子式商人，也即新式绅商。

企业家群体的成长与失败

在古代中国社会,工商业阶层始终居于非常重要的地位。汉初的工商业者拥有巨大影响力。宋明以降,工商业者的地位再度上升,与享有道德和知识领导权的士大夫阶层共同领导社会治理,大量公共事业是由士、商合作组织供应的。

十九世纪后期始,伴随着现代公司形态引进,在追求富强的理想的激励下,士、商两个群体更是相互融合,形成了一个"绅商"阶层。清末立宪运动的主要力量——立宪派——之社会基础就是绅商。也正是在绅商推动下,中国人在一百年前建立了宪政的共和国。这是企业家群体在中国历史上最为辉煌的时刻。

不幸,此后的中国时运不济,跌入不断强化的激进革命漩涡之中。这一系列激进革命让绅商在社会治理舞台上逐渐边缘化,本来处于社会结构边缘的落魄文人反而进入社会治理的中心场域。边缘人群控制了权力之后,系统而有计划地消灭了绅商群体。

这样,五十年代之后,至少有三十年时间,大陆再无企业家。这期间确实存在很多工厂,但这些工厂全部由党政官员管理。不能说这些管理者没有企业家精神,但他们确实不是企业家。他们生活于"干部"的激励约束机制中,他们就是干部。直到今天,国有企业管理层的身份依然大体如故。

没有企业家的经济体注定了是无法正常运转的。这个体制从一建立起,就不得不进行改革,放松控制。中国民众本来就具有强大的企业家精神,并在顽强地寻找表现自我的机会。到七十年代末,被体制压制、剥夺了机会而具有企业家精神的人们,趁着意识形态松动的机会,突破了体制的约束。时隔三十年之后,他们创办了中国第一批真正的企业,基于分立的产权的企业。

这是过去三十年间的第一批企业家。他们多来自旧体制的边缘,如农民、城镇无业人员。他们从事的是经济计划者眼里不甚重要的产业，比如农副产品生产、加工，轻工业，小型商业等。按照当时主流的意识形态，这些企业家属于异己分子，官府不可能与他们建立密切关系，他们自己也不敢抱这样的希望。

第二批商人是八十年代中期到九十年代中期从国家控制体系中流动出来的，包括乡镇企业家，从机关、科研机构下海的商人。他们与官府有着较为密切的关系。随后，成长起了第三批以知识起家的商人，他们深深地介入全球化过程中。

这三类商人同时活跃在当代中国的商业舞台上。随着其规模扩张，原来由国家借助权力来安排的经济活动，逐渐由私人企业家接管，私人企业家成为社会财富的主要创造者。大量人口的生计从依赖国家转向依赖私人企业，也就是依赖私人企业家，后者对社会的其他领域也就开始具有较大影响力。

但是，这个商人群体与当代中国社会的其他精英群体一样，远不够成熟。企业家的精神始终不够健全。

所有这些私人企业家都是在国家控制体系松动的缝隙中发育出来的。但旧体制的控制虽然松动，却仍然存在。即便到了今天，在法律上、在政策上、在政治上，私人企业与国有企业并不平等，私人企业依然低人一等。因此，自卑心理已深深印刻在企业家群体心底，他们也始终无法获得可靠的安全感、稳定感。这两种心理对企业家群体的精神状态和行为方式具有重大影响。

比如，不安全感会让企业家的行为短期化。其中一种反应就是用金钱购买特权。官府依然垄断着经济活动所必需的最为重要的资源，如信贷资金、土地以及市场准入。面对这种约束，企业家群体可以有两种策略选择：第一种是集体寻求改变制度，第二种则是个别地购买特权。因为缺乏长远预期，中国企业家不约而同地选择了第二种策略，以各种形式贿买官员。商人由此获得的并不是所有人可以普遍享有的权利，而是贿买者自己独享的特权。

　　企业家很快会尝到了这个贿买体系的甜头：特权可以为个别企业家带来垄断利润。为了保有这种利润，商人继续向政府投资。这样，官商合谋、勾结，也就逐渐演变成为一种制度，此即中国模式的支撑性制度。可以这样说，成功地做大了的私人企业，无一不是官商合作的产物。至于企业家为此支付的贿买资金，他们自己心里都清楚——公众也都清楚。

　　到二十一世纪初，中国的企业家群体，尤其是台面上那些企业家们，完成了官商共谋网络的构造，以房地产行业最为典型。毫不奇怪，也正是从这个时候开始，公众对市场化开始产生怀疑，原来环绕在私人企业家头上的光环黯然失色，"原罪"的追问声渐起。

　　行为短期化也助长了企业家群体的物质主义。二十世纪中国的主流价值是物质主义，只不过，在不同时代呈现为不同形态。对当代企业家影响最大的是九十年代以来流行的主流经济学。它把"经济人"追求自身福利最大化的学理假设，当成唯一普遍的伦理准则向全社会贩卖。企业家有地利之便，最为系统地接受了这种物质主义伦理学。他们狂热地追求金钱，追求金钱带给肉体的享乐，进而否认金钱之外的一切价值。

　　在这种哲学支配下，企业家很容易堕落为眼里根本没有他人的利己主义者。因此，在诞生三十年之后，这个企业家群体几乎没有发展出什么像样的商业伦理。企业家们最多只是充当青年学生的成功学导师，而不能传授商业伦理。在不少行业，企业家们展开了一场奔向底线的竞赛，乳制品行业当属典型。中国的企业家们用二十年时间构造了全球最大的相互伤害的经济社会体系。

　　到头来当然也会伤害自己。官商共谋与商业伦理匮乏，让中国企业家群体成为这个社会中最成功的一群人，他们很有钱。但另一方面，他们也是这个社会最失败的一群人，他们最没有安全感。官府可以与他们共谋，但在官府眼里，他们永远是从属者。政策可以随时地揉搓他们，而因为有太多的把柄拿在官府手里，对官府带来的伤害，他们只能忍气吞声。至于公众,对他们只有怀疑甚至仇视,当他们遭受不公道政策伤害的时候,公众都高声叫好。比如,在国进民退的浪潮中,山西省强行关闭私人煤矿,受害的温州企业家们没有得到多少同情。企业家群体的这种社会形象与中产阶级、与弱势群体相比,确实非常失败。

从精神上立起来,成为君子

企业家群体的这种失败,当然有制度的因素。但是,把失败全部归咎于制度,就是推卸责任。归根到底,制度是由人构建出来,不管是好制度还是坏制度。而人是用他们的精神构造制度的,败坏的精神将维系败坏的制度,向上的精神则会改造恶劣的制度。

回过头来看,私人经济部门的出现,本身就是大量普通企业家精神自觉的产物。他们身上还有中国人刚健质朴的气质,面对不合理的制度,依据自然法主张和行使自己的权利,终于迫使政府废除了许多不合理的法律、政策,确立了承认私人产权和经营自由的制度。我把这样的企业家称为"立法企业家"。作为一种制度框架的市场的构建者正是他们,而不是其他人。

但是,到九十年代之后,随着企业家群体的代际更替,随着官府逐渐承认私人企业制度,企业家群体身上那种刚健质朴的精神反而淡化。随着官商共谋体制的建立,企业家群体的精神则迅速猥鄙化。

这也许并不奇怪。最早的私人企业家需要冒极大风险,只有那些精神足够坚强的人,才敢于创办私人企业。因此,他们的经营活动就不纯粹为了利益,而是带有某种程度的精神意义。创办企业乃是个人追求自由、寻求自己支配自己命运的一种外在表现。

到九十年代中期后,物质主义迅速蔓延,企业家所追求的目标就是金钱。他们的眼里只有看得见的物质性收益。由此,他们的活动就丧失了精神意义,而在反精神、无精神的歧路上狂奔。体制让他们购买本属于自己的权利,他们乐此不疲地购买,并且每一个有权购买者都在顾盼自雄,因为现在他们成了特权者。由此,他们充当着旧体制的维护者,尽管这个体制在大规模地侵害自己的同伴。在此过程中,他们作为一个人的正常的是非感迅速流失。

当然,并不是所有企业家都卷入了这样一场堕落竞赛中。

有大量企业家,自始即有意地拒绝权力的腐化,把自己当成一个完整的人,按照中国人做人的基本规范从事经营、组织企业。在积累了财富之后,也积极地对乡里承担责任。

另有一些企业家,虽然可能身陷官商共谋体制之中,但良知未泯。借助这样那样的机缘,比如,经历一次意外的打击,他们产生了精神觉醒。由此,他们的思维方式和行为模式发生改变。

也就是说,在当代中国企业家群体中,已经有了一些绅士。他们就是绅商传统在当代的再生。当然,这个绅商群体的规模还很小,在整体企业家中所占比例太低。他们的公共伦理意识也不是十分强烈而自觉,他们发挥作用的渠道还非常狭窄,因而似乎也不足以力挽整个商人群体腐败堕落之狂澜。

这样,企业家群体作为一个整体是令人失望的。本来,企业家在任何一个正常国家的社会治理体系中,都是最为重要的治理者。他们本来应当是社会的领导者。而在中国,整个企业家群体成了最大的“搭便车”群体。他们掌握着大量资源,在得意的时候,与官府共谋掠夺弱势群体。在自己遭受不公正待遇的时候,则无所作为,等待别人拯救自己。

那么,企业家群体有没有可能成为自己的拯救者,进而充当社会的领导者?当然有这个可能,而这种可能性,惟有通过企业家自身在精神上的“立”,方可敞开。而“立”的前提是价值的自觉。就事物的性质而言,物质是下坠的,精神才是向上的。企业家要“立”起来,就必须意识到,在物质之外,还有精神的存在,进而意识到,精神对于人的存在,才是决定性的。

但当然,这样的自觉对于任何人来说都有很大难度,尤其是当意识已经沉沦之后。这个时候,需要的是当头棒喝,惟有传统的宗教和准宗教体系能够具备这样的功能。

也就是说,中国企业家在精神上"立"起来的程度,取决于中国的文化重建的进度。过去十年,已经有一些企业家对佛教、对儒家及其他宗教产生兴趣。他们试图在金钱之外,为自己的人生、为企业的存在寻找另外一重意义。他们确有所得。

从八十年代以来全球出现了明显的宗教复兴趋势,中国同样如此。以基督教为例,专家的研究表明,近十几年来已经出现了两个新基督徒群体:在某些地区由私人企业主及经理等组成的"老板基督徒";另一个群体是大城市的白领教徒,包括教师、大学生、医生、律师、艺人,等等。老板教徒支持建立了一座座教堂,利用其雄厚的财力支撑教会开展慈善事业。很多商人信奉佛教、道教。也有企业家积极支持儒家复兴。

商人能否促成中国大规模宗教复兴运动?韦伯和托尼都讨论了宗教与资本主义的关系。他们所讨论的问题是,宗教观念的改革是如何让商人的活动和价值得到社会认可,从而释放出资本主义精神。我们在这里提出的则是一个反命题:以私人企业为主的自由市场的发育,能否推进宗教之传播?

商人回向宗教,除了解决其私人的生命困惑之外,也具有积极的社会意义。信仰已经使他们开始摆脱物质主义,而内心有所约束。有实证研究显示:这些信教的商人不论在哪里,都比较讲究商业道德,不造假、不走私,讲究信誉,价格合理,因而顾客往往喜欢买他们的商品。

由此,我们或许可以乐观地说,一个良性循环似乎已经形成,虽然还有点微弱。中国的文化重建似乎已经上路,一些企业家受到了一定影响,而抛弃了这个时代甚嚣尘上的物质主义,进而从利己主义的牢笼中走出。由此,他们开始关注企业员工之疾苦,关注同行的喜怒哀乐,关注消费者的反应,关注弱势者的苦难,也关注社会秩序的好坏。反过来,他们利用自己的资源,推动了文化重建。这样的文化重建将教化更多企业家,引领他们"成己而又成人",成为儒家所谓的"大人",即"君子"。

假如企业家群体中有更多这样的君子,有更多绅商,那么,中国的商业秩序就必然会逐渐改观,商人群体将会更有效地承担起自己的公共责任。这不仅可以实现商人群体和商业秩序的自我拯救,更能推动中国社会的整体秩序趋向良性。

君子式商人之功能

在社会治理之所有领域方面,商人都可以发挥重大作用。商人掌握着巨大的社会资源。社会主要的物质资源掌握在商人群体手中。商人能够贡献给社会建设的最重要资源,当然首先是物质资源。其次,则是其人力资源,其企业家才能,组织、创新、领导的技艺。这一点常常被人忽视。社会事务需要组织,人被组织起来才构成社会。组织的才能作为一种实践技艺,乃是社会最为珍贵的稀缺资源。商人通过其企业管理活动、通过其广泛的交易活动,习得了这样的技艺。凭借这些技艺,商人可以在社会之组织化过程中发挥极端重要的作用。

首先,君子式商人必然在商业领域实行自治。这样的自治有助于维护商业秩序,而这样的秩序乃是社会秩序中之至关重要者。这种商人自治可以承担起自愿性监管的功能。监管可以区分为强制性监管与自愿性监管,强制性监管是政府进行的,包括行政监管、司法监管。自愿性监管可以包括社会舆论监管,独立的第三方监管,比如信用评级公司、质量认证制度、消费者协会,但其中最为重要的,还是同业公会、商会的自我监管,包括质量认证、资格认证、内部处罚,等等。这是一种在场的监管,比起强制性监管来,效果可能更为明显。

其次,君子式商人必然承担社会责任,即建立社会分享机制。

任何一个社会内部,都会存在分层现象。比如,按照占有财富的多寡,个人分属于富裕群体、中产阶级和贫困群体;按照占有权力的多寡可划分为强势群体和弱势群体；按照占有知识的多寡可分出知识精英和一般大众；在二元经济体制下，也有城市与乡村之分。不过，由于权力深深地介入市场、学术等领域，当代中国优势群体与劣势群体之间的分野大约是最深刻的，甚至陷入一种对抗状态。尤其是近几年来出现了精英的寡头化和与之相应的大众的民粹化，优势群体自私、骄横、冷酷，劣势群体则不满、愤怒、怨恨，时刻准备看精英们的笑话。

社会欲实现和谐，就需要各个群体相互调适。为此，不管是优势群体还是劣势群体，都需要节制自己的本能、激情，前者需要节制其骄横，后者需要节制其怨恨。优势群体既然居于优势，自然需要承担更大责任，此种责任包括构建财富、知识等资源的社会分享机制。

在这方面，中国有优良的传统。在古代社会，士大夫与富商合作建立了很多社会分享机制，包括提供道路、教育等公共品、建立社会救助体系等。商人是民间慈善和公益机构最主要的资助者。到现代，商会的作用更为重要。比如，各地商会与政府及其他团体合作，在灾后实施一系列赈济措施，从临时救灾抢险、散衣散粮，到灾后的粮食调运和平粜、教以工艺等，这些举措在一定程度上缓解了灾民的生存压力，有助于灾民恢复生产。

当然，这一传统后来中断了，甚至商人都不存在了。八十年代以来，商人群体再度兴起，并逐渐成为中国社会最为重要的群体。但是，这个群体并没有安全感。获得安全感的唯一办法是商人实现自我转型，提升自己为君子。这种提升也要让全社会看得见，重建社会分享机制就是一条重要途径。

商人可以自行或者与社会其他群体合作，建立起一套民间的公共品供应体系，比如民间公益性教育体系、文化艺术体系、灾难救助体系、扶贫帮贫体系。通过这些活动，商人自愿地运用自己的知识和财富帮助其他群体。这种由社会进行的知识与财富的自发再分配，自然有助于各个群体间的和谐。在这里，非常重要的是，企业家需要具备一种君子的角色意识。

最后，君子式商人必然参与更大范围的社会自治。在这方面，中国商人也有悠久而优良的传统。明清时代各地形成诸多工商业市镇，由于政府的管制权力并不下县，因而这些市镇基本上是由商人自我管理的。到十九、二十世纪之交，现代工商业带动现代城市兴起，其管理模式仍然大体上是商人自治，有些地方甚至出现了商人政府。商会在城市基础设施建设、环境污染治理、公共卫生防疫体系建立、道路交通整顿等方面发挥了不可替代的作用。

今天，商人需要恢复这一传统。当然，恢复这一传统，会面临很多阻力。恰恰是这些阻力，让商人成为君子变得十分必要。商人一定"喻于利"，基于看得见的成本—收益计算作出决策；君子却"喻于义"，他关心的是事务之合宜性，只要是合宜的，他就会去做，"见义不为，无勇也"①。惟有当商人提升为君子，商人才有可能从事公共事业，而与其他社会群体建立良性关系。

商人之行业自治，商人建立财富分享机制，都需要商人超越商人，而提升自己为君子。在这样一个转型时代，商人自身的角色意识并不明确，整个社会对商人也有很多误解。要改善自己的形象，商人需要提升为君子。商人的活动触及社会各方面的制度，他们对这些制度之不合理当深有感触，而普遍地有变革之意，人们也有理由期待商人更为有力地推动制度的良性变迁。然而，商人若欲承担起这个历史性使命，就必须自我提升为君子。

因此可以说，中国整体社会秩序之良窳，在相当大的程度上取决于商人群体——起码是其中的精英——向君子提升的完成程度。

---

① 《论语·为政篇》。

十、寻找君子式法律人之典范

所有行业中,君子之最为接近的现实存在形态,当为法律人。因为,一方面,"国不以义为利,以利为利",而法律的基本功能就是界定具体情景中人、事之义,也即合宜之行为规范。另一方面,"君子喻于义",只有超越于利益计算的君子,才明白义之所在,才能够在具体情景中辨识行为之合宜与否。因此,法律人必须是君子,才能够承担社会所期待于他们的角色:这也就构成了法律人之大义所在。应该说,在二十世纪上半叶,中国已经初步形成了这么一个君子式法律人群体,他们就是今天法律人君子化所当学习之典范。

法律人的历史性败绩[①]

自十九世纪末开始,中国人产生了建立现代国家的意愿,此一努力贯穿于整个二十世纪。揆之以各国经验,现代立国涉及立教、立法、立宪三个相互关联的方面,这里的立法,是指选择、构造一种生成法律规则的机制,以此生成一套足以支持现代大社会、大市场发育的法律规则体系。陈夏红

---

① 这是为《法意阑珊处——20 世纪中国法律人自述》(陈夏红编,清华大学出版社 2009 年版)所写的书评,刊于 2009 年 7 月 28 日之《中国图书商报》。

先生编辑的《法意阑珊处——20世纪中国法律人自述》(清华大学出版社,2009年版)一书,为了解现代中国完成此一事业的得失成败,提供了一个极为有益的文本。

英国法律家约翰·福蒂斯丘爵士曾把一个国家比作人的身体,法律是这身体上的"筋脉"①。正是依靠法律,一群人才被联结成"国民",成为一个有机的共同体。而这,正是现代国家赖以形成的基础所在。因此,所有现代国家的建立,都不能绕过立法这一环节。构造普遍而平等地适用于境内所有人的法律与司法制度之成败,关乎立国事业之成败。

这种立法事业的成败,取决于多种因素。概括而言,不出两端:政治环境与法律人(lawyers)的努力。建立法律与司法制度,从根本上说是立宪范畴内的事情。只是,承担这项任务的政治与社会精英们,在很多时候未必能对建立法律制度有正确的知识,即便有正确的知识,也未必有做正确事情的勇气和决心。但是,既然法律人以法律为业,则推动社会、政府建立优良的法律与司法制度,并通过学术、司法、立法等渠道为国民制定合适的法律规则体系,乃是法律人当仁不让的事情。于是,一个处于立国进程中的国家,能否建立起优良的法律与司法制度,能否形成一套合理的法律规则体系,就在相当程度上取决于法律人共同体的自觉与努力。

历史不吝于表彰这样的法律人共同体。在英格兰,普通法法律家曾经在君主专制主义大行其道的十七世纪前后,主张法律高于国王。这一诉求为宪政主义运动提供了坚实的理论依据。同样是靠着法律人共同体的维持,在国王被砍头、政府似乎停转之后,法律却依然如故,威斯敏斯特大厅之门仍对民众开放,马修·黑尔大法官依然庄严地审理着各种案件。德国、日本都经历法西斯独裁之祸,并被他国占领,但两国在此前所制定的民法典却维持不坠,政制移易而法统不变,人民的基本生活也就维持不变。

---

① Sir John Fortescue. *On the Laws and Governance of England*. edited by Shelly Lockwood, 影印本,中国政法大学出版社2003年版,第21页。

德国法律学术界在十九世纪作出的巨大知识与政治努力,由此被证明没有白费。

《法意阑珊处》为我们展示了二十世纪中国法律人为现代中国立法事业做了哪些贡献。这本书共收录了十六位现代中国法律人的自传性文字。如许章润教授在《序言》中所说,这些法律人从年龄上可约略划分为三代:张君劢先生为第一代,他生于 1887 年,受教育于清末。江平、陆锦碧二先生为第三代,生于二十世纪三十年代前后,他们接受的是苏联法体系教育。其余先生均可归入第二代,如吴经熊、萧公权、钱端升、龚祥瑞、周枏等先生,他们均生于十九、二十世纪之交,普遍在国内已经成熟的现代大学接受本科教育,然后到欧美深造法律。

以经历而论,第三代的江平、陆锦碧二先生活动于二十世纪五十年代之后的大陆,第一、二代人则横跨两个时代,张君劢先生甚至横跨三个时代。在二十世纪前半期,这两代人均十分活跃,并在各自领域取得引人注目的成就。张君劢、吴经熊先生长期参与制定宪法的活动,当今台湾通行之"宪法",即先由吴经熊先生起草,即"五五宪草",后张君劢先生以此为底本、大加修改而定稿。萧公权、瞿同祖、吴经熊、钱端升等先生在法律学术领域已卓然有成,创造了各自领域的学术范式。吴经熊、倪征𣃁先生作为法官,其公正明断曾深获中外各界敬重。王造时先生作为律师为"七君子"辩护,也曾经名满天下。

通观这十几位先生的经历就可以发现,二十世纪前半期,中国已经大体形成了一个法律人共同体,它由法官、律师、法律学者共同组成,有时甚至包括一些立法部门的政治人物。正因为存在这样一个法律人共同体,现代中国的立法事业得以在政局变幻中保持相当连续性。比如,清末诸多法典草案,民国之后被接过来继续补充,最终完成;清末建立的司法体系也大体保持不变,进入民国后曾长期以清末所定之大理院作为最高司法机关的官称,司法人员也一直被称为"推事"。北洋政府与南京国民政府的立法活动、司法体系同样保持着连续性。个中原因就在于,为这些立法、司法活动提供知识支持的是同一个法律人共同体。

现代国家的立法事业不是一蹴即就的,连续性是立法事业成功的基本前提。正是这种连续性,造就了现代中国法律建设史上可称得上伟大的成就。经历三四十年大约两代法律人的努力,中国基本形成了大体完整的法律体系(即"六法"体系)。由部分地继承了儒家士绅传统的法官、律师所组成的司法体系,在大体正常地运作。法律学术研究积累了一定的传统,像萧公权、瞿同祖等先生的著作都已可与欧美主流学术圈平等对话。

五十年代之后,这一图景被颠覆,这一点从法律人的自述中可以清晰地看出。其中一部分人流落异域,如张君劢、萧公权诸先生。但他们在学术上仍有进展,如张君劢先生完成巨著《新儒家思想史》,萧公权先生完成关于康有为的研究。大部分法律人则留在了大陆,但大陆的法律、司法已被政治革了命。1952年院校合并,大学的政治、法律系被普遍取消,司法实践也已面目全非。法律人丧失制度依托,法律人共同体完全解体。荒废三十载,到八十年代,这些曾经创造和丰富过一个伟大传统的法律人,只能如龚祥瑞先生所说,"人到古稀温旧梦"了。

这是中国建立现代国家历程中之大不幸。所幸,他们把曾经存在过的一个法律与法学传统部分地传给了下一代人,这些人目前正活跃于司法与法学界,但这只是部分的、残缺的。长期政治压力已在相当程度上改变了曾经具有学术自信的法律人的信念,在其自述性文字可以看到很多自我批判式表态。这些表态也许只是应景文字,但长期弄假也可成真。他们中很多人对自己创造、经历的那个传统作了劣质化处理,而后将其传之今人。或者可以说,当下大陆法律人共同体的发育,不仅后天失调,更兼以先天不足——有没有这个共同体,似乎也是个问题。

于是,面对这些令人同情的前辈法律人,笔者忍不住提出这么一个疑问:他们自身当年对法律、对法治的信仰,究竟有多深?他们是否已经早早地就在自己的信念中掺了杂质,从而为后来整个社会法律信念的土崩瓦解开掘了一条缝隙?假如他们曾经坚守法律的信念,他们自己的命运是否不会那么悲惨？我承认，这样的疑问有点苛酷。一直有人在唠叨，没有人可以对抗历史的必然性。问题是：历史是什么？历史难道不是人的行动、因而也是人的信念的结果吗？从根本上说，一个国家的法律是由它的法律人书写的法律人的信念、心智决定着一个国家法律的品质。

所幸，随着学术的开放，那个持续了一个世纪的法律、司法与法学传统，现在已经不难被人们了解、把握。由于刻意的抑制，由于偏见，这个传统曾经被长期遮蔽。不过，近十几年来，这本书所列之张君劢、吴经熊、萧公权、陈顾远、瞿同祖等先生的卓越著述，尤其是其背后的自由精神、明智判断，已渐为当代大陆法律人熟悉。凡是接触过这个传统的人们都会惊讶地发现，原来作为一个政治与文化共同体的中国，也是有一个伟大的现代法律传统的。

中国现代立法大业之成败，在相当程度上依赖于今天这几代法律人能否清晰地认知这个伟大的传统，面向它，自觉地与之接续，然后丰富它、发展它。这是对历史负责的方案，其实也是构建中国之现代法学和法律体系的省事办法。

悲剧可以有另一种讲法[①]

二十世纪发生了很多故事。陈夏红博士把目光集中于二十世纪的法律人，透过一个个看似零碎的人和事，探究法律人和他们的立法事业在二十世纪所经历的风风雨雨。

这本书的副标题是《你可能不知道的人与事》。的确，书中有不少人物，在五十年代之后，消匿于各种运动之中，并且在常识性的历史叙事中被完全忽视了。那些在二十世纪上半叶意气风发的人物，比如钱端升，杨兆

---

① 这是为《政法往事：你可能不知道的人和事》（陈夏红著，北京大学出版社 2011 年版）所写的书评，原刊 2011 年 2 月 26 日之《新京报》。

龙等,甚至曹汝霖等,个个落得个悲惨的下场。也因此,全书文字贯穿着一种悲情、一种怅惘。

过去十几年来,这样的情绪弥漫于诸多描述民国知识分子境遇的著述中,也许可以称之为"民国怀旧情绪"。当然,怀旧大约是只有人类才具有的一种最为美好的情愫。通过怀旧,人们重新发现自我,这个自我,在时间冲刷之后,显得更为纯粹。包括法律人在内二十世纪中国各个领域精英之遭遇,的确非常富于戏剧性和悲剧性,这当然也就构成了怀旧性历史叙述最为合适的主题。

不过,用悲情来描述悲剧,只是悲剧的一种写法。在古希腊或者莎士比亚的悲剧中,主角经常是英雄。悲剧的一般框架是,英雄在命运的支配下,走向了毁灭或者死亡。在二十世纪,确实有一种命运把所有人绞碎,不管他们当初追求什么或者幻想什么。对于诗人们或者具有诗人气质的史家来说,这个主题具有巨大的吸引力。

但其实,这样的悲剧还可以有另外一种写法。

如果有一些东西是伟大的,对于人类的美好生活而言是不可或缺的,那么,只要它出现了,它就具有了永恒性,任何力量都不能彻底地摧毁它。商业界有这样一个说法:即便可口可乐公司的全部工厂被烧毁,包括它的那个被传得神乎其神的绝密配方被烧毁,也不会妨碍它是一家伟大的公司。它在第二天、第二年依然可以恢复自己的市场。

同样的道理,二十世纪上半叶法律人曾经所从事的工作,假如它确实是伟大的,那么,他们曾经构筑的大厦就不会被完全摧毁。即便他们的蓝图被烧毁了,这座大厦也依然可以被构建出来。从长时段来说,他们不是失败者,而是英雄。对于后人来说,也许,更有意义的工作是回忆他们如何构建这个大厦,这比描述他们如何被命运压迫更重要,因为,后者固然可借以抒发情感,前者却有助于大厦的重建。

就法律人所从事的事业而言,这一点显而易见。自十九世纪末以来,中国人所面临的工作就是构建现代国家。这其中就包括法律体系之构建,这种法律既需要扎根于中国社会,又需要容纳现代的合作与交易方式。

二十世纪上半叶的法律人具有伟大的创造性,因为他们成长于社会有机体之中,而又接受西方最出色的教育,具有会通中西的能力。尤其是,他们的工作得到整个社会的尊重,包括掌权者。因此,他们得以相对独立地从事构建法律体系的工作。而且,他们确实相当出色地完成了这样的工作,构造了一个从中国文明之体中生长出来的现代法律体系。

他们就是这个国家的英雄,随后发生的命运的捉弄,一点也不影响他们的伟大。事实上,这些宿命式的事态足以证明了他们的事业的伟大。这一点,站在今天,人们已经清楚地看到了。过去三十年来这个国家所出现的繁荣,就是部分地重建那些先贤构建的法律大厦的结果,不管人们是否意识到先贤的工作。也就是说,他们英雄般地归来了。压倒他们的命运,反而迅速地显示出其荒诞与无力。

那么,面对这样的英雄,我们该如何回忆他们和他们的时代?陈夏红博士自述,他写作这本书中各篇文章及其他著述时,所关注的基本问题是,在历史舞台上,法律人有何作为?法律人究竟应该如何作为?如果未能如愿以偿的话,那么又是什么原因让法律人未能作为?确实,通过研究二十世纪前半叶法律人的作用,大体上即可以回答,法律人应该如何作为。而一旦这个应然被确立,那命运其实就无足轻重了。一旦具有了伦理目标,人就超越了自然的存在状态,而按照这个应然创造生活,命运的残酷只会刺激人对命运的反抗。

我相信,还有很多法律人的英雄式故事有待于发掘、讲述:那些先贤是如何在古今中西之间进行会通的?他们通过何种技艺,面对权力的压力而保持法律的内在融贯的?对于当下中国,这样的讲法可能更有意义。这样,政法往事也就会蜕变出法政今事。

十一、专家的失落与自我救赎

　　英国人培根在中国的名声很大，因为他提倡科学。他的一句话被广泛悬挂在所有跟知识、科学、学习有关的场所："知识就是力量。"

　　这个翻译大概有点偏差。^① 综观培根的整个哲学体系，他的意思也许应当是，"知识就是权力"——在英文里，power 更多地是指强横的力量，也即权力。培根所渴望的社会，就是掌握知识者同时掌握权力。他写过一本乌托邦小说《大西岛》，^②这是一个悬隔外海的国家，在这里，科学院是国家的最高权力机构。科学院的十二位院士享有国王的荣耀和祭司的权威，他们决定人民享受什么，可以知道什么，不能知道什么。他们通过发明各种各样的新奇消费品满足人们的欲望，尤其是追求肉体快乐、长命百岁的欲望。人们生活在永恒的幸福中，当然也就对科学院的无限权力百依百顺了。

　　培根的这一理想从来没有完整地实现过，不过，他确实预言了一个新时代的到来，即专业知识在社会治理中发挥较大作用，专家成为公共事务领域中一群活跃的人物。当然，科学院从来没有成为过统治机构，所谓"专

---

① 　实际上，这句话似乎并未出现在培根的著作，参看维基百科 Scientia potentia est 条，http：//en. wikipedia. orgwikiScientia_potentia_est。

② 　收入［英］培根著：《论古人的智慧》，李春长译，华夏出版社 2006 年版。

家治国",其实都是拥有权力者雇佣专家从事某些工作。这些专家究竟发挥了什么样的作用,与政府、与社会、与民众究竟有何关系？在不同的社会体制下,答案显然不同。

民主抑制专家的傲慢

西方各国形成现代国家之后,政府就开始重视知识、科学。比如,正是在那个时代产生了历史上第一批经济学家:重商主义经济专家,官房经济学家,财政——或者叫敛财——专家。他们活跃于各国王宫,向权力不断膨胀的国王献计献策。另一方面,军队从封建的扈从转化为全民性军队,兵员急剧膨胀,军事专家也十分吃香。在后发国家,比如德国、日本,军事专家治国的色彩就更明显了。

不过,那个时代的政府毕竟还是小政府。只是到了十九世纪后期,政府权力才开始大规模膨胀,因为政府承担了很多原来由社会承担的职能:建立医院、福利院、学校、工厂,等等。政府为此雇佣了自己的专业雇员——日益庞大的官僚都应当算专家,最起码也是行政管理方面的小专家。这种文官制度让很多中国人十分自豪,因为据说文官制度效仿的是中国的科举制度。

但是在西方,这种文官没有被视为公平的最后担保,相反,很多人士对这种趋势表示忧虑,其中最出名的是德国大社会学家马克斯・韦伯。这些人士担心,刚刚形成的民主程序很可能被官僚控制,本来应当由民众,或者民众选举产生的政治人物进行公共选择的政治事务,却被官僚机构当成行政事务处理,整个社会的活力可能被官僚制度窒息。①

---

① 这是韦伯一直十分关注的问题,比如可参看［德］马克斯・韦伯著:《德国重建后的议会与政府》,作为附录二收入《经济与社会》(第二卷),下册,阎克文译,上海世纪出版集团 2010 年版,第 1548 页及以后。

事后看来,韦伯也许过于敏感了。大体说来,西方社会并没有因为官僚化而变质。原因在于,官僚化基本上发生在民主制度已经十分稳固的时期。民众通过民主程序选举产生的政治人物,较为牢固地控制着政治过程,官僚终究只是打工仔。一个政府究竟应当有多大权力,应当通过什么样的法律,各个部门应当做哪些事情,终究是由政治过程来决定的。

这样,民主程序就为官僚体系划定了一个活动范围。政府活动确实依赖官僚们的专业知识,但专业知识发挥作用的范围始终是受到限定的。而政治人物最终还是对选民负责的,因此,归根到底,政府的整个活动还是由民意决定的,专业知识只是民意实现其目标的一种有用工具。这样一来,民众对专家也就不是那么高山仰止。

另一方面,在欧美各国,不光政府雇佣着官僚和专家,大量专家也活跃于政府之外。首先,知识向来就有独立的传统。一直到近代初期,教会都是西方的知识中心,在教会的影响力收缩之后,世俗大学成为知识的中心,这些大学继承了教会时代的传统,在相当大程度上独立于国家:私立大学固然不用说,即便是公立大学,政府也无法直接控制。在官僚体系最为完备的德国,柏林大学也对政府享有独立性。同时,民间还建立了大量独立研究机构。尤其是美国,企业、非政府组织建立、维持着成千上万家独立的智库。

这些属于社会、市场领域的专家,平衡了政府的官僚和专家的影响。不难理解,官僚和政府专家总是倾向于给政府增加权力,增加政府职位,倾向于提高税收,扩大政府开支项目,也必然倾向于管制经济,干涉民众生活。但民间的专家、起码是部分专家,通常坚持相反的立场。而结社自由、表达自由则给他们提供了充分的观念竞争之机会。这种观念竞争本身,就使政府的专家不可能具有观念垄断者的那种神圣性。

这种竞争是在民主框架中进行的,因为,专家们的观念竞争,是围绕着选民的选票来进行的。大量专家不是对政府说话,而是对民众说话,不是说服官员采纳自己的建言,而是说服民众相信自己的方案。专家们知道,控制政治过程的政治人物的决策是要对选民负责的,因此,选民的倾向、意见具有决定性意义,影响、说服选民,就可以影响政策。这样一来,专家就不可能对民众居高临下宣讲什么道理,相反,专家只能以民众顾问的姿态,向民众提供备选方案,让民众自己进行选择。

哪怕是政府的专家,也不得不面对民众说话。官僚和政府专家生活开放的观念竞争世界中。政府雇佣他们的一个重要功能是就政府的立场向民众提供一些论证。由于民众可以方便地从其他专家那里获得信息,所以,政府专家就必须面对外部专家作出回应,而听众当然是民众。

这样,在民众、专家、权力之间形成一种复杂的相互制衡关系。民主政治的本质是辩论,在政府管理的事务相对简单的时候,是公民或者其代表直接进行辩论。专家介入之后,这种辩论带上更多的专业、科学色彩。但是,人们对于法律或政策的选择,最终依靠的是自己对其中所涉及的权利、利益的主观感觉,因而,最终起决定性作用的还是意见,而不是科学。

依附权力的专家反被玩弄

在中国,专家与政府、民众之间,却呈现出另一种关系。

自秦以后,中国即建立了一个单一中心的治理模式,而一个权力中心要治理这么庞大的一个国家,当然得依赖庞大的科层制官僚体系,唐宋科举制度也是配合这一需要而出现的。应当说,通过科举考试的官员,其实都是有文化、有知识的专家。因此,在中国,一向是"文人治国安民"、"专家治国"。

而在这样的治理模式下,只有行政,而没有政治。专家反而只是权力的工具而已。因为,民众从来是沉默的大多数,法律、政策无须经过公共辩论,由最上峰决定。因而,起决定作用的是权力,所谓"官大一级压死人",专业知识反而无用。在大多数情况下,通过科举考试、很有文化的官员们的职责不过就是执行这些政策而已。

　　清末以后,现代政治现象逐渐发育,但到二十世纪中期,这一进程中断。有两种替代性治国理念交替出现:有的时候强调"政治挂帅"、"发动群众",这可以说是随心所欲的命令治国;有的时期则强调建立苏联式计划经济体制,这可以说是专家治国。但不管属于哪种情形,其实质都是权力自上而下地治国。因为,命令治国并不是由群众决策,而是把群众发动起来,服从最高层的命令。在专家治国时期,官员不是以专家身份从事管理,而是借权力体系运用知识。其结果,都会导致经济、社会走向无法克服的混乱。

　　今天,这两种治国理念以一种不是那么极端的形态混合在一起,构成主流的政府行为模式。各级官员的升迁由上级决定,其行为主要对上级负责。官员们根据上级的方针,甚至上级领导一时的奇思异想制定决策,并动用自己控制的一切资源。起决定作用的是各级官员的意志。至于民众想什么,根本无关紧要。因此,政府官员所做的一切,都带有政绩工程、面子工程的性质。

　　这样的决策在很多时候会导致十分荒唐的结果。政府终究不能不面对民众的不满、舆论的批评。这个时候,政府有两个选择:或者是让民众参与,或者是用科学来保证自己决策的正当性。前一种办法将从根本上改变决策程序,甚至政治游戏框架,而后一种办法则免去了这些麻烦。所以,官员们很自然地选择了前者。其实,干部"知识化"政策已经使官员们普遍拥有高学历,政府内部不缺专家。不过,政府之外的专家可以给人以更中立、更独立的印象。

　　于是,政府之外的专家们就隆重出场了。至少从表面上,各级政府越来越重视专家的意见,他们邀请专家进行环境影响评估,安排专家进行项目可行性研究,组织专家编制产业发展规划,以至于允许专家起草法律文本。所有这些,使得政府的决策似乎比较科学了。

　　不过,民众很快就发现,所谓科学决策,经常同样是权力意志的蛮横决策而已。厦门民众反对 PX 化工项目,这种反对基于诸多复杂因素,除了健康、生态之外，也包括文化、传统等因素。政府则让化工专家、环保专家出面告诉民众说，民众所担心的那些健康风险其实并不存在。政府也宣称，将组织专家重新进行环境影响评估。一旦这个看似科学的评估，作出了该项目对环境的影响不很严重、可以承受的结论，民众就丧失了抗议的道义理由。

可以说，这些专家起到的是一种巩固权力垄断决策过程的作用。科学成了民主的廉价替代品，专家成了官员的帮手。很多专家是无意识地扮演这种角色的，因为，他们是由官员召集来的，而官员是决策的垄断者，因而，官员们召集他们的时候，其实已经作出了决策。官员们所需要的，就只是一些貌似科学的论证而已。没有这些论证，官员也可以干起来。

因此，专家经常抱怨官员们未能切实做到"科学决策"，上级政府有时也会如此责怪下级。但以科学的名义随意决策，其实是一种必然。归根到底，如果治理不是依据意见，那么，不光民众的意见被普遍忽视，即使是专家的知识，同样也没有多大用处。因为，知识只是一种特殊的意见，是一种有一些科学方法支持的、更有条理的意见。如果是掌握着权力的官员主宰决策过程，那么，即便专家充斥政府，知识也不可能发挥决定性作用。相反，长官意志就是一切，知识也需要服从意志。

当然，这样的专家至少能够接近权力，因而也就沾染了权力面对民众时的那种傲慢。曾几何时，某些报刊的记者到基层采访，也被视为官员接待。同样，专家们因为能够接近权力，能够影响权力，所以对民众也是居高临下的。尽管他们知道自己的知识并没有发挥作用，但又何必在乎这一点呢？有名声、有实惠就够了。

这样的专家会误国吗？当然不会，因为，最终作出决定的根本不是、也永远不可能是专家，而是掌握权力的官员。专家不过是被官员招来，给其专断的意志涂抹上一些科学的漂亮颜色而已。这样的专家当然遭到民众的轻视，甚至鄙视，民众也从来就不信他们的所谓科学论证。王朔、李零等人斥责知识分子掌了权之后，比谁都坏。其实，这主要还是因为知识分子所掌握的权力没有受到有效的限制。这样的权力,在谁手里都是令人恐惧的,也总是会错误百出。

出路:民主框架中的专业自治

因此,人们看到一副奇怪的图景:在科学决策被喊得震天响的国度,在很多人还做着科学救国大梦的时代,官员把专家视同俳优,民众也对专家早就不信任了。

问题恰恰在于,科学、知识、专家本来就不应当在公共事务中居于决定性位置。治理模式的最根本选择是:究竟是自上而下地由官员决策,还是自下而上地由民众参与、民主地决策。这一选择将决定科学、专家发挥作用的制度框架。在前一种制度框架下,专家是权力的附庸,自然无法得到民众的信任,且专家们一旦获得权力,同样倾向于滥用权力。在民主的制度框架中,专家则可以表达一种独特的意见,既对民众,也对政府发言,其知识反而有可能发挥一定的作用。

因此,民主与科学所涉及的是两个完全不同的问题,在公共事务领域中,两者根本不在一个层次上。科学不可能替代民主的位置,专家也不可能代替民众的角色。用专家参与代替民众参与、用科学论证代替民主投票的做法,不可能使行政活动理性化,也不可能使政府决策科学化,反倒有可能腐蚀知识、专家的社会形象,把科学变成权力的婢女。拒绝民意的权力,也必然拒绝客观的科学。

专家要寻找自己体面的角色,就必须同民众一道,致力于民主框架之健全、完善。在这方面,当代中国倒也出现了一些良好的迹象:专家群体正在趋于多元化。除了继续有大量专家服务于政府之外,也有数量不少的专家服务于民众,服务于社会、市场。较为技术性的专家有会计师、证券分析师、职业律师,等等,参与公共事务的专家则有一些公益律师、公共知识分子,民间智库也处于萌芽发展阶段。

　　另一方面,专业人士要在社会中扮演合宜角色,最为重要的制度基础是知识自治、专业自治。在现代高度分化、复杂的社会结构中,专业知识是一种权力。也因此,它完全可以自治,拥有足够的自主性。同时,自治也是专业知识人士在社会各个领域、包括公共治理领域发挥恰当作用的前提。换一个角度,因为知识是一种权力,它也应当被纳入权力的分立与制衡架构中,与政治、经济、民众意见等权力之间形成一种制衡关系。惟有如此,它才又不至于被滥用。

　　而知识自治、专业自治之发育,有赖于专业人士自我提升为君子。专业人士掌握着现代高度分化、专业化的知识,也拥有解决专业问题的技巧。但是,这些专业人士却未必"喻于义",也因此,他们未必有能力自我组织起来。这有赖于专业人士中君子之养成。而借助于群体中的君子,专业人士可以组织起来,逐渐形成清晰的职业伦理规范,包括恰当而审慎地运用专业知识,以及与公众、与政府打交道的规范。只有在专业共同体生活中,专业人士才能够形成足够的职业伦理自觉,从而意识到自己相对于社会的权利,以及对于社会的义务。

十二、医生的君子化之道①

最近半个月内,中国的三个区域分别发生了三起引人注目的医疗纠纷:

北方,北京大学医学教授熊卓因腰椎轻度滑脱在北大第一医院手术,术后发生并发症,进行抢救的主治医生是没有行医资格的北大医学院在校学生,最终导致病人死亡。

中部,南京市儿童医院医生被怀疑玩游戏、睡觉等原因耽误治疗,造成5个月大的婴儿死亡,母亲跪求医生的录像公布,引发网民强烈反响。

南方,中山大学中山眼科中心准分子手术室,患者术后怀疑集体感染弥漫性层间角膜炎,广州市疾控中心的调查已经证实,该院在管理上存在漏洞。

每一个个案的案情不同,但民众、舆论不由分说,却得出了一个出奇一致的结论:是医生、是医院杀死了这些人,他们应当承担全部责任。从这一反应中,可以清楚地感受到公众、舆论对医生、对医疗单位、对医疗行政管理单位的不信任。

这种不信任由来已久,它的直接表现就是医患关系紧张。既然是双方关系紧张,那么肯定双方都有责任。这种不信任、紧张,其实是中国社会人

---

① 原刊《财经文摘》,2009 年第 12 期,收入本书时有所补充。

际关系普遍趋向冷漠、紧张,甚至对立的一种具体表现。但是,就事物的性
质而言,医患关系紧张最重要的原因,还是医院治理结构扭曲及整个医疗
体系的治理混乱,其直接后果则是医生的收入之扭曲与混乱。而这种收入
扭曲反过来又恶化了医生的心态,激化了医患关系。归根到底,是医生淡
忘自己的角色,匮乏医生伦理。

行政化剥夺医生职业自尊感

目前中国占据主流地位的"公立"医院,实际上是两种体制以一种扭曲
的方式混杂在一起。

首先是计划体制。所有公立医院的基础性管理制度都是按照集中计
划体制的逻辑建构起来,其典型特征就是高度行政化。从政治上、法律上,
政府及政府的医疗管理部门把医院当成一个行政部门来看待,以行政方式
直接任命高级管理人员。医院内部管理体制同样是高度行政化的,院长就
是说一不二的"领导"。在医院中,行政权力的效用、价值要远远高于技术,
机会、职称、职位等好处只能通过行政渠道获得。这种行政主导的管理体
制本身就剥夺了医生的职业自尊感,哪怕是技术权威,也得服从那些占据
着行政管理岗位的无能者的指使。

这种体制也必然导致医护人员的医疗伦理流失殆尽。在行政化管理
体制下,发号施令者的骄横,服从命令者对于权力的向往、恐惧,都足以使
人们的心灵扭曲,使人们丧失起码的道德感、丧失判断对错的能力。权力
趋向于使人们的心变得冷漠、生硬,使医护人员只关心自己的得失,对于他
人的痛苦漠不关心。权力也诱发医院内部复杂的人际关系,医护人员倾向
于将内部的恩怨转嫁到患者身上。

至于收入分配方面,行政化的集中计划体制的典型特征是重物不重
人。五十年代国有部门确立了低工资、高积累的政策。这种政策也影响到
医院,医生的知识、技术之价值被严重低估。目前的医疗服务价格结构,呈

现出资本重于人力的明显倾向：体现医务人员技术劳务价值的项目价格偏低，如诊疗费、护理费、手术项目价格等，医务人员提供医疗服务的技术价值和职业风险得不到应有体现。一个接受了八年、十年医疗专业教育、又经过十几、二十几年历练的高级医生诊疗一个病人的费用只有十四元，这样的价格恐怕是世界上最低的。与之形成鲜明对比，医院中各种大型检查、治疗设备项目价格则明显偏高，动辄数百、上千元。

这样的价格结构之所以能够长期维持，可能是因为，这种价格结构合乎那些居于行政体系中上游的人员之利益，维持这种结构有助于他们抑制专业技术在医院治理结构中的权重。而如此物规于人的收入分配格局，当然会对医生的心理产生负面影响。最大的影响就是，医生不具有职业尊严感。在一般国家，医生都属于社会中的精英阶层，是白领中受人尊敬的群体，医生是有一种职业自豪感的，这种自尊感部分地缘于较高的相对收入。但在中国，医生的收入却一点也不出奇。其实际收入可能是相对较低的，尤其是正规收入。这样的医生不大可能具有职业自尊感。而一个丧失了自尊感的人，不可能是负责任的人，也很难具有关爱他人之心。

商业化让医生角色扭曲

另一方面，二十世纪九十年代以来进行的医疗体制改革处置不当，导致医院走上畸形商业化轨道。这种体制让本来已经糟糕的医疗服务状况及医院收入分配扭曲格局进一步恶化。

尽管目前中国绝大多数医疗机构都是公立医院，但相当多医院的运行却是高度商业化的。九十年代初以来进行的医疗体制改革带有明显的甩包袱意图，政府进行改革的目的是降低财政负担，让医院自负盈亏、自筹资金。而肤浅的市场化理论也为这种改革提供了依据：医院如果变成企业，那么它的效率就会提高。这两者结合到一起，所设计出来的改革方案就追求这样一个目标：把医院变成追求利润的企业。

　　这个目标迅速实现了。现在的公立医院基本上成为一家自负盈亏的服务类、甚至是药品零售企业。医院主要靠提供医疗服务和出售药品获得维持其正常运营的收入。这种机制的直接后果是医院在运转过程中过分注重经济收入。

　　在这种扭曲的商业化经营体制下，医院中所有人的角色都发生了一次史无前例的转换。首先，院长除了是官员之外，还扮演着赚钱的商人的角色。在医院内部，院长与医生的关系，在领导与下属的关系之外，又多了一层老板与雇员的关系。

　　医生则被迫承担起了一个完全与其正当责任相反的职责：为医院创造经济收入。在医院的收入指标压力下，医生成了推销药品的掮客，千方百计向患者开高价药，大处方。政府试图通过药价管制来抑制医疗费用上涨的趋势，但患者要掏多少钱，最终取决于医生的一支笔，而医生灵活地与价格管制措施打起"游击战"：政府降低某药价格，我就拒绝开这种药，开那些价格不受管制的替代性药品。于是，出现了一种乍看起来反常的结果：药品价格反而由于政府的价格管制而水涨船高。药品价格居高不下，并且不断攀升，在这种经济压力下，患者及其家人难有好心情。

　　一旦商业化精神渗入医院，医院让医生充当赚钱机器，则医生的职业伦理必然逐渐流失，乃至于丧失做人的道德底线。今天，人们也确实看到，不少医生采取各种手段谋取灰色乃至黑色收入。其中最为著名的是"红包"。这种非正规收入极大地拉大了医院内部不同人之间的收入差距。

　　同时，九十年代以来，中国几乎所有组织机构都盲目地复制盈利性企业的治理模式，医院也引入了企业式绩效工资制度。医院通过上述渠道获得的盈利，按照企业模式进行分配。这种扭曲的商业化模式导致的收入分配方面的第一个恶劣后果是：医院所获得的诸多收入是部门化的。这样，同一医院内部不同部门之间的收入差距迅速扩大。

　　第二个恶劣后果是医生之间收入差距不正常地拉大。诚然，医生之间存在能力、技术、服务态度上的不同，因而其收入有一定差距，也是正常的，并且可能起到激励作用。但是，在学校、医院这类机构，一旦收入差距扩大到一定程度，就不大可能具有激励作用，相反，这种格局会对所有医生的心理产生巨大的负面影响：那些享有较高收入的医生必然会傲慢、自负，那些收入较低的医生则会消极、愤懑，乃至于怨恨、绝望。而所有这些情绪，都可能宣泄到患者身上，从而让医患关系日趋紧张。

让医生通过商业方式获取收入，同时又在医院内部制造过大的收入差距，这种畸形商业化要对医生、医院之整体社会形象的迅速恶化承担主要责任。

医院当去行政化、去商业化

既然目前医院之不能合乎公众期待、医生成为公众批评对象的根源，乃在于混合了行政化与商业化上述两种体制之恶，则改善医患关系，改善医生、医院形象，也就当从两方面同时入手。

从医院管理体制上说，首先需要"去行政化"。医院是最典型的专业机构，在这里，最有价值的就是每个医生所具有的专业技能。它最好的治理模式就是律师、会计行业所普遍采用的合伙制。即便是公立医院，也应当引入医生自治机制。只有通过自治的医护人员共同体内部的道德奖惩和知识激励机制，才能让医护人员培养出一定程度的医学职业伦理。

同时，医院也应当去商业化。中国社会过于商业化了，而且是最鄙俗的商业化，从政府到媒体乃至普通民众，都只是从金钱积累的角度看待商业，而忽视其背后的精神价值。据此，人们片面地以为，只有金钱、物质性收入才是最有效的激励手段。于是，医院也被当成企业来对待、来管理。

但是，自医生这个职业诞生、自医院这种机构出现以来，它就不是商业性的。现代各国绝大多数医院，公立医院自不用说，即便是非公立医院，都是非盈利性机构，不以赚钱为目的。为此，允许、鼓励各种慈善公益机构，尤其是宗教机构举办各种类型的医院，恐怕是医疗体制改革的突破口之一。

中国人,尤其是医疗行政管理部门,恐怕也需要认识到:医院所从事的业务的性质就决定了,它绝不能成为盈利性机构,院长绝不能成为老板,医生绝不能再开处方、开检查单子的时候算计本院的商业收入。

当然,一旦引入了自治机制,则医院目前的商业化格局也会被打破。从中国目前的情形来看,行政化与商业化是一枚硬币的两面。商业化可以说是行政权力寻求其利益最大化的一种工具。相反,如果医院实现自治,则医生共同体将会通过更好地服务于患者,而从整体上维护、增进所有合伙人的长期利益。这样的目标将使医生不会选择商业化那样的机会主义的自杀性策略。

即便不能进行上述较为根本的制度变革,去行政化、去商业化的方向也是应当坚持的。具体的变革措施可以有:

大幅度增加政府对医院的财政拨款,让医院不再依赖患者的缴费来维持生存。由此,医生在进行治疗的时候,将不再考虑医院盈利的问题。财政拨款还应当达到这样的水平:医生所能获得的收入将不低于社会的中等偏上水平。这是保证医生尊严的前提。

应当调整目前的医疗服务价格结构。具体地说就是大幅度提高医务人员技术服务的价格,即提高诊疗费、护理费、手术项目价格等,相应地降低检查费,控制药品价格,以此提高医生的专业技术在医院整个收入中的比重,这也有利于医生在医院治理中发挥更大作用。

至于医院内部的收入分配机制,应当在吃大锅饭的基础上有适度差距。换言之,医院内部各个专业部门之间的收入不应存在太大差距,同等资历的医生之间应当维持大体相当的收入。当然,医生的能力也确实应当得到部分反映,可以容许医生获得部分诊疗费或者手术费。但是,同一医院内部同等资历的医生之间的收入差距绝不能太大。当然,政府也可以鼓励医生离开医院到社区开设私人诊所。

总之,在设计医院治理模式、安排医生收入分配制度的时候,一定要考虑医疗服务的自身性质。在如此设计的制度下,医生才有职业的自尊感。

如果把医院当成行政单位或者企业看待,结果当然只能让医院不像医院,供职于这样的医院里的医生,当然也就不像医生,而难免遭到公众的怀疑。

医生君子化之道

伴随着上述去行政化、去商业化的制度变革,医生群体也需要借助于医生自治,实现伦理之再自觉。

无论中外,医学通常是与宗教相伴而生的。汉代,医家似乎与道教之间有密切关系。唐宋之后,伴随着儒家教育之普及,医生则通常就是儒生。宋儒乃是历代儒生中最具有道德自觉意识和远大抱负的了。正是到了宋儒,才有了"以天下为己任"、以儒家理想改造政治、重建社会的抱负。范文正公(仲淹)的"先天下之忧而忧,后天下之乐而乐"乃是这种抱负最早、也最精辟的表达。

同样是这位文正公,也说过"不为良相,则为良医"的名言,事见宋人吴曾的《能改斋漫录》卷十三。他解释说,有才学的大丈夫,固然期望能辅佐明君治理国家,造福天下。但假如当不了宰相,要实现利泽万民的心愿,莫过于当良医。如果真成为技艺高超的好医生,上可以疗君亲之疾,下可以救贫贱之厄,中能保身长全。身在民间而依旧能利泽苍生的,除了良医,再也没有别的了。

可以印证这一理想的事实是,古代的名医都是"儒医",或者是亦儒亦医。比如,陆游编辑过《集验方》,后人也将苏轼和沈括收集的验方编辑为《苏沈良方》。人们经常谈论的李时珍当然也是儒生。此即元代名医戴良所说:"医以活人为务,与吾儒道最切近。"儒生从医,不管基于什么考虑,始终抱着一个利泽苍生的念头。即便是乡村的普通医生,因自小即接受儒学教育,儒门的道德规范也就自然地转化成行医的职业伦理。

在西方,现代医院体制起源于西方的中世纪,最早的医院,都是由教会创办的,护士最初也许就是修道院的修女。近代以后,很多教会组织派遣会中人士到不发达地区从事医护工作。中国近代第一批现代医院，也就是由这类教会引入的。中国历史最为悠久的现代医院和医学院，其创建者无一例外是传教组织。

医院与宗教关系如此密切，其实是很正常的。医生之职业关乎人之生死，因而也就关乎一个文化最核心的价值，在西方，这种价值的承载者就是基督教，在中国就是儒家。从根本上说，医生解决生死问题之方案，是由这种价值决定的。换言之，医生如何对待病人，从一开始，就不是一个单纯技术性问题，而是一个价值问题。医生的职业伦理规范很多脱胎于宗教的道德要求。

对于患者来说，这当然是一种福分。当人身患疾病、身体虚弱的时候，也是精神最为脆弱、需要抚慰的时候，只有那些传达文化价值的人，只有那些受此价值熏陶、而具有最起码的道德感和同情博爱之心的人，才能够在拯救人的身体的时候，疗效他的灵魂，至少不伤害患者的心灵。

当代中国医疗界最深层次的严重问题，正在于其完全的世俗化、极端的技术化。医疗专业群体几乎没有接受任何文化价值，医生们可以学习西方的学理、技术，却不可能接受西方的价值。他们的训练课程，也没有儒家价值。因此，在这种工程师式训练模式中走出来的医生，处于核心价值空白的状态。中国的医生或许因为中国人的心灵手巧，而具有高超的技术，但是，他们基本上不明白中国人的生命观，也缺乏基于文化自觉、价值自觉的仁爱之心。这两者才是好医生的心灵之核心内容。

人们都在谈论医患关系紧张，其责任也主要在医院和医护人员身上。那么怎么办？医院管理体制、医疗财政制度都是可以变革的，假如有关部门有决心的话。问题的关键却在于，怎样才能让医护人员的心变得柔软，逐渐地增加同情和博爱呢？换言之，如何唤回儒医？医院里如何涌现出一批君子式医生？唯一的办法是在医学院增加价值观教育，更具体地说，让医学院学生抽出一定时间，诵读儒家经典。由此，他们将会体认自己的不忍人之心，体认自己的恻隐之心，并将其扩充，而养成自己之医德。

十三、教养君子者须先成为君子

在任何文明中,师都是至关重要的角色:知识是通过教师传授的,国民的德行是借助教师养成的。

在中国,由于没有教会,师的地位尤其重要。孔子就是一位师,所有的大儒也都首先是师。正是他们弘道、传道,并通过授业的方式,塑造君子,塑造风俗。"师儒"是中国文化社会架构中极为关键的一个群体。明清两代,有"天地君亲师"之崇拜。师作为士君子,不仅育人,在基层社会结构中,也以其文化权威参与社会治理。

然而,到现代,师的地位不断下降。读书人大大增多,稀释了师的文化社会地位。师所传之业,也发生了根本变化:从养成德行变为传授知识,从养成君子变为培养专业人士。如此,师在学生心目中的地位也下降了。过去二十年,物质主义则侵入学校,并对教师心理产生了相当大的影响,教师之行为模式,教师与学生、教师与家长的关系发生了微妙变化,教师之社会形象也急剧跌落。

这是一个文化悲剧。解决这个悲剧只有一个出路:教师之伦理自觉,也即再度君子化。教师群体之君子化,对于文明的延续和社会秩序的维护具有决定性意义。

大学校长腐败的制度机理[①]

　　武汉大学常务副校长龙小乐、党委常务副书记陈昭方因涉嫌受贿，被检察机关批捕。此前，两人分管武大的基建、财务、后勤等事务，也正是在基建工程项目中接受企业贿赂而涉嫌犯罪的。

　　事实上，大学高级管理层犯罪，尤其是卷入经济犯罪的案件已频繁发生：同济大学原副校长吴世明因受贿罪被判囚十年，南京财经大学原副校长刘代宁被控受贿160多万元；湖北近年已有五六所大学的主管官员因腐败落马，包括湖北大学副校长李金和等；陕西近三年已查处80多宗大学经济案，倒下7名厅级校官。

　　大学行政官员成为腐败的急先锋，令人震惊，但并不奇怪。

　　现行中国教育制度的基本特征是行政化，它表现在多个方面。首先，政府管理大学采用行政化模式，政府把大学当做一个行政单位对待，政府可以对大学随意发号施令，要求大学从事与大学的性质根本无关的事务。

　　正是这种制度给了政府利用大学追求教育之外之目的的便利。在九十年代后期经济衰退的背景下，政府把高校扩招当做刺激消费的一条重要途径。中国出现了一次史无前例的高等教育"大跃进"。为适应每年百分之二十、三十的学生数量扩张，几乎每一所大学，尤其是公立大学，都进行了史无前例的大扩建。大学纷纷扩张校园，或者搬进政府开辟的大学城。大学成为中国这个大工地上非常重要的一个工地。

　　基建工程项目本来是腐败高发的领域，在中国尤其如此，其根源是工程项目控制权的高度集中与不受监督。大学也不例外。政府把大学当行政单位对待，大学内部的管理也是高度行政化的，大学行政、后勤等部门在大学整体架构中居于主导地位，大学的教学活动、科研资源分配是由行政

_____

[①]　原刊《中国新闻周刊》，2009年10月26日。

部门控制的。

居于这一行政体系顶端的校级党政官员当然享有近乎不受制约的权力。这种权力既体现于教学、研究领域，更体现在基建领域。在教学、科研究领域，身无一官半职的教授还可以有一点发言权；而在基建问题上，则完全是行政控制。在中国，行政权力是高度集中的，权力的行使也没有确定的、可执行的规则约束，基本上由一个部门的最高级官员来决定。在大学，基建项目就是由分管基建的校长、书记来决定。这样的决策过程缺乏公开性，缺乏外部控制，而通常变成灰箱，甚至暗箱操作。

当然，基建项目腐败只是大学中比较显著、胆大妄为的腐败，校级党政官员、行政部门、院长、系主任们的隐性腐败也相当普遍而严重。比如，请客吃饭，以权力操纵教学、科研资源的分配，把项目、课题经费变成私人收入，利用权力剥削其他教师和学生的劳动，等等。

行政体系的这种腐败也向行政体系之外渗透，腐蚀整个大学教师群体。今天，在校园里，行政的权威已经压倒了学术的权威。在大学之外，几百个大学毕业生在竞争一个公务员岗位，同样，在大学之内，几十个大学教师在竞争一个处级官员位置。大学教师清楚地看到，行政权力可以带来众多好处。当代中国的大学与外部世俗社会没有任何差别，不再能够成为这个社会的相对纯洁的理想之守护所。

可以想象，权力的腐败及权力因此而对大学教师的诱惑，对接受教育的学生的心智，必然产生极为巨大的负面影响。同样可以想象，那些苦心把孩子送到大学读书的父母，听到大学师长腐败的新闻，将作何感想。对于一个社会而言，大学的道德沦丧是致命的，而这种沦丧的根源就是大学过分的行政化，大学内部行政性权力不受节制。

大学要重回正道，就必须走出行政化的泥沼。当然，大学的运转需要行政性权力，大学需要校长、院长，需要行政部门。但这些行政性权力必须被置于主要由教师组成的"大学共同体"的控制、监督之下。大学作为一个特殊的法人，其唯一可取的治理模式是自治。这种自治的基本形态就是教师,尤其是教授拥有对大学重要事务的决策权,包括以公开的集体决策程序,决定重要基建项目的立项、预算控制与监督。至于项目的具体实施,则可以引入"代建制",通过招标方式由代建机构操办,避免学校行政机构直接介入资金的分配过程。

　　大学是社会最重要的教育机构,而且承担着整个社会的理想之养成者、守护者的功能。大学必须成为一片净土。为此,大学内外的各种制度就应当按照这样的原则设计:尽可能防止大学内部少数人员对金钱进行随意分配。具体办法,或者是按规则进行固定的分配,比如大学教师的收入全部固定化;或者让尽可能多的人以委员会的机制公开地参与决策。

重建师道尊严①

　　教育部近日印发《中小学班主任工作规定》,在工作量、待遇以及教育学生等方面强化了班主任的权利,并从待遇方面加强了保障性规定。不过,其中最为引人注目的规定是:"班主任在日常教育教学管理中,有采取适当方式对学生进行批评教育的权利。"

　　此规定公布后,舆论哗然。教师的法律和道德责任就是教育在校学生,为有效地履行这种责任,包括家长在内的社会也允许教师使用合适的教育方式影响孩子,既包括表彰、鼓励,也包括批评甚至严厉批评,乃至一定限度内的惩罚。不光是班主任可以这样做,任何一个教师都可以这样做。甚至于成人在特定场合,比如看到孩子在破坏公物,也都可以批评孩子。这一权利是习惯上的,内在于教师的职业角色之中,根本不需要法律的特别规定。

　　然而,就是这样一个根本无须法律介入的东西,现在却必须由部门规章来规定了。教育部有关人士解释说,现在,一些地方和学校出现了教师

---

① 　原刊《中国新闻周刊》,2009 年 9 月 7 日。

特别是班主任教师不敢管学生、不敢批评教育学生、放任学生的现象,所以须以部门规章的形式来保证和维护班主任教育学生的合法权利。

为什么教师不敢管学生,尤其是批评学生?不错,这个世界上总是有一些父母不明事理,容不得教师批评他们的孩子。不过,假如整个社会,从教师到学生,从家长到政府,公认教师有教育孩子的责任及相应权利,整个社会有这样一个关于教育的基本共识,那这少数父母是不足以构成问题的。

今天,教师的批评权之所以要作为一种法定权利被特别列举出来,恐怕正是因为,这样的社会共识在一定程度上已经松动甚至瓦解。导致这种现象的一个原因是理念的变化。人们开始意识到,学生不只是被教育的对象,学生也是一个享有尊严和权利的个体,教师在教育学生的时候,必须知道自己的行为的界限。沿着这样的逻辑,家长、教育界都在寻求种种"快乐教育法",而批评可能给孩子带来不快乐,因而应当尽量避免。

这样的认知存在问题。孩子的人格尊严和权利当然应当始终得到家长、教师及其他成年人的尊重,不过,这种尊重并不排斥在教育过程中进行批评、惩罚。毕竟,社会之所以安排教育,就是要将公认的基本行为规范与文化内化于孩子的心智中,塑造孩子的道德伦理意识、正派的行为模式、公民意识,同时也使其掌握文明的基本成就,以适应未来的社会性生活之需。由此可以看出,不论是教化,还是知识传授,教育的过程不是一个自然的过程,而是一个反自然的过程。在此过程中,鼓励固然很重要,但批评、惩罚也是必需的。

这一点很多人都能理解。但社会结构的变化却遮蔽了很多家长的理智,使其在教育问题上出现越来越严重的认知偏差。所谓社会结构的变化就是独生子女政策的长期实施,家庭的重心迅速下移,家庭对子女角色的观念发生巨大变化,而且是趋向非理性,家庭对子女教育的观念同样趋向非理性。正是教育认知的非理性化推动中国整个教育体系在九十年代以来日益畸形化,比如,教育更为严重地变成应试机制。

教育的应试性的强化，导致教师在整个社会、包括学生、家长心目中的形象下跌。传统中国之所以有师道尊严，主要是因为，教师承担着比较完整地教育孩子的责任：教师不仅传授知识，更需教育孩子做人。应试性的强化使教师的职责单一化，教师逐渐成为教育技术人员，其道德教化的角色退化。这样的教师在孩子、在家长心目中是难以再有较高道德和人格权威的。

同时，随着独生子女制度化，家长不知道如何教育作为独生子女的孩子，孩子在事实上被娇惯、放纵。这样的家庭也以一种非理性的态度对待教师对孩子的教育，很多爱子女心切的家长拒绝教师批评自己的孩子。意识到这一点的教师不愿得罪家长，也就不敢按照正常的方式教育孩子，而甘于做应试教育的工具。

凡此种种因素导致关于教育、关于教师权利的社会共识松动乃至瓦解。这种师道沦丧的局面是令人担忧的。教育至关重要，而教育的成败取决于教师，教师工作的成败又取决于整个社会对教师角色的正确认知，其中包括对教师可使用的教育方式的认可。如果教师不能充分运用社会公认的各种教育方式，比如批评学生，那教育就不可能是完整的。

从这个角度看，教育部关于班主任可批评学生的规定，虽然有点滑稽，但在当下师道沦丧情势下，也是必要的。当然，师道尊严之重建涉及诸多深层的社会结构因素，如人口结构问题，非短期所能解决。不过，对应试教育进行彻底变革至少是有可能的，只要整个社会具有这种自觉。

教授共同体的前景[①]

大学的行政化、商业化已经、并且还在继续毁灭本来就没有多少大学精神的大学。去年接连发生邹恒甫事件、张鸣事件与何志毅事件等大学人

[①] 原刊《南方周末》，2007年1月28日。

事事件。人们不免要问:行政任命的院长有没有资格评定教授的业绩？大学教授、大学系主任究竟该由谁来遴选、谁来免职？是教授还是行政官员？

今年一开年,则又爆发出两件师德丑闻事件:中山大学微生物专业的艾云灿教授对学生施行"魔鬼"教授法,中国政法大学经济学教授杨帆则干脆当众斥骂学生,甚至与女生发生肢体冲突。人们会问:大学教授何以如此粗鲁、缺乏教师的基本职业伦理？这样的教师,又何以赢得学生及社会的尊敬？

很多人已经正确地指出,这些大学丑闻均源于大学的制度扭曲。大学行政化导致行政权力全盘控制大学,行政标准替代学术标准。而权力会腐蚀教授的心灵,权力精神会冲淡教师伦理。教师为了完成行政确定的任务指标,倾向于采取反常的教学手段。比如,把研究生当成廉价劳动力。有鉴于此,很多人呼吁变革大学制度,从根本上调整大学与行政的关系。

不过,制度固然至关重要,但并不可能制度决定一切——假如制度决定一切,那人被制度锁死,制度也就没有变革可能了。好在,人不可能完全被制度塑造成为程式化的机器。人的心灵是丰富的,除了基于利益计算服从既定的制度之外,也像孟子所说具有追求善、自由、尊严的"善端",或者如斯密所说,具有某种道德感。正是这种自然的心灵趋向,展示了打破旧的不合理制度的可能性。

在政法大学师德事件中,人们能看到这样的亮点。两位年轻学者毅然表明了自己的态度,并明确提出"教师伦理"问题。这是与上个年度的教授人事事件不同之处。在那次事件中,当事人过于关注私人之间的恩怨,使相关事件的公共性未能充分彰显。他们的同事与整个教授群体对此事件也没有公开而明确地表明态度者,看热闹者倒似乎居多数,人们也热衷猜测背后的人事纠葛。

不幸的是,这种态度是大学教授们目前面对大学种种乱象的习惯性态度。一方面,他们对大学的行政化、商业化深为不满,希望有一个相对纯洁的学术、教育环境;另一方面,他们又都觉得,这事轮不到自己管,不妨采取一种与世俯仰的态度。典型的例子是,对于目前高度行政化的大学教学评估,学校教师们在私下里,甚至在院系公开场合冷嘲热讽。但一转眼,很多教师却又配合行政安排,参与甚至组织学生造假。

这种人格分裂、玩世不恭,是我们时代的一种精神通病,商人、公务员、大学生、媒体从业者,无不如此。制度万能论可能塑造了这种机会主义心态。既然什么都是制度造成的,而个人显然不可能变革制度,所以,干脆就什么也不要做,或者心安理得地享受不合理的制度带给自己的好处。经济学家会说,个人如此选择是很理性的嘛,制度有漏洞,官员当然会腐败——这已经成为官员们在法庭上做检查的主要说辞了。

但在师德事件中,一些教师跳出了这种制度万能论的逻辑。他们当然也知道自己的力量很微弱,但他们的道德意识促使他们不愿轻易地认可不合理的制度,也不愿轻易地对不合理制度下人们扭曲的行为表示道德上的认可。他们除了要求自己信守教师伦理之外,也对自己同行的不当行为提出批评。

这可能是教授共同体在当代形成的一个历史性事件。中国有成千上万名教授,却不存在一个有机的"教授共同体",因为,教授们缺乏基本的道德自觉,缺乏相互的伦理监督机制。看到同行做一些明显违反师德的事情而漠不关心,最终导致整个教授群体遭到社会的嘲笑,不合理的大学制度也日趋扭曲。

师德事件当事人的努力能在教授、教师群体中引发多大反响、多少反思自省,无人可以预测。但是,如果教授共同体缺乏精神自觉,那大学就会走向深渊,而社会也会跟随大学一起堕落。

抵御物质主义，重振教师伦理①

　　教师节之前，教育部网站刊登了十所知名中小学联合向全国教师发出的倡议书，其中"反对利用职务之便谋取私利，不收受学生、家长的财物"的内容，引起正在为教师节发愁的家长们的共鸣。

　　家长们发愁的原因是，教师节到了，要不要给孩子的老师送礼物？一个题为"要不要取消教师节"的调查近日走红网络。据发帖人表示，回帖人中，大多数建议取消教师节，理由是，现在贿赂老师成风，教师节似乎变成了给教师送礼的节日。这样的教师节让家长头痛、让学生头痛。事实上，也让很多教师为难，取消也许更好。

　　教师节遭遇如此尴尬，恐怕是提议设立教师节的立法者所始料未及的。这样的尴尬所折射的当下中国的师生关系、教师—家长关系，在中国历史上大约也是空前的。

　　至少自孔子时代以来，"为人师表"就是一个崇高形象，在所有纪实、文学作品中，教师都是令人尊敬的。这样的形象得益于社会各方的共同塑造。

　　当然首先是教师洁身自好。韩愈的《师说》简洁有力地概括了教师的职业伦理责任："师者，所以传道、授业、解惑也。"列在第一条的是传道，传圣贤之道，传历史文化之道，传为人处世之正道。而要让弟子、学生行走于正道，教师通常会约束自己守道，如《吕氏春秋·劝学篇》所说"不争轻重、尊卑、贫富，而争于道"。在这样明确的伦理气氛中，教师们普遍能够做到洁身自好，不与学生、家长发生不正当的物质关系。

　　教师如此自我要求，学生、家长通常也会相应地如此对待教师。有的时候，学生希望表达对老师的敬爱，也是借助语言，或者通过自己的创造来

---

① 原刊《新京报》，2010 年 9 月 9 日。

表达。家长们也更多地通过情感语言来表达对老师的谢意。教育体系及整个社会、政府也主要是通过荣誉来奖励那些杰出的教师。

由此可以看出，历史上以及家长们记忆中的教师的良好形象，师生间、教师与家长间相对纯洁的关系，来自于各方的非物质主义心态。

不幸的是，二十世纪九十年代以来，中国社会迅速地物质主义化，人与人之间诸多微妙而丰富的关系，逐渐退化为单一的、赤裸裸的物质交易关系，家长们自然会以这样的心态对待教师；另一方面，教育系统进行的诸多改革，也忽视教育的根本性质，把商业法则引入学校中，比如，教师节不是教师们相互交流，而变成了发奖金。在这种制度下，教师的心态也慢慢发生变化。在如此环境下，教师与学校的关系、师生之间的关系、老师与家长的关系也慢慢地发生变化，趋向于物质主义，教师节也就变成了家长之间的送礼大比赛。在这样的心态下，即便没有教师节，家长们平时也在动脑子送礼物。

怎么办？教师、家长无力改变全社会的物质主义倾向，但至少教师还是应当坚守职业伦理。同时，学校也应当采取一些措施，弱化教师节的物质主义气氛，强化其情感因素。比如，在教师节组织师生共同活动，邀请家长进校与老师交流，讨论学校公共问题。把教师节办成老师、学生、家长们共同参与的狂欢节，也好过现在的关门聚餐、发奖金。

十四、最重要的是驯化精英

一般来说,君子必然是各个领域的精英。但是,并不是所有精英都可称为君子,并扮演君子的社会角色。这句话尤其适用于当代中国。只要在自己的领域内成功,就是精英。应该说,过去三十年,中国各个领域涌现出无数精英。但惟有具有德行、具有威仪、具有参与公共事务之意愿和技艺的精英,才是君子。这样的君子,在当代中国各个领域中是相当罕见的。事实上,当代中国精英群体之堕落,堪与战国、秦、五代相提并论。人们看到的情形是,官、商、学各界精英疯狂聚敛财富,炫耀物质性享受,尤其是沉溺于酒、色,对民众疾苦漠不关心,对公共事务避而远之,即便他们有参与渠道。精英败坏之程度远远超过普通民众,他们通过各种媒体张扬自己的败德行为,拖累整个社会向下堕落。因此,当代中国重建文明之关键,正在于驯化精英。

警惕官员向底线堕落[①]

一起刑事案件近日引起人们广泛关注:5 月 10 日,湖北巴东县野三关镇政府项目招商协调领导小组办公室主任邓贵大被女服务员邓玉娇刺死。

---

① 原刊《21 世纪经济报道》,2009 年 5 月 25 日。

当地公安部门对此事的描述前后有所不同：最初是说，死者及其同伴向邓玉娇提出"特殊服务"要求，后来则说是提出"异性洗浴服务"要求。遭到拒绝后，邓贵大曾以一沓钱抽打邓玉娇的头部，并两度将邓玉娇推倒在沙发上，从而引发命案。

引发命案的是死者对性服务的需求。不论公安、司法机关最后的裁决是什么，此事再一次说明，目前不少官员的伦理品质已经接近甚至突破了底线。

邓贵大可能连科级干部都算不上，但在服务场所，却十分嚣张。对着服务场所的随便一位女性，他强行要求其提供与性有关的服务。他的形象是有象征意义的：他先是挥舞着金钱，当遭邓玉娇拒绝后，就毫不犹豫地使用暴力。邓贵大等人对女性没有一丝一毫的尊重，在他眼里，女性就是性服务的提供者；从他的行为中，看不到一丝一毫的廉耻感，他一点也不准备掩饰自己的欲望。

但这样的官员、这样的事件，实在是层出不穷：

在浙江丽水市碧湖中学，数十名在校女生被强奸。公安部门拘留了碧湖镇赵村原村委会主任何国兵。有受害者家长表示，何国兵等人为了拉拢一些社会关系，将女孩子找给其他人"分享"，其中可以明确的有"多名该镇村委会主任，也不乏公务员"。

四川宜宾县国税局白花分局局长卢玉敏，经人牵线，以6000元"买处"，糟蹋了该县一名年仅13岁的初中一年级女孩。女孩亲属举报后，县公安局着手办案，以卢当时确实不知女孩未满14岁为由，对其以嫖娼处理，行政拘留15日，罚款5000元。

媒体近日也披露北京市海淀区原区长周良洛的心曲：案发前很长一段时间里，周白天是区长，晚上是"陈总"，频繁出入色情娱乐场所，甚至一到晚上，就很想过"夜生活"。

如果说，中低层官员喜欢出入色情娱乐场所的话，那更高级别的官员似乎更偏好包养"情妇"。与周案有牵连的原北京市副市长刘志华即被法庭认定,所收贿赂主要由"情妇"代理收取,而且,刘志华的情妇不止一个。像广东原政协主席陈绍基、证监会原副主席王益等,也都有情妇。如有关部门专家所说:90％的落马贪官包养情人。

或许可以说,我们这个时代官员群体性道德意识之薄弱、混乱,性行为之放荡,是历史上比较罕见的。这一令人难堪的局面的形成,有多重原因:

首先,官员掌握着巨大而通常没有受到有效约束的权力。媒体报道出来的官员的性乱行为可区分为被动、主动两大类。官员掌握着决定他人命运的权力,因而,商人可能向官员提供性贿赂,女下属为升迁、女商人为获得机会,可能向上级、向官员投怀送抱。这是被动的。至于邓贵大的娱乐或周良洛的夜生活,则是官员主动寻找性服务。包养"情妇"则主动、被动两个因素兼有。

从这个角度看,解决官员之性乱现象,需要有效地约束权力。需要进行体制改革,缩小政府官员按照个人意愿管理资源、管制市场的范围与自由度。这样,也就不会有人挖空心思贿赂官员,官员以权力换取性服务的方便之门将被堵上。

但是,寻租者之所以向官员提供性贿赂,而官员也乐于接受,甚至于官员到各种场所主动寻找性服务,又反映了另一个更深层次的问题:官员的性道德意识之淡薄。而这又是社会整个道德价值观念错乱的体现。因为,在一个社会中,性道德意识就是道德意识的指示器。

自二十世纪初以来,中国社会的道德秩序就在瓦解崩溃过程中。传统没有及时地完成自我转型。作为一种反叛,新观念的传播者发起一轮又一轮反传统的运动。其结果,传统在人们的心目中的形象一落千丈,而道德观念就蕴涵于传统之中。因而,中国人整体的道德观念日趋淡薄。这体现在多个方面:商业交易匮乏诚信,假冒伪劣肆无忌惮,教师、医生等职业群体丧失职业伦理,以及性道德意识的错乱。在商业、政治、教育等领域的精英与普通白领群体中,拥有情人似乎是一件光彩的事情。正是在这样的社会氛围中,性贿赂才成为行贿、受贿双方都认可的高级贿赂品。

所以,解决贪官们的性乱,仅靠制度改革是不够的。政府身处社会之中,官员的观念、行为在很大程度上是社会一般观念的极端表现。贪官之所以热衷于包养情妇,乃因为在社会舆论中,这是一桩有身份的事情。故而,解决贪官们的权色交易与主动寻色,需要整个社会的道德自觉,需要整个社会重新塑造一种道德与精神秩序。而这样一种道德自觉,也是制度变革的前提。否则,人们如果连基本是非观念都没有,社会又向何处变革?

精英纵欲侵蚀社会秩序①

北大校方近日证实,该校一名已婚王姓男教授与云南丽江一高中生发生婚外情,并许诺帮助其上北大读书。后因事未办成,遭对方敲诈而报警。鉴于王的行为严重违背了教师应有的道德品质的要求,也违反了学校的师德规范要求,败坏了学校的声誉,北大已停止该教师工作,解除其教师职务。

北大校方的处理是完全正确的。在任何社会,教师具有崇高地位,因为,教师的职责是养成合格的人与公民。因此,古语说,教师要为人师表。教师当然不可能人人皆成为道德楷模,但至少在道德上应当没有明显的瑕疵。这是教师的职业所要求的,构成教师的伦理规范。一个人只有做到这一点,才有资格当教师,做不到这一点,就没有资格做教师。因此,大学已婚教师以某种交换性关系包养情人,乃是一个显著的道德污点,这样的人是没有资格做教师的。事实上,假如他有基本的廉耻之心,恐怕也没有脸面再面对学生。

然而,在当下中国,北大这位教师的做法,如果放在大学教师、科研人员群体中,也许并不罕见。一些大学教授,尤其是在学科、专业领域具有一定影响力、掌握一定科研资源的教授,虽有正常家庭,但与其女性研究生、

---

① 原刊《中国新闻周刊》,2011 年 9 月 5 日。

年轻教师之间,不乏暧昧关系。教授的性道德混乱,通常与教授、学生之间关系的商业化相为表里——研究生称其教授为老板,成为惯例似已有十余年。而在不正常性关系中,也经常包括了性与资源、机会的交易。

当然,如果从整个精英群体来看,教师、科研人员的性道德败坏,只能算小巫见大巫。这里所说的精英就是社会中掌握着资源的人群,知识精英属于其中之间,另两类是拥有较多财富的商业精英,掌握着权力的政治精英。后两类精英所掌握的资源更为庞大,其性道德败坏的程度比起知识精英来,也就更为严重。近些年来,媒体报道了诸多官员包养两位数情妇的案例,而原江苏省交通厅厅长徐其耀则包养了 140 多个情人。

凡此种种令人瞠目结舌的案例,让人完全可以断言:这个时代精英的性道德败坏,在中国历史上是空前的。造成这种堕落局面的原因很复杂。其中包括制度上的原因:精英群体所享有的权威几乎不受限制。官员的权力很少受到有效限制,商业精英们同样很少受到社会的约束。因而,他们可以胡作非为,而不用担心遭到惩罚。

然而,在传统社会,官员们的权力虽然较少受到约束,也不会如此放纵。这是因为,官员们一般都接受儒家教育,儒家价值塑造了官员们的心智,让他们在私生活中至少知道廉耻二字。在儒家价值渗透下,整个社会也具有一定的道德共识,对于不顾廉耻的事情,人们皆会侧目以对。

但过去一百年间,激进知识分子致力于破坏儒家伦理道德体系,尤其是二十世纪中期开始,一波又一波政治社会运动摧毁了原有的社会结构,传统道德伦理体系也被全面抹黑,整个社会形成了一种反道德、无道德的心态。目前在各个领域居于支配地位的精英,正是成长于这样的反道德、无道德的环境中。他们是彻底的物质主义信徒,他们不相信,这个世界上有什么精神生活,生命中唯一真实的存在就是肉体,最有意义的人生就是不断实现肉体快乐的最大化。

具有这种物质主义信念的人一旦掌握权力、资源,自然也就走上放纵肉体欲望之途。当代中国史无前例的酒的泛滥、奢侈品的热销、色情消费场所的火爆,都是各色精英们的物质主义价值观和生活方式所驱动的。而且,这种物质主义信徒内心缺乏是非廉耻感,他们会以物质主义的生活方式为荣。就是在这种心理驱动下,诸多官员热衷于记录性日记,精英们在聚会场所也毫不遮掩地炫耀情妇数量。

这本身就在极大地侵蚀社会秩序之根基。因为,纵欲的人不可能对未来负责,其行为必然是短期化的,事实上,那些纵欲的精英通常是带着末世心态放纵自己的。他们的纵欲行为总是伴随着权力的滥用与资源的浪费。

同时,精英们的堕落的价值观和生活方式向下影响整个中产阶层,影响青年人,最终导致整个社会价值观的物质主义化,整个社会都拼命追逐金钱,整个社会的性道德陷入败坏。而包括性在内的各种资源分配的严重分配不公,必然让中层以下人群不满、怨恨。不要说官员,就是教授们在面对女学生时所表现出的霸道,也会对学生心态产生严重的负面影响,而这些学生未来又是社会的中坚。

中国目前的严重社会政治问题,当然主要由于制度不合理,而精英群体道德伦理意识的普遍低落,其中部分精英的严重败坏,则要对社会秩序之溃散,承担相当大的责任。精英群体如果不能自我清理门户,中国社会就很难走出目前的困境。

精英的群体性纵酒①

全国人大代表提出"三公消费禁喝茅台"提案,惹恼了茅台酒厂。在新闻发布会上,茅台股份公司总经理反问:"三公消费禁止喝茅台? 那么我请问你,三公消费应该喝什么酒?"该总经理继续说:"我们(贵州)省委书记也说过了,如果三公消费不喝茅台,那么你去喝拉菲吗?"多么理直气壮。官员们吃公务饭是必须喝酒的。这位总经理和省委书记说出了这个时代的

---

① 原刊《南方都市报》,2012 年 3 月 15 日。

惯例:无酒不成席。

这是什么时候形成的官场惯例？大约是从九十年代开始,进入新世纪以来,愈演愈烈。全国人大代表、湖北省统计局副局长叶青说,有测算数据称,中国全年的公务用酒量是一个杭州西湖,触目惊心。而这个惯例清楚地呈现了这个时代的败坏与糜烂,尤其是官员群体、精英群体。

说起来,精英的群体性纵酒倒也不是新鲜事。早在三千年前,中国就出现过一次让人吃惊的末世景象,司马迁《史记·殷本纪》这样描述商纣王的生活:

> 好酒淫乐,嬖于妇人。爱妲己,妲己之言是从。于是使师涓作新淫声,北里之舞,靡靡之乐。厚赋税以实鹿台之钱,而盈钜桥之粟。益收狗、马、奇物,充仞宫室。益广沙丘苑台,多取野兽、蜚鸟置其中。慢于鬼神。大勚乐戏于沙丘,以酒为池,县肉为林,使男女保,相逐其间,为长夜之饮。

这段话似乎就是在描述当今时代精英群体中某些人的生活,而这一大段话中所描述的诸多现象,其实有其内在的逻辑。一言以蔽之,这个时代的基本精神是物质主义。人们相信,人的唯一真实的存在就是作为物质之肉体,精神是虚无缥缈的。因此,人生的唯一价值就是满足肉体感官之欲望,能满足这欲望的只有外在的物质。

这物质首先是声、色,它们直接对应于人的最本能的感官,其所带来的感官满足是最强烈的。所以,众多被揭露出来的贪官,几乎无不沉溺于色。财则可以购买到这两者,所以,纣王爱财,败坏的官员也普遍爱财。这些败坏者也十分虚荣,他们希望别人仰慕自己,所以,他们喜欢建造宏大的宅第、喜欢奇异的玩物。

而所有这些物质满足过程都离不开酒的刺激。酒的基本功能是抑制精神的自主控制能力,增加感官的敏感度,让人投入于追求感官满足的生命过程中。而感官有这样一种性质:物质增多,效用递减,敏感度会不断减低。而共同的享乐则可以增加满足程度。这就是太史公最后一段话的含义:酒将解除人本应的羞耻感,让一群人共同投入纯粹的感官满足中。这样的场景,在现代诸多酒场、会所都可看到。

可以说,群体性纵酒,尤其是精英的群体性纵酒,是物质主义时代的典型标志,它折射出精英的贪婪、无耻与末世心态。精英的群体性纵酒一定伴随着其私人生活之混乱,疯狂聚敛财富,滥用权力和权威,傲慢而冷酷地对待普通民众,以及最重要的,对共同体秩序之不负责任。

正因为见证了商末纵酒所导致的失序,周武王声讨商纣王的一大罪责就是"淫酗肆虐",周公在他的弟弟康叔被封到殷人居住区时,专门制作策命《酒诰》《毋逸》,历数殷人纵酒所导致的严重伦理与政治后果,进而严禁周人在祭祀娱神之外饮酒。而在此相关论述中,周公再三提及"敬"。

纵酒是"逸",也即放纵身体和心灵,"敬"则与"逸"截然相反,始终保持精神在一种严肃、紧张的状态,身体因此也获得条理。周公要求周人当敬于神,敬于身,敬于事,敬于他人。可以说,一切美德都是以"敬"为基础的。经过周初圣王之教诲,"敬"成为周人精神之基底。这一点被儒家所承继经由儒家的教化,也成为中国人精神之基底。比如,程朱教人修身的工夫,也就是"主敬"而已。"敬"正是中国文明保持顽强生命力的精神根源。①

因为"敬",传统社会精英群体,也即儒家士君子,对于酒,始终保持戒心。历史上,精英的群体性纵酒偶有出现,比如魏晋之际所谓竹林七贤,或者明末西门庆式人物。但放到历史大视野中,这只是插曲而已,而这样的时代,总是乱世或者制造乱世。

不幸的是,到二十世纪中期,这一精神传统中断了,人们逐渐不知道"敬"为何物。物质主义成为时代之主流精神,尽管其间发生过巨大的变化。这个物质主义把人化约为纯粹肉体的存在,于是,纵欲就成为上等生

---

① 关于周人戒酒及"敬"的含义,可参看拙著《华夏治理秩序史》(第一卷),《天下》,下册,海南出版社 2012 年版,第十一章"周公立教"。

活的标志。酒则是这种物质主义生活的象征和催化剂,精英的群体性纵酒蔚然成为一种风气。酒类广告在各类媒体上占据显著位置,官场、商场上已经无酒不成席,普通民众似乎也把纵酒当做生活的荣耀。

精英群体性纵酒之后果,已经显而易见了。有识之士已经发出了结束这种荒诞现象的呼声。建立约束性制度,比如从财政预算上控制公务消费开支,当然是十分重要而必要的。不过,与此制度建设同等重要的,还有时代精神之省思与改造,尤其是精英群体心灵之改造。而这种改造,只能通过回归的方式完成,那就是重温经典,重新找回塑造了中国人之特有精神气质的"敬"。有了这样的"敬",精英的群体性纵酒之精神基础将不复存在,而所有美德也将获得一个稳固的基础。这一点是精英自救的唯一法门,也是中国社会完成秩序再造的关键。

精英败坏是社会失序之源①

三则与汽车相关的新闻:

11 月 26 日,广东惠州市惠城区人大代表许茗雄酒后驾驶奔驰轿车,逆行撞翻一辆电动车,大骂伤者陶志良:"你这个穷人,还敢骑一辆破车来撞我。"

11 月 29 日 19 时许,成都,一名驾驶北京牌照别克轿车的男子与执勤交警发生争执,态度傲慢,并对交警喊,拦他车,是干交警干腻了。

12 月 4 日晚 7 时 40 分许,上海,一辆宝马轿车和一辆奔驰轿车在追逐中发生碰撞。事发后,两辆车上的人员互殴,奔驰车司机当场身亡。

这三则新闻中的汽车都不错,奔驰、宝马、别克,驾车人或者是有钱的商人,或者有地位的人大代表,或者是身份神秘之士,总之,从经济、政治结构角度看,他们算得上是精英。

---

① 原刊《南方都市报》,2011 年 12 月 6 日。

然而,从文化角度看,这些精英都是泼皮流氓。当然,他们只算低等级的流氓型精英,高等级的流氓型精英动辄贪贿几亿元,包养数十女人。笔者在想,这类流氓型精英在整个精英群体中能占到多少比例? 很难估计,但可以确定地说,该比例一定处于史无前例的水平。是的,中国社会的精英从来没有像现在这样败坏的,这正是当下社会严重失序的根源所在。

至少从尧舜时代开始,健全的华夏治理机制就是"君子之治"。《舜典》提出,以"乐"教"胄子"也即当时的精英具有下面的德行:"直而温,宽而栗,刚而无虐,简而无傲。"这就是中国最早的君子德行养成科目。可以说,华夏文明之自觉,始于君子养成之自觉。这样的君子乃是完整的人,他们同时具备德行、具备治理的技艺,也具有庄重的威仪。周代就是依靠这些君子进行治理的。孔子立教之根本目标,正是在传统君子走向衰落之时重建君子之教,在新的环境中养成君子,以为邦国、天下治平之本。从根本上说,儒家之学就是君子养成之学。

华夏文明为什么会走向君子之治的机制? 这可能与华夏天下之规模庞大有关。华夏天下的规模是古希腊、古埃及、古罗马难以想象的。这样的规模决定了,天下只能分散地、多中心地治理。君子就是基层治理之中心,每个君子就构成一个治理中心。君子们通过联合,维系一个"和而不同"的天下共同体——它还具有强大的秩序扩展能力。

秦攻灭六国、一合天下之后,试验了一种新方法:以单一的权力中心统治每一个人,结果是迅速失败。这与交通、经济、政治控制技术等的效率无关。二十世纪中期的中国第二次尝试这种统治模式,同样失灵。董仲舒—汉武帝之后,君子之治模式得以部分恢复,并一直延续到第二次秦制尝试之前。

实际上,孔子的一句话已清楚地说明了单一中心的治理模式与多中心的君子之治模式的根本差异:"道之以政,齐之以刑,民免而无耻。道之以德,齐之以礼,有耻且格。"①单一中心的统治以人性之恶为预设,以政府强制执行刑罚、人们对刑罚的恐惧维持秩序,主要由官员构成的精英与被统治者是敌对关系。由此,人性之恶也就迅速成长,每个人都在寻找秩序的漏洞,维持秩序成本的迅速攀升,以至于无法承受。

相反,在君子之治的机制中,君子依靠人们的信赖而享有软性的治理权威,由此,精英与大众之间是一种合作关系,就像孔子所说:"君子之德,风;小人之德,草;草上之风必偃。"②社会治理的成本比较低廉。而且,这种治理经常是以大众的同意和参与为前提进行的。

当然,这种治理正常运转的前提是:第一,政府保持节制,给社会充分的自我治理空间。第二,有一个健全的君子群体分散在基层社会方方面面。不幸的是,二十世纪中期以来,无所不在的权力让社会丧失自治空间,君子也就不复存在。

晚近二十年,这个单一权力中心统治体系已经失灵。同时,在此体系之外,成长出一些商业、社会精英。但是,他们远不是君子,如无数新闻故事所表明的,其中很多人不过有钱的流氓而已,高度商业化的权力精英也在其中。金钱给他们放纵欲望提供了机会:物质消费的欲望、炫耀的欲望,以及压迫他人的欲望。在当代中国,金钱系统地制造了心理上、社会上与政治上的不平等。当代中国社会的混乱,十有八九是这些掌权、有钱而没有德行的精英造成的:他们制造毒奶粉;他们进行暴力拆迁;他们在大街上横冲直撞,破坏交通秩序;他们滥用权力,他们也滥用金钱。他们以末日心态横行于国中,因为他们已经移民或者准备移民。

中国社会要好一点点,最为重要的事情就是驯服精英,养成其中一部分成为君子。制度当然需要变革,但透过儒家和佛教等传统价值、宗教之教化,唤醒部分精英之良心,也是更为基础性的工作。君子之治的突出特

---

① 《论语·为政篇》。

② 《论语·颜渊篇》。

征是,它是多中心的、自下而上地构建秩序的。一个个分散的君子完全可以在不合理的大环境中,治理好一个企业、一个社区、一个村庄、一个NGO。而只要养成一批君子,大范围的制度变革就能获得有力的引擎。

重建精英德行养成体系[①]

人力资源和社会保障部、国家公务员局近日对外发布《公务员职业道德培训大纲》,提出将对公务员进行职业道德培训的纲要,其中基础知识部分包括中国古代如何加强"官德"修养课程。

不出意料,这样的计划招来很多批评。这是一个奇怪的时代:一方面,人人都感觉,这个社会道德严重匮乏;另一方面,很多人,尤其是知识分子,对一切养成道德的做法又表示深深怀疑。某网站就此纲要进行网络调查,九成回答者认为,官德培训是"走过场,形式主义"。更多回答者则断言,这样的培训不能提高官德。

这种道德怀疑主义的逻辑实际上很奇怪:面对道德匮乏,人们并不从道德上找根源,而是一下子跳到制度上。毫无疑问,解决中国社会目前所面临的种种繁难问题,制度变革至关重要。但是,把一切希望寄托于制度变革,实属逻辑混乱。面对精神领域的问题,应当首先从精神上入手。面对道德溃散,应当首先从道德养成上入手。这当然不能解决全部问题,但至少这是解决问题的常道,也可以让局面变得稍微好一些。

官德培训属于这种范畴内的事情。不错,要从根本上改变官员的行为模式,需要制度变革,而且是非常深刻的制度变革。社会应当积极推动这方面的制度变革,不过,这方面的努力与官员德行之养成,并无任何冲突。制度变革与道德养成不是非此即彼的选项,完全可以并行不悖。即便在一个优良的政治制度和公务员制度下,职业伦理对于公务员群体保持健全的

---

①　原刊《南方都市报》,2011 年 11 月 16 日。

行为模式也具有重要价值。

因此,现在的问题不应当是,养成公务员之德是否必要,而在于如何有效地达到这一目标。在这个问题上,五千年文明中国积累了很多智慧。

《尚书·尧典》开篇即记载帝尧之德:钦、明、文、思、安安,允恭,克让。《舜典》记载,帝舜命夔"典乐",以"乐教"教养未来的君子具有"直而温,宽而栗,刚而无虐,简而无傲"之四德。《皋陶谟》中,皋陶总结尧舜时代圣贤君子之德为"九德":宽而栗,柔而立,愿而恭;乱而敬,扰而毅,直而温;简而廉,刚而塞,强而义。《左传》、《国语》中,春秋时代的贤者、智者对于君子之德,有更为系统之阐述。此处之君子,即是治理者。

这里首先需要说明,古典之德,并非今人所说的道德,而是指"德行",用现代的词汇来说,比较接近于"伦理"。道德与伦理是两个不同的领域,但在诸多学者、知识分子的论说和官方文件中,两者常被混为一谈。此处之"公务员职业道德",准确的说法应是"公务员职业伦理",这是由公务员的职业内在决定的伦理规范。上述古人所讨论者,也都是社会治理者之伦理。

有趣的是,如《尧典》所说,尧舜时代,君子之德乃是通过乐教养成的。"乐"所歌之词就是"诗",从诸多经典文献可以看出,乐教、诗教是周代君子德行养成之基本手段。换言之,古人清楚地意识到,包括官员职业伦理在内的君子德行之养成,涉及人的气质之变化,需要花费漫长的时间,付出巨大的努力,方可奏效。

汉以来,以儒取士,士人通过长期诵读五经,养成士君子之德。最典型者为汉、宋两朝,儒家经典教育最为发达,士人普遍具有一定节操,更有仁人君子具有"先天下之忧而忧,后天下之乐而乐"的高尚品德。顾炎武、梁启超等先生都曾经指出,儒家经典教育支撑的"士气",让这两代维持了较为清廉的吏治,民风也较为醇厚。①

　　今人或许可以从上述历史经验中得到一定启发。若欲养成公务员之职业伦理,可借鉴古代士君子养成之方法,从较早阶段入手,进行经典教育。具体说来,应当局部地恢复以儒家经典诵读为核心的古典教育。最理想的做法是在基础教育阶段就展开这项工作。这就需要对基础教育体系进行较大规模改造,难度较大。

　　而面对精英群体心灵空虚乃至败坏的局面,可以考虑针对一些关乎社会治理之良窳的职业群体,展开补课式的古典教育。比如,各级党校、行政学院培养公务员,法学院培养法官、律师,商学院培养商业管理人才,此类精英之德行对于社会治理具有重要影响。可以在这类院校系统地开设程度合适的经典诵读课程,阅读《论语》《尚书》《诗经》《左传》等相关篇章。由此,精英们不仅可以习得诚意、正心而修身之法门,也可以习得治国之智慧。这样的效果,不是讲几个古代清官故事所可比拟。

　　实际上,近些年来,具有较强反思能力的精英已自发地产生了这样的需求。公务员、商业精英上国学课似乎已是一种时髦,儒家经典课程在各类职业培训机构的课程中也是最受欢迎的。假如课程设计合理,师资得力,这样比较深入、系统的经典诵读,一定会对精英的心灵产生正面影响,推动精英发育成为君子,这是更化风俗、安邦利民之大计。

---

① 　顾炎武的论述见《日知录》卷十三"两汉风俗"、"宋世风俗"诸条,梁启超先生之论述见《新民说》之《论私德》篇。

卷下　风俗

风俗引论

社会治理之目标是在人与人之间形成秩序。秩序是指人与人之间处于这样的状态:人们可以普遍地、相当确定地预期他人之行为,从而以最低成本,最好是近乎自然地相互合作、交换,生命、生活的成本被控制在最低。这也就是《礼运》理想之"大顺",也即"和"之真正含义所在。

如何达到这种优良治理秩序?观察古往今来社会治理之成败,达到这种状态,不外乎两种途径:教与政,或者风俗和政体。中外圣贤当然都知道政体之重要性,但他们又都高度重视风俗,为什么?

何为风俗?

《汉书·地理志下》曰:

> 凡民函五常之性,而其刚柔缓急,音声不同,系水土之风气,故谓之风;好恶取舍,动静亡常,随君上之情欲,故谓之俗。孔子曰:"移风易俗,莫善于乐。"言圣王在上,统理人伦,必移其本,而易其末,此混同天下一之乎中和,然后王教成也。

再者西方贤哲托克维尔之定义:

> 此处风俗(moeurs)一词,我是在古人赋予该词的意义上理解其含

义的。我用它不仅指严格意义上的风俗,它可以被称为心灵的习惯,也指人们所持有的诸多观念,指人们中间流行的各种意见,指心智之习惯赖以形成的诸多理念。

因此,我把这个词理解为一个族群的整体道德和心智状态。[①]

托克维尔所说的风俗就是儒家所说的风俗。

风俗首先是指一个共同体、一个地区的民众在公、私生活之各个领域中表现出来的惯常而普遍的行为模式。这种行为模式就是"俗"。一个复杂的规则网络塑造着这种行为模式。至关重要的是,这些规则已经成为习惯,成为绝大多数人的身体和文化本能,所谓"百姓日用而不知"。它们是无法逐一用文字阐明的。这些规则就是"风"。这些规则在人和人际所确定的行为模式,塑造、维系正常的、富有活力的家庭秩序、社区秩序、行业秩序,等等,这些局部秩序间又以复杂的关系相互套嵌,而形成社会之基础性秩序。由此,人们得以维持其正常的生活,既包括私人生活,也包括基层的公共秩序。这就是最广泛意义上的风俗,它对于优良治理具有基础性意义。

换言之,风俗的核心是一些被人们普遍遵奉的"教条性信念",此为托克维尔所用之词:

教条性信念(dogmatic beliefs)之多寡因时而异,形成方式不同,其形态和对象也多有变化。但不管怎样,不可无教条性信念,也即人们不加讨论而以信赖心态接受的意见。假如每个人针对每个事情都形成自己的意见,并按照只对他本人开放的道路孤立地探寻真理,那足够多的人就绝无可能基于任何共同信念而团结为一体。

因此,显而易见,若无共同信念,社会就不可能繁荣——毋宁说,社会就不可能持续存在。因为,没有共同的理念,就没有共同的行动。

---

① *Democracy in America*, vol. 2, pp. 466－477.

而没有共同的行动，或许依然有人，却不会有社会体（social body）。为使社会能够存在，尤其是，为使社会能够繁荣，全体公民的心灵需要由某种主导性理念拉近、联合在一起；而除非每个人时时从共同的源头汲取他的意见，并愿意接受某些现成的信念，就做不到这一点。①

即便是个人要维持其正常生活，也必须接受教条性信念。接受教条性信念，合乎人类安排自己生命的基本原则：经济性原则。②

此种教条性信念之客观也就是习惯性规则，也即古人所说的"礼"，《汉书·礼乐志》曰：

> 人性有男女之情，妒忌之别，为制婚姻之礼；有交接长幼之序，为制乡饮之礼；有哀死思远之情，为制丧祭之礼；有尊尊敬上之心，为制朝觐之礼。哀有哭踊之节，乐有歌舞之容。正人足以副其诚，邪人足以防其失。

> 故婚姻之礼废，则夫妇之道苦，而淫辟之罪多；乡饮之礼废，则长幼之序乱，而争斗之狱蕃；丧祭之礼废，则骨肉之恩薄，而背死忘先者众；朝聘之礼废，则君臣之位失，而侵陵之渐起。

> 故孔子曰："安上治民，莫善于礼；移风易俗，莫善于乐。"礼节民心，乐和民声，政以行之，刑以防之。礼、乐、政、刑四达而不悖，则王道备矣。

---

① *Democracy in America* , vol. 3, pp. 712 – 713.

② 关于这一点，托克维尔说：

假如人被迫自己去证明他每天应用的所有真理，那他的工作将没有尽头。他将穷尽自己的精力去做这些预备性证明，而根本无法更进一步。由于人生短促，他将根本没有时间承担这项任务，由于他的智识的有限，他也根本没有这种能力。他必须肯定地接受诸多他自己既没有闲暇也没有能力探究和验证、但已由更聪明的人发现或者整个世界都已采纳的事实与真理。他可以在此基础上建筑自己的思想的大厦。这样做，并非出自他的意愿，而是他的状态之绝对法则迫使他这样。

……一个人若想自己探究每个事情，就只能在每个事情上投入很少时间和注意力。这将让他的头脑处于持续的忙乱中，而妨碍他深入地探究任何真理，并令人信服地确证它。他的理智固然是独立的，但同时也是软弱的（*Democracy in America* , vol. 3, pp. 714 – 715.）。

那么,礼的作用是什么?《左传·成公十三年》记载:

> [鲁]公及诸侯朝[周]王。遂从[周]刘康公、成肃公会晋侯,伐秦。
> 成子受脤于社,不敬。刘子曰:"吾闻之,民受天地之中以生,所谓命
> 也。是以有动作、礼义、威仪之则:以定命也。能者,养以之福;不能
> 者,败以取祸。是故,君子勤礼,小人尽力。勤礼,莫如致敬;尽力,莫
> 如敦笃。敬,在养神;笃,在守业。国之大事,在祀与戎。祀有执膰,戎
> 有受脤:神之大节也。今成子惰,弃其命矣,其不反乎?"

在刘康公看来,人的自然的生命天然地是不稳定的,无穷的欲望、激情
可能让人的生命向无数方向发散,这其中必然有很多是危险的。最可怕的
是,这危险通常是人的有限的理智所不能预知的。人为了更为确定地生
活,社会为了维持基本秩序,自然地演进出"动作、礼义、威仪之则",这些就
构成礼。礼的根本功能是"定命",也即给不确定的自然的生命以相对稳定
之锚,把自然的生命导入相对确定的轨道之中。由此,人就可以最为经济
地生存,可以以较高的可预期性与他人打交道。这样一来,自己和他人未
知的危险都会受到有效控制。

风俗体现于社会所有领域,而以家庭为重点。托克维尔说,"美国妇女
的卓越"乃是美国人成就伟大功业的首要因素。然而,这种卓越决不在于
今人津津乐道之"女权",而在维护家庭之合理分工与和睦合作,由此维持
了家庭内部的秩序,而这支持了优良社会治理:

> 在欧洲,社会的几乎全部失序,都源于家庭生活,而不是源于婚
> 姻。在这里,男人看不上自然的关系和合法的愉悦,而热衷于混乱,心
> 情的骚动,欲望的变换。欧洲人经常受那种骚动的激情之刺激,这些
> 会给自己的家庭带来麻烦,要让他们顺服国家的立法权,是困难的。
> 另一方面,美国人从政治世界的动荡中脱身,回到温暖而熟悉的家中,
> 立刻会看到一幅秩序与宁静的图景。在这里,他的快乐是单纯而自然
> 的,他的兴致是纯真而淡泊的。他从生活的秩序中活得了幸福,他自

然也会习惯于控制自己的意见和趣味。

　　所以，欧洲人通过给社会找麻烦，而逃避其家庭的不幸；美国人却从家里习得对秩序之爱，然后将此带入国家事务之中。①

　　本段论述之要旨，就是《大学》所说"心正而后身修，身修而后家齐，家齐而后国治，国治而后天下平"。家庭乃是风俗之本。

风俗为什么至关重要？

　　风俗之重要性在于，在个体层面上，它能够让人控制生活成本，让人不假思索生活，而不用事事都进行理性的计算。没有风俗，个体其实根本不知道如何生活，如何与人交往。在群体层面上，风俗则能够有效地压缩社会治理之成本，从而让社会治理是可能的，并有可能是优良的。

　　人皆有"四端"，可成就仁、义、礼、智之德，从而成为君子。但是，最终能够成为君子者，在整个社会中永远只是少数。当然，儒家又相信，有这少数，社会治理，优良的社会治理，就已经完全可能了。君子将是各种会社组织之发起者、领导者。不过，很显然，社会要形成优良秩序，绝不可听任那些"思"的能力不够强的凡人、中人处于"自然"状态，而必须通过一些有效的机制让他们有机会自我提升，加入到秩序之创造和维护事业中。这机制无非两种，孔子对此有清楚阐述：

　　　　子曰："道之以政，齐之以刑，民免而无耻；道之以德，齐之以礼，有耻且格。"

　　　　朱子注：道，犹引导，谓先之也。政，谓法制禁令也。齐，所以一之也。道之而不从者，有刑以一之也。免而无耻，谓苟免刑罚。而无所羞愧，盖虽不敢为恶，而为恶之心未尝忘也。

---

① *Democracy in America*，vol. 2，p. 474.

礼，谓制度品节也。格，至也。言躬行以率之，则民固有所观感而
兴起矣，而其浅深厚薄之不一者，又有礼以一之，则民耻于不善，而又
有以至于善也。一说，格，正也。《书》曰："格其非心。"

愚谓政者，为治之具。刑者，辅治之法。德、礼，则所以出治之本，
而德又礼之本也。此其相为终始，虽不可以偏废，然政、刑能使民远罪
而已，德、礼之效，则有以使民日迁善而不自知。故治民者不可徒恃其
末，又当深探其本也。①

孔子所说的政、刑，分别是行政和法律，主要是惩罚性的刑律。孔子并
没有说，社会治理不需要行政、法律。孔子的意思是，仅有行政、法律这两
个管制手段是不够的。事实上，我们可以说，仅有行政、法律是不足以实现
最基本之治理的。这一点，被后来的秦制所证明。秦制提供了一个极端的
治理模式之标本：它有意地消灭道德、伦理和社会自治，而单纯依靠行政与
刑律进行统治。其结果是"不二世而亡"。由此可以看出孔子之先见之明。

孔子说，要有效地进行社会治理，或者说，要实现优良治理，就必须在
行政、法律之外，让道德、伦理充分地发挥作用，以塑造良好风俗，由此民众
就可以知廉耻，而自主地节制其行为；如此，行政、法律的成本就会受到
控制。

孔子创造了儒家治理之基本框架，后世儒家特别重视教化，以化成良
风美俗。董仲舒在天人三策中这样说：

夫万民之从利也，如水之走下，不以教化堤防之，不能止也。是
故，教化立而奸邪皆止者，其堤防完也；教化废而奸邪并出，刑罚不能
胜者，其堤防坏也。古之王者明于此，是故南面而治天下，莫不以教化
为大务：立太学以教于国，设痒序以化于邑。渐民以仁，摩民以谊，节

---

① 《论语集注》，学而第一。

民以礼。故其刑罚甚轻而禁不犯者,教化行而习俗美也。①

习俗美,则普通民众多少都有知道仁、义,普遍地以礼节制自己的行为,动止皆合规范。如此,社会秩序就有了必要的基础。《宋史·苏轼传》记载:

> 熙宁初,安石创行新法,轼上书言:国家之所以存亡者,在道德之浅深,不在乎强与弱;历数之所以长短者,在风俗之厚薄,不在乎富与贫。臣愿陛下务崇道德而厚风俗,不愿陛下急于有功而贪富强。

重视风俗之化成,乃是儒家治理理念之关键所在。可能有人觉得,儒家这种论述过于迂腐。但是,良好的风俗正是美国社会得以实现优良治理之本——起码,托克维尔是这样看的。在《论美国的民主》上卷最后,托克维尔讨论了有利于美国维护其民主共和制的主要要素,他得出的结论是:"就其对美国维护其民主共和制的贡献而言,法律大于自然环境,风俗大于法律。"②

良善风俗如何化成

那么,如何化成、维系优良的风俗? 也许不出下面几种办法。

第一种是政治。顾炎武似乎就是这样解释东汉、宋代风俗之美的,《日知录》"两汉风俗"条曰:

> 汉自孝武表章六经之后,师儒虽盛,而大义未明。故新莽居摄,颂德献符者遍于天下。

> 光武有鉴于此,故尊崇节义,敦厉名实。所举用者莫非经明行修之人,而风俗为之一变。

---

① 《汉书》,卷五十六,董仲舒传第二十六。

② *Democracy in America*, vol. 2, p. 494.

至其末造，朝政昏浊，国事日非；而党锢之流、独行之辈，依仁蹈义，舍命不渝，风雨如晦，鸡鸣不已。三代以下风俗之美，无尚于东京者。故范晔之论，以为桓、灵之间，"君道秕僻，朝纲日陵，国隙屡启。自中智以下，靡不审其崩离。而权强之臣息其窥盗之谋，豪俊之夫屈于鄙生之议。所以倾而未颓、决而未溃，皆仁人君子心力之为"，可谓知言者矣。

使后代之主循而弗革，即流风至今，亦何不可？而孟德既有冀州，崇奖跃驰之士。观其下令再三，至于求负污辱之名、见笑之行、不仁不孝而有治国用兵之术者。于是，权诈迭进，奸逆萌生。故董昭太和之疏，已谓当今年少不复以学问为本，专更以交游为业；国士不以孝悌清修为首，乃以趋势求利为先。

至正始之际，而一二浮诞之徒骋其智识，蔑周、孔之书，习老、庄之教，风俗又为之一变。夫以经术之治，节义之防，光武、明、章数世为之而未足；毁方败常之俗，孟德一人变之而有余。后之人君将树之风声，纳之轨物，以善俗而作人，不可不察乎此矣。

按照顾炎武的看法，东汉风俗之美，源于政府重视儒家，起用儒家士人，从而引导整个社会崇尚名节。而汉末曹操之"求才三令"，则对风俗产生了巨大破坏影响。同书"宋世风俗"条云：

《宋史》言士大夫忠义之气，至于五季变化殆尽。宋之初兴，范质、王溥犹有余憾。艺祖首褒韩通，次表卫融，以示意向。真、仁之世，田锡、王禹偁、范仲淹、欧阳修、唐介诸贤，以直言说论倡于朝。于是，中外荐绅知以名节为高，廉耻相尚，尽去五季之陋。故靖康之变，志士投袂，起而勤王，临难不屈，所在有之。及宋之亡，忠节相望。

从西汉中期开始，伴随着儒生进入政府，带入了新的治理理念。尤其是道德理想主义精神比较强烈的儒生出任地方官员，成为"循吏"，自觉地以儒家理念治理地方，致力于优良风俗之化成。循吏的典范是西汉中后期的韩延寿,据《汉书·赵尹韩张两王传》记载,韩延寿"少为郡文学",可见其接受过系统的儒学训练,后出任人口众多的颍川郡太守:

> 颍川多豪强,难治,国家常为选良二千石。先是,赵广汉为太守,患其俗多朋党,故构会吏民,令相告讦,一切以为聪明。颍川由是以为俗,民多怨仇。
>
> 延寿欲更改之,教以礼让。恐百姓不从,乃历召郡中长老为乡里所信向者数十人,设酒具食,亲与相对,接以礼意。人人问以谣俗,民所疾苦,为陈和睦亲爱、销除怨咎之路。长老皆以为便,可施行。因与议定嫁娶、丧祭仪品,略依古礼,不得过法。延寿于是令文学校官诸生皮弁执俎豆,为吏民行丧嫁娶礼。百姓遵用其教,卖偶车马下里伪物者,弃之市道。数年,徙为东郡太守。黄霸代延寿居颍川,霸因其迹而大治。
>
> 延寿为吏,上礼义,好古教化。所至必聘其贤士,以礼待用。广谋议,纳谏争。举行丧让财,表孝弟有行。修治学官,春秋乡射,陈钟鼓管弦,盛升降揖让,及都试讲武,设斧铖旌旗,习射御之事。治城郭,收赋租,先明布告其日,以期会为大事,吏民敬畏趋向之。又置正、五长,相率以孝弟,不得舍奸人。闾里仟佰有非常,吏辄闻知,奸人莫敢入界。其始若烦,后吏无追捕之苦,民无箠楚之忧,皆便安之。

韩延寿树立了具有道德理想主义精神之儒家地方官员的治理典范,此后历代不乏循吏。人们所熟悉的大儒,比如程明道、朱子、陆九渊、王阳明,无不如此。与今人之误解相反,他们普遍遵照孔子"先富后教"之治民之道,首先致力于"富民",包括兴修水利,鼓励农业、工商业等。在此之后,才致力于教民。这包括兴办学校,养成地方士人群体;再与这些士人、乡里长老合作,移风易俗,提升民众生活之文明程度,而创造和维持健全的地方秩序。

由此我们看到了塑造风俗的一种重要手段:教化。教化就是以教化

人,而在儒家语境中,教首先是学。《礼记·学记》开篇即谓:

> 发虑宪,求善良,足以謏闻,不足以动众(郑玄注:宪,法也,言发计
> 虑当拟度於法式也。求,谓招来也。謏之言小也。动众,谓师役之
> 事)。就贤体远,足以动众,未足以化民(注:就,谓躬下之。体,犹亲
> 也)。君子如欲化民成俗,其必由学乎![①]

这里的"学"当然是儒家之学。儒家参与治理,包括化成优良风俗,兴
学总是第一入手处。循吏总是会在地方兴学,通过兴学,儒家价值渗透到
社会。最重要的是,经由兴学,可在地方养成知书达理之君子、绅士群体,
而他们是风俗的化成主体。这一点,我们下面再论述。

教化之实体内容为"礼"。如孔子所说,"齐之以礼",历代儒家都重视
礼的决定性治理作用,而不断地因应变动了的社会状况,缘民情而定新礼。
比如,朱子依据宋代高度平民化社会之现实,而订定《家礼》。分散于基层
社会之儒家君子、绅士遵行这些礼,这些礼也就逐渐成为民众之习惯,从而
化成宋明之社会风俗。这样,即便普通民众缺乏"思"的能力,无法自主成
为君子,他们只需守礼,就可以成为好人,彼此之间也可以较确定的预期相
互交往,基层社会形成基本秩序。

宗教也化成和维系着风俗。关于这一点,托克维尔在《论美国的民主》
中有很多论证,基督教的主要功能就是塑造风俗。在中国,佛教,尤其是唐
以后儒家化了的佛教,以丰富的手段教化信众,引导其向善避恶。各地差
异很大的多神的民间信仰,同样对良善风俗之化成,发挥了作用。这些宗
教让民众有所敬畏,它们也普遍教导民众具有仁爱之心,关心他人,也引导
信众服务公共事业。对于所有这些宗教,儒家总体上采取乐观其成的态
度,甚至参与其中,与宗教人士共同兴办基层公共事业。这也是儒家与一
神教的重大区别。

---

① 《礼记正义》,卷三十六。

无君子，则无风俗

当然，风俗终究需要人来化成。在儒家看来，塑造与维系优良风俗之主体终究是君子。不管采取何种手段，惟有借助君子开风气之先，借助于作为现场治理者之绅士，优良的规则才有可能渗透社会，化民成俗。

需要注意的是，儒家绝不相信，惟有当每个人成为君子，甚至成为圣人，优良秩序才有可能。社会中只要一部分人，甚至是极少部分人成为君子，也就足以形成和维持优良治理秩序。这是因为，每个人都被上天赋予孟子所说的"四端"。即便大多数人不能成就完备的德行，成为君子，至少也具有向善之心。而这就让他们足以承认君子的权威，模仿君子之行为，风俗也就因此而可以形成。

因此，尽管儒家承认人人在道德上平等，但儒家之风俗论，特别强调君子之以身作则，这就是儒家所说的"化"。如《论语·颜渊篇》所记：

> 季康子问政于孔子曰："如杀无道，以就有道，何如？"孔子对曰："子为政，焉用杀？子欲善而民善矣。君子之德，风；小人之德，草；草上之风必偃。"

君子以自己的言行给与自己直接接触的普通民众树立表率，这样的行为是得体的、优美的，而以向善的价值为基础。民众也心向往之，潜移默化中，民众也会模仿君子的价值和行为方式。透过他们，这样的价值和行为方式不断向外传播、扩展，最终覆盖共同体内所有人，从而形成良风美俗。新加入这个共同体的人，比如少年儿童，会接受这一风俗之教化，习得与人打交道之伦理。由是，共同体中人即便不识字，也知道如何做一个好的父亲、儿子、朋友、兄弟、臣民，等等。

需要注意的是"化成"一字的含义。《增韵》："躬行于上，风动于下，谓之化。"《康熙字典》："上所化曰风，下所习曰俗。"化成不是从外部塑造、灌输,把陌生的意识形态强加于人。化成的前提是普遍的人性:每个人均具有辨别善恶之能力并有行善避恶之偏好,这是每个人内在固有的,尽管他们自己并不能在具体情景中自主地形成完整的善行。君子的作用只是展示完整而实在的善行,民众基于其天性,自会认同之,进而模仿之。化成其实是让普通人通过观察、模仿,找到自己内在之"善端"在具体情景中实现的方式,因而,化成是被化成者所意欲的,也是其主动参与才完成的。

曾文正公国藩在其名篇《原才》中对少数君子化成风俗之机制,进行了深入的讨论:

> 风俗之厚薄奚自乎? 自乎一二人之心之所向而已。民之生,庸弱者,戢戢皆是也。有一二贤且智者,则众人君之而受命焉,尤智者,所君尤众焉。此一二人者之心向义,则众人与之赴义;一二人者之心向利,则众人与之赴利。众人所趋,势之所归,虽有大力,莫之敢逆。故曰:"挠万物者,莫疾乎风。"风俗之于人之心,始乎微,而终乎不可御者也。

> 先王之治天下,使贤者皆当路在势,其风民也皆以义,故道一而俗同。世教既衰,所谓一二人者不尽在位。彼其心之所向,势不能不腾为口说,而播为声气。而众人者,势不能不听命,而蒸为习尚。于是乎,徒党蔚起,而一时之人才出焉……

> 然则转移习俗而陶铸一世之人,非特处高明之地者然也。凡一命以上,皆与有责焉。有国家者,得吾说而存之,则将慎择与共天位之人。士大夫得吾说而存之,则将惴惴乎谨其心之所向,恐一不当,而坏风俗,而贼人才。循是为之,数十年之后,万有一收其效者乎,非所逆睹已。①

---

① 《曾国藩全集·诗文》,岳麓书社 1994 年版,第 181－182 页。

曾文正讨论的问题是风俗如何变化,如何从恶劣的风俗变化为优良的风俗。解决问题的第一步是极少数人的道德自觉。他们的"四端"较为强劲,又具有敏锐的"思"之能力。他们率先觉醒,自我养成为君子。随后,他们影响周围的人,逐渐地改变风俗。通过风俗塑造其他人,从而缔造和维持优良治理秩序。

据此,儒家对于社会变革从来都抱有信心。儒家不是制度决定论者,儒家相信人心。人心虽然柔软,但它必能突破制度。制度虽然恶劣,终究不能控制人心,尤其不能控制圣贤、君子之心。他们通过尽性、养心而自我成就,并养成普通君子、绅士。君子、绅士以身作则,而影响凡人。由此凝聚人心,改变风俗,甚至于改变政体。

重建礼乐,塑造风俗

谈到风俗,人们可能立刻想到"移风易俗"。儒家也会谈论"移风易俗"①,然而,这种移、易却是有限度的。归根到底,儒家只是主张化民成俗,所以,君子之移风易俗,必定以民为本,缘民情而化民俗,而不会把一套民众陌生的全新的价值和行为模式强加于民众。《礼记·王制篇》中一段话清楚地表明了儒家于风俗之审慎态度:

> 凡居民材,必因天地寒暖、燥湿,广谷、大川异制,民生其间者异俗;刚柔、轻重、迟速异齐,五味异和,器械异制,衣服异宜。修其教,不易其俗;齐其政,不易其宜。中国戎夷,五方之民,皆有其性也,不可推移。东方曰夷,被髪文身,有不火食者矣。南方曰蛮,雕题交趾,有不火食者矣。西方曰戎,被髪衣皮,有不粒食者矣。北方曰狄,衣羽毛穴

---

① 比如《礼记·乐记》就提道:"乐也者,圣人之所乐也,而可以善民心,其感人深,其移风易俗,故先王著其教焉。"

居，有不粒食者矣。中国、夷、蛮、戎、狄，皆有安居、和味、宜服、利用、备器。

如果以此来衡量，二十世纪中期以来中国现代知识精英和权力针对风俗所做的事情，绝非移风易俗，而是毁风灭俗。新文化运动最重要的命题就是，中国人的价值观念、生活方式不适合于现代生活，所谓"国民性"是低劣的。国民必须全盘改变既有风俗，接受知识分子所熟悉的生活方式。他们说，这才是现代的、先进的。五十年代之后，一波又一波文化、社会、政治运动均具有极端激进的"移风易俗"指向。凡此种种观念和运动逐渐瓦解、摧毁了传统风俗赖以生存的种种社会制度。现代教育体系也传播了种种号称现代的价值观念和生活方式，以塑造现代新人——顶奇怪的是，这些号称先进的价值、制度，几十年间不断变换。

这样的狂"风"借助权力，一遍一遍地在华夏大地上刮过，今日中国，风俗已经荡然——或者说，中国社会正处于战国、五代之败坏风俗中。人们已经不知道如何相互交往，社会礼仪已不复存在。生活之确定性已经十分肤浅，每个人的精神是紧张的，因为他必须在每个情景中计算采取何种行为模式，才可以获得利益。富裕起来的人们过着粗鄙的生活，在各种场合展示着自己的粗俗无礼。从全球范围来看，中国人普遍富裕起来，却并没有过上得体而让人尊敬的生活。

到了重塑优良风俗的时候了。此一轮优良风俗之化成，须面对城市化等社会巨变。不过，基本的范式不会因此而改变。风俗之化成有赖于士君子——绅士之自觉与以身作则，风俗化成之主要管道是教化。因而，儒家之复兴，也就是风俗化成之关键。当然，各种宗教可以发挥重要作用。法律、政体之变革，也可以为风俗之化成提供便利——当然反过来，优良风俗之化成，也可以推动法律、政体等正式制度之变迁。但归根到底，风俗化成，儒家复兴是关键。

一、要公民社会,先重建私民社会^①

经过学者的讨论及媒体的传播,人们已经熟悉了"公民社会"这个概念。

诚然,公民社会乃是社会自治及民主治理的社会基础,中国要发展民主政治,自然有待于公民社会的健全发育。不过,在中国,谈论任何一种来自西方的话语,都可能面临着时空错位的尴尬。经历过二十世纪的巨大变迁之后,中国目前所处的情形可能是最为特殊的。当人们热烈谈论"公民"社会的时候,很容易忘记一个最明显不过的事实:我们根本就缺乏一个健全而基础的社会,也即"私民社会"。并且,恰恰由于私民社会在过去一个多世纪一步一步走向解体,公民社会的基础才被抽空,进而影响到政治、经济、社会、精神秩序之健全发育。

无私民社会,即无公民社会

人总是呈现为私民—公民(private-citizen)的复合体,因而也同时生活于私民社会及公民社会中。人作为亚里士多德所说的"社会的动物",首先生活于家庭及亲属网络等私民性社会关系中,他可能具有某种私密的个人

① 　原刊《南方周末》,2007 年 12 月 6 日,收入本书时有所补充。

信仰，他需要从事经济活动以养活自己及家人，等等。由此，他生活在私民社会中。与此同时，人作为共同体的公民，生活于更为复杂的社会网络中，社区、国家的治理与他的个人生活、命运是息息相关的，因此，他总是以这样那样的方式表现自己作为一个公民的身份。重要的是，这两个身份都是社会性身份。

人的这两种身份在不同时代各有侧重。在古代社会，大多数民众基本上生活在私民社会。二十世纪初那些对中国积弱积贫痛心疾首的先进人士就形容中国人是"一盘散沙"。但这说法未必准确。那个时代的人们并不是近代以来的个人主义者所主张的原子式生存，而是生活于私人关系网络组成的完整的社会结构中，这个社会结构可以满足他的几乎全部心灵、精神、物质、社会，甚至公共参与的需要。当然，这种参与没有达到国民国家的层面——那时本来也没有现代的国民国家啊。人们确实不是西方那种参与城邦或民族国家公共事务的"公民"，但不能因此就说，他的生活形态不健全。他的生命存在大体上是完整的。

从二十世纪初开始，基于中西发达水平的强烈对比及中国近代化过程的挫折，知识界一步一步地向着启蒙的唯理主义狂奔，最终形成了林毓生先生所说的"全盘性反传统主义"。启蒙者以自己充满激情的理性为标尺，对各种自发形成而历史悠远的私民社会的制度、观念、价值，从知识上、价值上予以彻底否弃。他们近乎偏执地强调"私德"与"公德"之区分。他们是坚定的个人主义者，在他们眼里，个人作为儿子、丈夫、教师等的身份是多余的，甚至更糟糕，从原子式个人主义的角度来看，这些社会关系是压迫性的不平等关系，应当彻底予以打破。在启蒙的心灵看来，私民社会对于人的科学、理性、民主生活来说，根本就是障碍。启蒙的目标就是把人从他们心目中愚昧、非理性的价值、社会结构、信仰中解放出来。他们要国民，要公民，而不要私民。

这种理念在二十世纪中期演变成广泛的破坏性政治社会运动。经由这场文化与社会的大浩劫，各种原有的社会关系，比如宗族、行会、乡社、私人企业等制度,被国家权力全部打碎。最重要的是,传统的家庭关系也被打碎。残缺不全的家庭不再承担多少道德教育与信仰熏陶的功能,学校和单位则成为几乎唯一的教化机构。这样的教化,免不了完全被政治控制,目标仅在于塑造国家与国民之间的关系。国家为了这一目的,也刻意地抑制私人之间关系的任何发育,不论是在家庭内,还是在家庭外。

这样,私民社会解体了。人成为直接面对国家的个人,并被国家自上而下地编入单位、街道、公社中。只是,此时的人并没有成为先贤所期望的"公民",而只是被动员的对象而已。

事实上,这些人成了原子化的个体,而丧失了私民社会之公共性生活。个人安排自己生活、安顿个人心灵、精神的制度,比如家庭、宗教、社区等,基本上解体了,两三代人没有条件去享受完整的社会性生活。而且,经由反复的灌输教育,人们从心理上、价值上对那些私民社会关系已不再有敬意。中国人丧失了正常的社会性私人生活之制度依托。尤其是受教育程度较高的人们普遍认为,人情往来、亲戚邻里关系,等等,纯粹是一种多余的、没有意义的人情负担,竞相以推脱它而自豪。

就在这样的社会与精神状态下,中国开始市场化。国人经过此前文化上、知识上的解构及政治社会运动的冲击,已经从私民社会结构中剥离出来,成为原子式个体。中国社会真正成了一盘散沙,个人完全受霍布斯所说的自保的欲望、增加自身利益的动机所驱动,不用考虑其他价值,也不受烦人的规范的约束。利益计算的商业交易关系毫无阻拦地支配了社会和个人生活的一切领域。人果真成了主流经济学所设想的"理性经济人"。

这恐怕是中国经济"奇迹"的精神根源。只是,这样的时代只有商业而无社会。在发财的同时,人人也觉得很累:人人都叹息,别人缺乏诚信。不论是在商业领域,还是在公共生活中,甚至在精英和中产阶级家庭生活中,最起码的信任都成了稀缺品。

更重要的是,在私民社会的废墟上,信任和合作几乎成为不可能。而缺乏了这种信任,公民社会当然只能是空中楼阁。原子化的理性经济人自己不可能成为公民,对其他人的公民活动,也抱一种玩世不恭的质疑态度。某位老板捐资一大笔钱用于慈善企业,人们本能的反应是:这小子肯定是要拿这笔钱换来赚大钱的机会。热心社区自治的人士推动成立业主委员会,必然会有很多邻居站在一旁看热闹,他们想,这家伙肯定是要自己成名,自己获利。

在这个互不相关的原子化个体之海洋中,从事 NGO 事业、从事公益事业的人士都有一种深刻的无力感。这部分地是因为法律与政策管制过于严厉,但更多的是因为,他们发现,在这个财富遍地的国度,他们却筹集不到资源;在这个人口众多的国度,他们找不到同伴;在这个知识分子热心谈话民主的国度,他们所从事的活动,很难得到道义上的支持,反而经常遭遇猜疑。这其实一点都不奇怪:在私民社会的荒漠中,是没有公共之善可言的,公民社会最多只是口号,而不可能变成现实。

私民社会是公民社会的基础

我们已经看到了人的三种存在状态:原子式个体,私民社会,公民社会。现在很多人瞄准了公民社会的目标,但当代中国大多数人,尤其是接受现代反传统、反道德之教育较多的精英和中产阶级,基本上处于原子式个体状态。从这个状态到公民社会之间,恐怕没有直通车,而不可能绕过私民社会。可以说,没有健全的私人,就不可能有负责任的公民;没有正常的私民社会,就不可能有成熟的公民社会。

关于这一点,儒家有十分清醒的认识。论语第一篇《学而篇》乃是全书总纲,首章以孔子的一段话说明了儒家自身之社会性生存形态,第二章则记载孔子去世后担任孔门导师的有若的一句话,表明儒家对于社会治理的看法:

有子曰:"其为人也孝弟,而好犯上者,鲜矣;不好犯上,而好作乱者,未之有也。君子务本,本立而道生。孝弟也者,其为仁之本与!"

有子的意思是:人首先在私民社会中养成基本德行,而这是其成为更大范围的政治共同体内的公民之精神和人格基础。健全的私民社会就是一个健全的社会秩序之基础。

私民社会与公民社会之间存在一种复杂的双向互动关系。私民社会培育民众最基本的道德,形成一种主流价值,培育社会成员之间最基本的相互信任。而正是这些私德构成了人们参与公共生活的动力及行动的精神基础。中国古人讲,"求忠臣必入孝子之门",十分生动地说明了私德与公德的关系。同样,在现代社会,求负责任的公民必入负责任的私民之门,因为,健全的私民社会有助于把个体驯化成为公民,为其承担公民责任提供精神激励与支持。人只有经过私民社会的驯化,才有可能节制利己本能,使同情心、良知展露出来,从而使其行为可为他人预期,并对他人有基本的信任,而这是公民社会的前提。

私民社会也为公民参与自治、参与公共事务提供组织资源。公民社会所追求的治理形态肯定是自治,而私民社会的很多组织可以直接用作自治的制度依托。公民以个体身份参与公共事务是无力的,而私民社会,比如家庭、社区、商会、教会,等等,则提供了公共参与的最常见、其实也最重要的组织手段,至少在这些组织中生活,人们可以训练合作、组织技巧。健全的私民社会让人们知道如何做公民。

因而,如果对不同共同体进行横向比较就会发现,在私民社会与公民社会之间存在着一种正相关关系。很多人羡慕美国的民间基金会十分发达,公民社会的方方面面十分繁荣,而这与美国相对健全的私民社会、与美国相对古典的价值观念,直接相关。

而私民社会之种种制度安排,必然带有传统性。

启蒙者或许并不反对人具备美德,但他们过分乐观地坚信,单纯依靠个人理性的思考、觉悟乃至利益的计算,再加上启蒙者的理性教育,人就可以具备私人生活中需要的私德,并形成认同自由民主价值的现代公民精神。他们对人、进而对公民有一种理想化、浪漫化的认知，当然也就觉得，不需要私民社会的中介，人就可以从每个人对所有人的战争的状态，直接通往完美的公民社会。

这是一个巨大的谬误。人的理性没有这么大的魔力。私德不可能因为启蒙的理性教诲就自然生成，公德更不可能。相反，私德必须借助于某种教化体系来来养成。人节制自己本能的道德习性是在个体成长过程中通过耳濡目染、通过包裹在情感之中的教化而习得的，而不是理性反思的产物。人的理性没有能力分辨什么样的规则对于共同体的存续、对于人们社会生活中的合作是合适的、必要的。相反，人们只是在私民社会中习得那些经过时间考验的传统伦理规则，因此而过上了文明的生活。公德则是以这种私德为基础，并在其与人们参与公共事务的行为之互动中逐渐地生成的。

因此，一个健全的私民社会，必然呈现出相当程度的保守性，因为那些合理的道德规范不可能被人理性地设计和重新构造，相反，它们蕴涵于传统的价值、道德、宗教中，并渗透在私民社会的种种传统制度、组织形态中。道德教育只有借助于传统宗教、信仰的神秘魅力，以及私人间的情感才能有效地对个体发挥作用，具体单个人的理性计算和理性反思不可能在个人内心中生成具有约束力的道德规范。至于启蒙者依据理性所设计出来的新道德规范体系，终究不过是过眼烟云——这种努力不过是理性的滥用而已。

故此，如果人们希望本共同体的公民社会健康发育，就必得接受传统教育作为教育的基础。正是基于这个原因，笔者近年来支持某些人士所倡导的国学教育。儒家的振兴、其他各种宗教的复兴、各种传统节日的复兴、人们对家庭价值的重新珍视，乃至国学教育，等等，都是有助于社会发育的可喜迹象。这种私民社会的重建，当可为公民社会的发育提供丰厚的土壤。只有具有善心的企业家才会成为慈善家，只有孝敬自己父母的人才会想到帮助他人的父母，只有关心心灵生活的人才会关心自由。

　　有些人士把国学教育、传统复兴与公民教育、公民社会对立起来,他们说,与其复兴传统,不如创造自由的新传统;与其进行国学、儒学教育,不如进行公民教育。他们这样说,一方面是因为他们相信,个人可以直接从时刻计算利害得失的理性的狼,进化成为负责任的公民;另一方面也是因为他们认定,传统道德就是"三纲五常",这种纲常名教是落后的、反动的,只会培养出奴性的人格,阻碍现代自由社会所需要的公民人格的发育。

　　后一个认知被人重复了无数遍,但终归是思想偷懒的情绪化判断。从政治性功用的角度来观察,任何一种宗教、道德体系都是含混的。西方的道德、宗教体系恐怕也与自由的公民人格之间不是那么严丝合缝。这并不奇怪:人在私民社会中所习得的道德习惯,只是其参与公共生活的基础,公民人格、公民道德终究是在这种私德与人们的公共活动的"资相循诱"中生成的。传统道德纲目中那些适合于公民生活的部分会在这个过程中生长、放大。但是,没有种子,这一过程本身就无从谈起。

　　公民社会的重要性不言而喻,不论公民是指古典意义上参与城邦公共生活的公民,还是现代意义上积极争取自由、维护个人权利的公民,或者是当代意义上积极参与自我治理、从事非政府、非盈利性活动的公民。但是,人不论扮演哪种公民角色,都以其明理的、有良知的、有道德的私人为前提。

　　更进一步可以说,一个人可以不必是积极的公民,只要他是个好人,具备常识、遵守基本道德规范的人,则不论对社会还是对自己,就差不多足够了。假如在此基础上,他又具有公共精神,自可推动社会治理更上一层楼。但假如社会缺乏"好人",那社会就连最基础的精神、经济、社会秩序都不存在,又何来善治?如果连私民社会都残缺不全,又何来健全的公民社会?而私民社会的发育或者恢复,在很大程度上依赖于传统的维系或复兴。

二、回归儒家，实现文化自新

《周易》"贲"卦《象》辞曰："观乎人文，以化成天下。"天有天道，人有人道，人道见之于人之身体、人间关系者，即是人之文。人文者，人理之伦序，也即人与人之间可形成合理秩序之关系。形成这样的秩序，需要人们普遍地遵守合理的规则、规范。这样的规则、规范就是"人文"。这些人文被圣贤所思考、所记录，而形成种种符号性文本，表达伦序之文，令之可道、可言、可传、可教。五经及儒家典籍就构成了这个意义上的文。而在古典语境中，"文化"是个动词，即以文化人。以文化人正是儒家在传统中国社会所发挥之作用，由此而塑造人与人之间良好合作关系，也即良善风俗。今天，开放环境下新风俗之化成，亦需儒家之回归，并发挥化人之作用。

期待一场文化自新运动①

中国人过去一百多年间所从事的几乎全部事业，归结起来只是一件：构建现代国家（nation-state building）。漫长的一百多年过去了，仔细检视，不仅令人扼腕：国人在政制架构、法律秩序、商业秩序方面的建设成绩，均不能令人满意，而以文化建设上的失败最为触目惊心，文化大面积地荒

① 本节原刊《财经》，2009 年 12 月 18 日即《财经》年刊"2010：预测与战略"）。

漠化。不妨从三个方面略作观察：

首先，现代中国人的精神生活普遍是贫瘠的、扭曲的。人性虽善，但存在着堕落的可能。传统中国社会靠两种力量提撕人心：儒家的教化与佛教、民间信仰的诱导。但二十世纪五十年代以来，儒家与宗教均遭到强力打压。近三十年来，宗教又遭受商业化的猛烈冲击。

此一提撕的力量断裂，人心便直线堕落。当代中国人的精神世界可能是史上最为世俗化的，物质主义就是这个国度的主流意识形态。物质主义有两种互为表里的表现：权力崇拜与消费主义。当代中国各个领域的精英，不是权力拜物教的崇拜者，就是狂热的消费主义者，经常是两者兼而有之。精英的这种堕落，自然在大众中引发一种逆向反应：怨恨。掌权者与消费主义者合谋维持着一种泡沫式繁荣，通往这种繁荣的过程中不乏财富的掠夺与成本的转嫁。大众自然有一种强烈的被剥夺感，而制度没有向他们提供救济渠道。怨恨在他们的心灵中积聚、发酵，暴戾之气在社会中汇集、升腾，吞噬了每个人的善根。

其次，因为精神的扭曲，在当代中国已很难看到善良醇厚的礼俗。各种宣传一直以中国为"礼仪之邦"而自豪，然而今天，即便是文化人，在写作信函的时候业已经不知道如何相互称呼，"先生"、"小姐"等称呼已被当代中国人进行了创造性转用；人与人之间充满猜疑、不信任甚至敌意，教师殴打学生、学生杀死老师、家长咒骂老师的事，时有所闻。疯狂购买着越来越庞大、气派的汽车的有钱人和冒充有钱的人，驾驶车辆在道路上横冲直撞，高速行驶的汽车在人行道上撞死行人的新闻不断。新世纪以来，国人的粗野也随着暴发户们到世界各地旅游，而闻名天下。

第三，权力崇拜和物质主义也已支配中国学术界。在高校和研究机构，一方面是商业化的量化管理，一方面是名目繁多的项目、课题；一方面是行政控制，一方面是金钱诱惑。在两者夹击下，学术的大脑迅速地瘫痪了。在教育迅速产业化的同时，学术也迅速泡沫化了。有人鄙视八十年代的思想而倡导回归学术，然而，九十年代以来的所谓学术，不过就是山寨版的学术。山寨产品是有模仿对象的,人文社会科学领域的模仿对象则是西方,思想学术普遍地"汉学化",学者们沉溺于与西方接轨的现代学术,而丧失了面向中国现实之问题意识。

然而,《易》云:剥极而复。权力崇拜和物质主义在中国文化场域中已激起反弹。研究现代中国历史的不少学者已经改变了对儒家的态度,面临精神困惑的普通民众也怀念起传统礼俗的美好,中国也已出现了宗教振兴的潜流,而在学术界中,已有人开始自觉地反思学术的腐败与学术的自我殖民。官方学者对软实力的呼吁,也未尝不是自我反省的产物。

也许,在经历了二十世纪初的新文化运动、八十年代的新启蒙运动之后,中国将出现一场"文化自新运动",从而完成现代文化的构建。

但这场自新运动能否顺利展开,需要诸多条件,首先,取决于国人能否准确地处理物质与精神的关系。文化自新始于精神自觉,尤其是始于精英群体的文化意识之觉醒。这种自觉的关键就在于:意识到人的本质不是物质,而是精神;不是肉体,而是心灵。这并不意味着拒绝物质,轻忽肉体,而是如托克维尔所说,要让心灵支配肉体,让精神指导物质。惟有抛弃物质主义,作为精神之物化的文化,才有一线重建生机。否则,沉溺于物质的表面繁荣,中国文化的荒漠化将会持续蔓延。

文化自新运动的扩展也需要国人妥善处理古、今、中、西之关系。一个多世纪来,作为文化创造和传承之主体的知识人把前现代与现代、西方与中国对立起来,这种对立在不同时代有不同表现,比如激进主义的全盘反传统主义、守旧主义的中国特色论,以及后现代主义的文化多元论等。

引用陈寅恪先生的诗句"中体西学、资相循诱"[①],也许是最为健全的文化自新进路。所谓中体,首先是指中国人的主体性,新文化需要中国人自己来思考与创造,任何照搬都是不可行的;其次是指新文化必须是在原

---

① 《王观堂先生挽词》中形容张之洞之主张曰"中西体用资循诱",见陈寅恪著:《寒柳堂集》,上海
  古籍出版社 1980 年版,"寅恪先生诗存",第 7 页。

典基础上创新，所谓旧邦新命，任何凭空的创新都不可能是真正的创新。当下的中国人立基于传统－现实，同时对西方保持开放的心灵，会通古今中西，透过华夏固有传统之振兴、转进，实现新文化之构建。

这也正是文化自新区别于此前之新文化运动、启蒙运动的关键所在。国人当在儒家和传统宗教之复兴与转进的基础上，重新安顿自己的心灵；国人当在回归传统之同时，基于城市化社会与大范围交易、合作的陌生人世界之现实，重建礼俗；中国学界也当沟通中国古典与西方思想，重建足以支持中国之现代秩序构建与维系的思想、学术。

七十五年前，张君劢先生在《明日之中国文化》中提出了中国文化自信之道："吾人以为今后吾族文化之出路，有一总纲领曰：'造成以精神自由为基础之民族文化'。"①这与陈寅恪先生所说的"独立之精神、自由之思想"遥相呼应。一个十三亿人口的共同体构建现代国民国家，这是一个超乎所有贤哲想象的伟大而艰难的事业。所以，中国在过去一百年间中从一个失败走向另一个失败，并不足以让人气馁。重要的是始终保持一种刚健的精神，而这必以精神支配物质为前提。

以自觉的精神控制物质主义的大潮，乃是中国文化自新的关键所在。同样是由此自觉的精神，人们才会致力于优良制度的构建，而不会错把物质的繁荣误当成秩序的健全。

"儒学与现代社会治理"学术研讨会开幕词②

首先感谢信孚教育集团信力健先生的支持，感谢《开放时代》杂志社吴

---

①　张君劢著：《明日之中国文化——中印欧文化十讲》，中国人民大学出版社 2006 年版，第 85－86 页。

②　本节原为《开放时代》杂志社和广东信孚研究院联合主办之"儒学与现代社会治理"学术研讨会（广东从化，2011 年 5 月 14－15 日）所致之开幕词。

重庆主编的支持。但我敢说，你们的支持是值得的，因为我相信，这次会议在当代中国自由主义和当代中国儒家思想的历史上，都会产生一定意义。

二十世纪初，自由主义甫一进入中国，似乎就犯了一个巨大的错误：把自己刻意地外部化，也即刻意强调自己是一种外来观念。并断言，中国固有的观念和制度是非自由的，甚至更为糟糕，是反自由的。这样，自由主义与中国就互为敌人。更具体地说，中国的本质就是儒家，所以从一开始，自由主义与儒家互为敌人。

从某种程度上，自由主义的敌意更大。林毓生先生所揭示的"全盘性反传统主义"心态，就是这种敌意的清楚表现。反传统主义、反儒家主义，成为自由主义思想的一个基本特征，甚至可以说是一种底色。直到今天，很多自由主义者依然在坚韧地反对儒家。

一百年的经验与教训似乎足以表明，这可能不是一种健全的态度。对此，我可以提出诸多论证。从最为抽象的层面上可以这样论证：自由主义的宗旨是在中国推动形成一种优良的治理秩序，让中国人享有尊严和自由。仅仅从形式逻辑上说，这一目标就意味着，自由主义必然内生于中国文明之中，因为争取自由和尊严的主体只能是中国人。中国人所可享有的自由和尊严，只能是中国人在自身既有的生存状态下自我向上提升，方可获得。

那么，中国人是什么？中国人不是"白板"，也绝不可能由某个外来的观念通过启蒙或者洗脑变成"白板"。中国人必然是有其文明的规定性，中国人是由自己的传统塑造的，主要是由儒家的价值和制度所塑造的。考虑到中国历史的复杂性，即法家、兵家思想和秦制也是一种具有深远影响的传统，我们可以更为准确地说，中国人身上那种积极向上的部分是由儒家塑造的。

根据上面两点可以说，自由主义追求中国人的尊严和自由的事业，就别无选择地应当从儒家出发。跋涉需有一个出发点，虚空、"白板"是不能够作为出发点的。以文化、价值的虚空作为出发点，中国人追求自由和尊严的事业不可能有任何结果。

另一方面,刚刚复苏的儒家目前面临着被人操纵、从而而走向反自由的危险。

孔子"祖述尧舜、宪章文武"[①],上承尧舜皋陶、禹汤文武之道,并对其予以抽象,而发展出一套修、齐、治、平之学。汉代之后,儒家参与塑造社会治理制度,部分地控制了秦制。可以说,在复杂的中国传统中,儒家自始就代表着一种自由的精神,儒家始终在寻求人的尊严与自由。

也因此,到晚清,郭嵩焘、康有为、黄遵宪、梁启超、张之洞、张謇等儒家士大夫,非常敏捷地借用西方现代治理知识,形成了构建现代国家的蓝图,并极为有效地推动了现代治理秩序的形成。这是儒家历史上、也是中国的自由史上最为重要的一段时期。

二十年代之后,此一事业遭遇挫折。正是这些挫折,引发了知识分子对儒家的敌意,中国逐渐走上了构建现代国家的歧路。之所以说是歧路,乃是因为此后的建国方案通常是反儒家,也即反中国的。由此所建立起来的制度,与传统、与国民、与中国文明是敌对的。这样的制度缺乏文化的正当性,因而从根本上是不稳定的。

当这套制度松动的时候,传统就自然地恢复。过去三十多年的中国究竟发生了什么样的事情? 有人说,这是一个改革的时代,改革带来了良性的变化。但也许更恰当的说法是,过去三十多年的历史是一次大规模的回归,传统的回归,中国固有的各种信仰、制度的回归。比如,宗教信仰、私人产权、社会自治等被我们视为改革目标的制度,其实都是传统中国所固有的。它们曾经遭到压制,现在顽强地回归了。

这一事实证明了,在当下,任何在中国重建秩序的努力,都只能通过回归来完成,已经有越来越多的人意识到了这一点。过去五年来,中国思想界最为重大的变化趋势之一就是儒家的复归。信力健、陈明先生发起的第

---

① 《礼记·中庸》。

一届儒教会议，就得风气之先。此后，有人提出"通三统"，引孔子入主流意识形态。似乎正是沿着这一思路，最近有人提出"马克思主义中国化"也即儒家化的命题。其用意或许是，通过以马化儒，最终达到以儒化马的结果。这样的用意也许是好的，但这一过程本身把儒家矮化为一种现代意识形态，且与一种粗鄙的意识形态结合。

凡此种种趋势，对自由主义、对儒家，同时构成了挑战。自由主义如果延续其反传统主义心态，那就难免将重复以前在实践上的战略错误，在观念上将继续呈现出贫血状态，而最终在观念的市场上日益边缘化。

同样，儒家如果缺乏政治自觉，那就可能沦为国家主义、民族主义等现代意识形态的工具，由此将丧失主体性，进而丧失引领现代国家构建的崇高地位。不幸的是，目前学院中主流的学术化、哲学化儒学的进路，对此趋势漠然置之。事实上，这种虚火甚旺的儒"学"本身，也在消解儒家复兴的根本意义，而将其变成盛世的点缀。

我们发起组织这次会议的目的，就是提醒、推动自由主义和儒家，互施援手，共同拯救，相互会通，从而共同获取新生，并有能力更为有效地参与到中国的现代国家的化育过程。

至少我个人相信，透过理解儒家，进入儒家，自由主义可以化解与中国的敌对性，接上中国的地气，从而走上内生性发展之路。没有这样的发展，自由主义就不过是用轮船从外国拉来的罐头，虽然美味，终究只是罐头，而不能成为每年都开花结果的大树。

另一方面，透过对自由价值的凸现，儒家可以摆脱国家主义、民族主义的诱惑，真正地凸现古典对于现代的价值。同时，透过对社会治理、对制度的关注，儒家可以走出学术化、哲学化的陷阱。这两者加起来，可以让儒家更为有效地参与到现代中国治理秩序之塑造和再造过程中。

我相信，惟有儒家和自由主义同情、共生、会通，中国人才有可能重回现代国家构建的正道，这就是当今儒家和自由主义者所无可逃避的共同的天命。

大陆需完全回归孔子①

　　在大陆特殊的文化与政治语境中，如何对待孔子，是一个被人们反复拿出来讨论的重大问题，并且每一次总能引发最为激烈的情感性反应。

　　最新的例子是，去年底，位于北京天安门广场东侧的国家博物馆北门树立了一座孔子雕像。此事引发轩然大波。传统媒体、网络媒体的评论者，至少有一半持反对态度。最有趣的是，这一次表示反对的人中，老左派居多数。

　　这种态度与当局形成微妙对比。显然，没有高层的许可，紧邻天安门广场的国家博物馆门前是不可能树立高大的孔子雕像的。而高层允许树立孔子雕像，显示了高层回归华夏文明正统的强烈意向。

　　二十世纪中国思想文化的基本基调是林毓生先生所说的"全盘性反传统主义"。从自由主义、民族主义，到国家主义、共产主义，无不具有反传统的姿态，只是程度有所不同而已。现代中国当然也存在一个保守主义传统，去年底出版的拙作《现代中国的立国之道》第一卷《以张君劢为中心》对此有所探讨。但相对于激进主义，保守主义毕竟是微弱的。

　　尤其是在大陆，激进主义成为二十世纪中期大陆文化制度、政策的基本取向，从移风易俗、改造思想，一路发展到"文化大革命"。那三十年中，政府借助权力、通过政治社会运动摧毁传统之决绝、彻底，实为文明史上所罕见。

　　实际上，人民公社制度、鼓励家属相互告密等经济、政治措施，都可以从反传统的角度予以理解。传统中国社会的经济制度就是私人所有加市场制度，人民也都习惯于家庭经营、消费，公有制、集体经营就是反传统。

　　也正是这一反传统取向，让政府在七十年代陷入困境——严格来说，

① 本节原刊《明报》，2011 年 4 月 3 日。

这一困境从五十年代就出现了。新制度的建立,造成了法律与生活、制度与人的对立。知识分子固然可借助外来思想,不论西方、苏联,形成全新的生活意识。普通人民却总是按照代代相传的传统生活的。政府固然可以按照外来的理论建立公有制,人民却只习惯于私人经营。他们的父母交给他们、他们自己在此前的实践中所掌握的生活的技艺,都指向私人经营。

因此,生活于公有的新制度下的人民,具有回归传统的强烈冲动。经济史研究表明,从五十年代中期起总共出现过三波较为明显的家庭承包风潮,最终到八十年代,农民取得了部分成功。

事实上,中国过去三十年,几乎所有领域发生的变革,都是人民回归传统的文化本能所推动的。比如,过去三十年中,大陆出现了诸多慈善公益组织,而传统中国社会本来就有深厚的积德行善传统。

也就是说,大陆的改革,并不是向前,而是回退,就其本质而言是传统的复归。经济体制改革固然如此,社会领域的变化同样如此。西哲云,理论是灰色的,生活之树常青。二十世纪中期出现的新制度是照搬外国理论的产物,仿佛建造了一个铁笼子,塑造生活。但中国那棵已经长了几千年的生活之树,终归要按照自己固有的基因生长。最终,它的力量积攒到一定程度,撑破那个大笼子。从经济的角落到社会的角落,最后到了文化、价值的角落。

从这个角度可以准确地理解,国学为什么会热起来,孔子为什么会归来。有一些自由主义学者喜欢把国学热、孔子热归因于政府的鼓励、扶持。这样的看法可能颠倒了事态内在的因果关系。三十年变革就是传统的回归,作为传统的内核的孔子和儒家当然也会回归。中国人要恢复其作为中国人的完整的生命、生活,孔子就一定会回来。

因此,孔子、儒家乃是自发地回归的,就如同土地承包制是农民率先自发恢复的一样。我记得非常清楚,八十年代中期,官方媒体曾以批评口吻连续报道"先富"起来的温州、福建、广东农民建造豪华坟墓,把学校占用的祠堂恢复为祠堂祭祖的事情。这就是儒家生活方式自发回归的铁证。在朴素的民众本能地走上文化回归之路后，少数学者才从理论上觉醒，加入到这一行列中。

这样的情形与经济领域是一模一样的。曾经在八十年代改革过程中发挥了重要作用的年轻学者们所做的工作，主要是为农民的创新提供理论性辩护，并不是他们发明了那些改革措施。

政府在文化领域所做的事情也与经济领域一样：承认民众回归传统的做法。这种承认姿态，在九十年代以后逐渐明显起来。政府对民间修建祠堂、族谱的做法，不再进行打击。政府承认国学、儒学的合法性，进而采取一定的扶持态度。到最后，政府也给孔子部分地证明，以孔子之名进行文明对话。最后则是在天安门边缘，树立了孔子像。

但是，目前政府对待孔子、儒家的态度，与其对待市场经济、法治的态度一样，不够彻底。政府对于儒家始终若即若离。比如，政府尽管在海外建立了诸多孔子学院，但它只是一个单纯的语言教学机构，而未传播孔子的价值理念。更为重要的是，在大陆，虽然政府允许中小学生阅读儒家经典，但教育管理部门也警告，防止其中的"不健康"因素影响孩子。

这样的态度是不够明智的，需要毫无保留地回归儒家、孔子，这是中国文明几千年的生命逻辑之内在要求。当然，这绝不是企求政府强制所有人信奉孔子、儒家——现代社会治理的基本原则是宗教宽容和价值自主。完全回归孔子、儒家的意思只是说，政府、知识分子不再抱着猜疑、鄙视、仇视孔子、儒家的态度，而是以最基本的"温情与敬意"对待自己的祖先，对待华夏固有传统。人们可以儒家固有理念为基础，借助西学，发展现代价值。至于人民的生活，也完全可以在固有的儒家式生活方式基础上，接纳现代元素。

只有这样，当下中国才算重回其保持了惊人的连续性的文明之正道，现代化、富强、法治、民主等一切现代价值也才有意义。惟有回归孔子、儒家，中国才算确立其主体性，中国在国际政治上才有可能成熟。

三、宗教复兴与风俗更化

　　谈起中国过去三十年最为重大的变化,人们通常立刻想到经济繁荣。但从长程历史视野看,宗教复兴也许才是最为重要的历史事件。从二十世纪八十年代以来,中国经历了一场规模极为庞大的宗教复兴运动。而这场宗教复兴,对于社会风俗之维系和改善,已经发挥了一定作用,并将发挥更大作用。

　　人之异于禽兽之"几希",在于人的存在,本质上是精神的。因此,人自然地要过宗教生活,以安身立命。而宗教对于社会形成和维系秩序也具有决定性意义。秩序形成之本,在于共同体成员之"敬"。而宗教之社会功能就在于塑造这种敬。因为敬天、敬神、敬上帝,人们会约束自己,这样具有敬心的人才会敬他人,敬法律,敬秩序。

　　因此,关心中国社会风俗再造、秩序重建者,对于宗教复兴,理当乐观其成。不过,当代中国的宗教复兴遭遇很多阻力,自身也存在诸多需要反思之处。

企业家为什么寻找信仰?[①]

种种迹象表明:当代中国的企业家正在急切地寻找信仰。

此事意味深长。我常对朋友说,过去三十年中国发生了最重大的现象:第一是私人企业家群体的兴起。这一点人们都注意到了,这个群体带动了私人经济部门的形成,创造了中国经济奇迹。第二则是宗教的振兴。这一现象未引起公众、舆论广泛关注。而这两个现象,是紧密地联系在一起的。

至少从九十年代中期起,就有很多企业家在寻找信仰,这几年来,则已蔚然成为一种风气了。最近参加长江商学院组织的一个关于中国企业家状况的小型研讨会,与会几位国内权威的管理学教授、企业管理顾问不约而同地谈论回归古典智慧的必要性,其中包括通过宗教来重新塑造企业家的精神。他们之所以这样谈论,当然是因为他们的服务对象——企业家们已经有了重造精神的需求。

企业家有双重身份,这两个都在寻找信仰:首先,企业家作为人,其个体的生命、生活面临很多困惑,需要寻找答案。普通中国人今天也都普遍存在这样的困惑,只不过,企业家拥有很多财富,其生命体验比普通人更为极端,其心智比普通人更为敏锐,这种困惑也就可能更为强烈。其次,企业家作为企业的投资者、经营管理者,也觉得企业的存在、维续、扩展面临很多困境,这一点同样推动他去到宗教中寻找智慧。

尽管很多经济学家、媒体乃至外国投行经理在高声赞美我们这个时代,但身处于这一奇迹之中心的企业家们的个体生命的困惑与组织管理的困境,其实是相当严重的。

从人类历史地视野来看,当代中国这一轮市场化是绝无仅有的。所有

---

①　原刊《中国企业家》,2010 年第 3 期。

市场化转型都是在"社会"框架内展开的,而社会的骨干就是宗教。在十四、十五世纪的地中海沿岸,在十七、十八世纪的英格兰,在十八、十九世纪的美国、德国,十九、二十世纪的日本,乃至同属于中国范围的香港、台湾,概莫能外。市场化是在存在着发达的宗教的社会环境中启动的,甚至通常是在社会经历强劲的宗教复兴之后启动的:英格兰的宗教改革与资本主义的关系,就是学术界一个经久不衰的研究题目。

但是,中国这一轮市场化,却是在宗教基本上被消灭、极端世俗化的物质主义气氛中开始的。在此前,先是二十世纪初,激进知识分子基于反传统的激情和唯科学主义的迷信,制造、传播了种种反宗教的说辞,那个世纪中期的社会政治运动则把这些说辞变成了现实。中国人确实过上了一种没有宗教的生活,但科学吗? 似乎也未必。

更不幸福。不错,人完全作为一种物质而存在,也许极大地有利于经济的增长。经济活动的本质就是满足欲望,并不断制造、放大欲望,而宗教的本质却是节制欲望。宗教的不存在,可能是中国过去三十年经济奇迹、财富奇迹的一大动因。

但是,托克维尔早就指出,物质主义是自拆台脚的。这位睿智的观察家在美国注意到,当时美国人的物质财富相对于欧洲普通民众是富裕的,他们却个个心神不安。托克维尔说,那恰恰就是因为,美国人过分爱好物质生活享乐了:

> 将自己的心思完全局限于追求世俗之物的人总是急不可耐,因为,他只有有限的时间发现它们,抓住它们,享受它们。人生短暂的记忆持续地纠缠着他。除开已在掌握之中的物,每时每刻,他都想象,假如他不快马加鞭,死亡将让他们无从获取成千上万其他的物。这种念头让他焦虑不安,恐惧而懊丧,让他的心灵处于某种持续的不安中,而这会让他经常改变计划和住所。①

---

① *Democracy in America*, vol. 3, pp. 944-945.

当时的美国还有清教。纯粹物质主义的中国人之不安,当然就十倍、百倍于美国人。确实,在中国,任何人的欲望可以得到最大限度的放纵,且因此获得人们的崇拜;但中国的中产阶级也是全世界焦虑感最强烈的,下层的怨恨与普遍的戾气也触目惊心。

至于企业家们的心神不安,也十分明显。不错,在这里,胆大妄为的企业家可以做任何事情:欺压员工、操纵官员、包养情妇,等等。这里产生富翁的机会也比任何国家都多。但是,没有一个企业家可以确信,自己明天还可安然坐在办公室里。我们这个国家的企业家持有外国护照的比例是最高的,"假外资"的比例也是最高的。

于是,财富带来的快感、物欲的强烈诱惑与随时可能失去这一切的挥之不去的焦虑,在企业家心灵中激烈冲突。他们中多数人可能选择用物质主义之药医治物质主义之病:继续放纵,用物欲的满足淹没不时泛起的焦虑与深刻的恐惧。

也有相当一些比较明智的企业家,意识到这种物质主义药方的无效性,奋力地挣脱物质的捆绑,向灵魂的层面超越。他们走上了寻找信仰之路。在中国,佛教是最普遍的宗教,企业家朝山拜庙已成风尚。还有一些成名的企业家则迷恋在藏传佛教的神秘气氛中。在某些区域如温州,受区域文化影响,基督教在企业家群体中相当流行。在另外一些地方如潮汕,儒教及与受儒家影响的民间信仰则迅速复兴。

这样,三十年中形成的两个"社会"——私人经济部门与宗教,呈现出融合的迹象。这一点是中国商业秩序向良性方向演进的开端,也将对整体社会秩序的良性演变产生巨大影响。

从祭祖通往优良社会治理①

　　人是否必须有某种超越性信仰？无此信仰，健全的社会秩序有没有可能维系？这是古往今来所有哲人思考的终极问题。而中国二十世纪的历史，为思考这个命题提供了一些有意思的素材。

　　传统中国人是有强烈的宗教信仰倾向的，因而形成了至少四种类型的信仰体系：第一类是天道信仰，它带有强烈的政治性，通常由最高统治者祭天。由此又衍生出一些与时间、空间有关的信仰，比如祭祀名山、大川。中国人的节日也多是依据天道信仰被分配在一年的不同时间节点上的。春节就是依据天道信仰确定的最为重要的节日。

　　今日所说的春节，在一百年前共和国建国之前，被称为"元旦"。"元"字在古代具有相当神圣的意义：《春秋》经文开首谓："元年，春，王正月。"汉儒何休解释说："元者，气也，无形以起，有形以分，造起天地，天地之始也……春者，天地开辟之端，养生之首，法象所出，四时本名也。"②"元"是天地之始，"春"是四季之始，"正月"是十二月之始，元旦的重要性也就不言而喻了。

　　既然元旦如此重要，则一年中最为重要的祭祀活动都在此期间进行。中国人的第二类信仰体现为民间信仰、基于万物有灵论的神灵崇拜，比如门神崇拜、灶神崇拜、财神崇拜等。春节期间，人们会祭祀这些神灵，祈求幸福。中国人的第三类信仰是佛教、道教这样的宗教，春节期间也会有一些宗教性活动。

　　不过，对普通人来说，春节期间最为重要的宗教活动还是祭祀祖先。祖先崇拜是中国人的第四种信仰。这种信仰起源甚早，宋明以降，已形成

① 原刊《中国新闻周刊》，2011 年 1 月 31 日。

② 《春秋公羊传注疏》，隐公卷一。

今日人们所看到的祖先崇拜的各种礼俗，以春节为重头戏所在。笔者所记忆的年俗中，就包括祖先崇拜。长辈会拿出祖先轴卷挂起，正月初一早上，要跪拜祖先。此前有祠堂，则祭祀祖先的仪式更为隆重。

这种祖先崇拜，乃是中国人安身立命的一种重要机制。肉身的生命是短暂的，生命的消逝是令人恐惧的。如果死亡是一了百了，那生命就没有任何意义。而不能感受到生命之意义的个体，必然对自己的生命不负责任，进而对他人的生命不负责任，对社会不负责任，社会秩序将因此而溃散。

祖先崇拜让必死的肉身获得了永恒性。祖先崇拜意味着人们相信，自己的生命是从遥远的祖先那里传承下来的，又将向着未来传承。这样，个体的存在就突破了当下时间的局限，被置于从过去到未来的永恒的时间之流中。个体生存因此而具有了意义：个体的肉身承载着家族的价值，自己所处的这个环节之缺乏意味着家族价值传承的中断。因此，个体必善待自己的生命，让生命呈现出饱满的形态，这是祖先和子孙共同要求的。

也因此，祖先崇拜具有重大的社会功能，曾子的一句话对此作了最好的概括："慎终追远，民德归厚矣。"①认真地对待丧礼，诚心地祭祀祖先，意味着个体清楚，自己乃是无始无终的时间之流中的一个环节，乃是跨时性共同体中的一员。由此，个体会约束自己的行为，而这一点乃是德行的前提。如果社会中每个人都能自我约束，自然会形成一种优良的社会秩序。

另一方面，春节祭祀祖先的礼仪总是合族进行。平时分散的人们，借着祭祀共同的祖先之机会，聚集于一堂。在这样的社会性仪式中，人们会建立起某种秩序。共同的祖先也会缩小人们之间也许因世俗的物质纠纷而产生的精神距离，拉近情感。也就是说，祭祀的礼仪可以在人际空间上建立起亲密关系。

由上述两点可以看出，祖先崇拜具有重要的文化社会功能。惜乎过去

---

① 《论语·学而篇》。

一个世纪,在启蒙观念和政治运动的冲击下,祖先崇拜似乎趋于淡化。这首先发生在城市,进而波及乡村。如果慎终追远乃是厚德之道,那么,祖先崇拜的淡化,当然就是薄德之途。当下社会秩序的紧张乃至冲突,与此大有干系。

有人会说,祖先崇拜趋于淡化的根源是经济、社会结构的剧烈变动。此为似是而非之说。历史上,祖先崇拜最为浓烈的时代,也正是中国经济大规模商业化之后。而商业化最发达的地区,如明清时的徽州,正是祖先崇拜最盛的地区。今日潮汕、温州等地区商业经济高度发达,祖先崇拜依然保存或者说恢复得相当完好。这一事实揭示,商业未必冲淡信仰。有时恰恰相反,祖先崇拜恰是人们对治商业性社会人情淡薄、保持共同体意识而创生、维持的一种文化、社会机制。

因此,当代中国文化与社会重建的难题不在于外在的经济、社会结构之变化,而在于人们是否具有文化自觉意识,尤其是社会中的精英是否具有文化自觉意识和责任感。

和尚吃别人的饭又怎么样?①

狄马是我尊敬的一位文人,而且我们还是老乡。但看到他最近的一篇大作《和尚的吃饭问题》,我对他的尊敬大大地打了一番折扣。

这篇文章的主题在文章最后一段:佛教徒常说,他们吃斋念佛是为了度化世人,可站在庙门外,我常想:庙里的和庙外的究竟谁度谁呢?守着功德箱的老汉,还有那些一边敲着木鱼,一边吃着供果的和尚,他们有资格指责世人六根不净吗?人生在世,有千般美妙,万般乐趣,但有一个大麻烦,就是要天天吃饭。人生的大半烦恼不都是由此带来的么?你吃着别人的饭,就不用再标榜超凡脱俗了。享用着施主的供养,又指责他们贪嗔痴慢,

---

① 原刊《南方都市报》,2010 年 8 月 15 日。

可他们不贪嗔痴慢,你吃什么?

这段文字很奇妙,如果对照一下狄马在其他文章表现出的思想取向,尤其奇妙。妙就妙在,它完全按照当代中国人人皆知的主流哲学进行推理。人首先要吃饭,因此,社会最根本的问题就是吃饭问题。在一个社会中,人们靠什么吃饭,人们怎么解决吃饭问题,就决定了人们在社会结构中的相互位置,也决定了每个人的思想、价值、立场、观念。

按照这样的哲学原理,狄马说:和尚既然是靠施主们养活,当然就必须服务于施主,而和尚之所以向施主提供服务,完全是为了解决自己的吃饭问题。所以,你们和尚再也不要假装崇高了。和尚,还有其他宣称拯救人的心灵、精神的宗教人士,都不过是伪装的俗人甚至酒囊饭袋而已。

如此顺溜的推论,让我不得不推想,狄马的中学成绩肯定特别好。只是,狄马因此而不知不觉与自己陷入了矛盾之中。根据我有限的阅读,狄马好像特别强调人的理性自觉对于人的决定性意义,也特别强调精神对于人生的决定性意义。信手举两个例子。狄马博客头两篇文章谈论的就是精神。第一篇文章《每个人的家乡都在沦陷》提出一个命题:每个人当保卫自己的家乡。我相信,狄马要保卫的肯定不是地理意义上的家乡,而是精神上的家乡。第二篇文章《有一种抗争我们很陌生》谈论的是梭罗的"公民不服从",狄马解释说,梭罗想通过这种消极抵抗来诉诸多数人的正义感,这种反抗针对的是行使罪恶的人的心灵,而不是肉体。

够了。凡此种种证明,狄马肯定,人是有精神的,精神具有伟大的力量。美好的、健全的人的生活,就是让精神支配肉体,而不是相反。我赞成这样的看法,因此也就无法理解狄马在《和尚的吃饭问题》中所表现出来的轻率乃至轻浮。

当然,对此可以有一个解释。狄马可能相信,人尽管首先是一种精神的存在,但这并不必然意味着宗教是必要的。完全可以每个人面向自己的精神,运用理性来思考、感受、行动。我大胆地猜想,狄马是启蒙主义的信徒。启蒙主义念兹在兹的第一项工作就是摧毁宗教,不论是法国的启蒙者,还是中国的启蒙者。他们用理性衡量整个世界,宗教则被当做非理性的,因而必欲毁之而后快。"五四"之后,中国启蒙主义者发动了一场声势浩大的"非基运动",而新文化运动基本上就是一场反宗教运动,包括反对准宗教——儒教。

历史的奇妙之处在于,这些理性的启蒙主义者,后来纷纷成为狄马在《和尚的吃饭问题》表达出来的那种哲学的传播者。另外有一部分则热衷于制造人造宗教,其中的典型就是胡适,胡适曾公开提出过一个"自然主义的宗教体系"。丁文江等人则在科学与玄学论战中,狂热地要求人们把科学当做信仰。

这两种类型的自相矛盾,清楚地呈现了迷信理性的启蒙主义的限度。理性当然很重要、很宝贵,但对理性的迷信就不再是理性而是迷信,与它所要抨击的迷信没有任何区别,甚至更糟糕。托克维尔说过:一个没有知识的人迷信轮回之说,可以让他约束自己,而成为好人。而一个迷信自己的理性的人,则可以用自己的理性来强制他人,甚至杀人。

与狄马做了这么多讨论,只想表达一个意思:你可以不信仰某种宗教而信仰理性,但如果你的理性是健全的,那它应当教导你理解宗教对于那些信仰者的重要性,理解宗教对于社会秩序的重要性。理解这一点的前提是承认"人之异于禽兽者几希",此处之"几希"就是人的精神、心灵。健全的生命是由精神支配肉体。那么,如何做到这一点? 对理性能力较强的人来说,自我反思本身就足够了;但对绝大多数常人来说,宗教乃是凸现人的精神性、提撕人心的必要制度。也因此,凡是人存在的地方就有宗教。宗教是社会最基本的制度之一,即便在高度世俗化的现代国家也同样如此。

狄马的议论也许是针对中国的现状。今日中国宗教之状况的确不能让人满意,寺庙成为商业场所,和尚以赚钱为职业,确不少见。这里的和尚只顾吃饭,而遗忘了其普度众生的宏愿,或者做普度众生状而实则为钱财。但这只能表明具体的和尚的败坏,却很难由此便说,和尚本身即无价值。狄马如众多理性主义者一样,在文章开始对中国人的信仰方式表示了一番嘲笑。不错,中国人的信仰方式确实带有一定功利性,但是,这种带有功利色彩的信仰,是否比根本没有任何信仰而只相信权力、金钱、女色更加不堪?

最后回到和尚的吃饭方式上。和尚吃饭的方式很特别,是由别人供饭。但是,和尚如此吃饭,并不妨碍其修行。当初佛祖率先托钵化缘,有非常深刻的佛理依据。基督教历史上,托钵修道士也曾经是一批最伟大的信徒。用"吃着别人的饭"之类的庸俗经济学逻辑发出质疑,只能显示质疑者的浅薄。这种貌似理性的逻辑,既会毁灭德性,最终也会毁灭理性。

灾难中,宗教发挥多重功能①

宗教在救灾、救援过程中发挥着比较大的作用。在非典时期,我曾经写过一篇文章,就提到过这个问题。我们生活在无神论社会,这个传统已经非常深厚了。但是,当人们碰到巨大的灾难、碰见命运的无常的时候,仍然会非常本能地回到宗教。

一个正常的社会,宗教应该担当维持社会基础性秩序的功能。一个社会要有秩序,那秩序的基础就是心灵的秩序、精神的秩序。构建这种秩序的,肯定是宗教,可能其他东西也有,但宗教是一个最关键的因素。理性的因素,是在宗教因素之后才可能涉及的。尤其是发生这种较大灾难的时刻,宗教的作用会超过所有的世俗因素,不管是政府,还是一般的民间慈善公益机构。因为,它可以直接触及人的心灵。

这次汶川大地震后,我们看到,宗教组织是非常活跃的,只不过我们官方媒体都没有报道,只是报道了一些佛教、基督教组织捐款之类的消息。其实,在救灾现场,活跃着很多宗教组织。我听到比较多的是基督教的一

---

① 这是在天则经济研究所召开的"生命无常 灵魂永存——汶川地震的宗教视角"讨论会上(2008年6月25日)的发言。

些教会组织,现在仍然活跃在灾区从事救灾工作。

面对灾难,宗教可以发挥多重作用,一重作用与一般公益组织相同,提供一些物质性帮助。但是,宗教组织除此之外,还可提供精神上的支援。这一点,不论政府还是民间公益组织都不具备,而对于受灾的民众来说,这却是一个最重要的需求。

由此延伸到理论层面,基于自由主义立场如何看待宗教和自由社会的关系问题。托克维尔《论美国的民主》对于宗教与自由社会的关系,有非常恰当、精辟的分析。其基本看法是,一个自由社会是不能没有宗教的,离开了宗教的自由社会是不可设想的。离开了宗教,自由的秩序是不可设想的。我觉得,这个看法被很多声称是自由主义者的人忽视了。他们恰恰做了与此相反的事情,一门心思摧毁宗教对社会的价值。他们中很多人还在充当社会丑恶势力的帮凶。这是以自由主义之名所从事的非常糟糕、非常阴暗的行径。

自由主义当然是一个很伟大的思想传统,但是,自由主义也有一个黑暗的历史。自由主义试图消解宗教,实际上是把人还原到单纯肉体的层面,成为一个物质的存在。这样解释自由主义,最终导致我们生活的世界完全物质主义化。现代性产生的各种各样的问题,都与此有着深刻的联系,尤其在中国这样的社会。中国历史上,自由主义积极地反对宗教,而这与集权主义、专制主义异曲同工。

在中国,如何看待宗教、如何看待传统,更是一个很重要的现实问题。中国社会面临的问题与现代西方自由主义面临的完全不同。现代西方自由主义是一个现代现象,十九世纪以后才有现在看到的自由主义。西方形成宪政制度,形成一个好社会的基础性秩序的时候,发挥作用的实际上是另外一套理念,宪政主义。这套理念在自由主义的历史叙事中被忽视了。英国的宪政主义者跟宗教有很复杂的关联,我们也可以看看,美国的立宪者是如何对待宗教的,他们是如何看待宗教对宪政秩序的价值。我觉得,自由主义应该放宽视野,探究西方在形成现在我们看到的这样一套好社会所必需的优良制度体系时,宗教扮演了一个什么样的角色?我们应该从这个角度看问题,因为现在中国面临的是构造这么一个几千年来一直梦想的优良秩序的问题。我们要讨论的问题是立宪。

那么,在立宪的过程中,宗教以及宗教组织,究竟要发挥什么样的作用?关于宗教与宪政的关系,可以从两个方面来看。一个方面是,我们在宪政结构里面怎么安排宗教。宪政制度要处理宗教和宗教权利问题、宗教与国家和政府的关系问题。另外一个问题却是,在宪政秩序生成过程中,宗教可以发挥什么作用?一个是宪政制度发生学中的宗教,再一个是宪政结构里的宗教。在这两个问题中间,自由主义者更多的是考虑了政教分离之类的宪政原则,而没有认真思考,在一个宪政秩序生成过程中,在现代宪政秩序生成过程中,貌似保守的宗教到底发挥了什么作用。这个问题确实值得我们认真去研究。

下面来谈谈儒家或者儒教发挥社会作用的问题。

近年来,在救灾的公益活动中,在我们所说的市民社会或公民社会的场景里面,儒家的表现大概是比较差的。基督教的表现是最活跃的,其次是佛教,尤其是现在,大陆很多佛教组织学习台湾的人间宗教,积极投身于社会自治事业之中。相对来说,儒家的表现是比较滞后的。这与现在所说的大陆儒家复兴形成了一个反差。一方面自己觉得在复兴,但是,当民众真正需要某些带有宗教情怀的关怀的时候,却看不到儒家的身影。我觉得,这是一个很大的问题。我不知道我们儒家的朋友,将怎样处理这个问题?我想起两年前,我跟蒋庆在广东开会,争论过儒教问题。我的基本看法是,不管是考虑到当下的制度环境,还是从应然的角度来说,儒教都应该走"社会化"的道路。它应该从参与、组织、领导社会自治开始做起。我们处在一个现代社会,尤其是处在中国这么一个具体的制度架构里,你去幻想和君王对话,或者是直接改造君王,既不恰当,也不可能。这在政治上是反动的,在实践当中是不可行的。我觉得唯一可行、而且正当的做法,就是建立一个"人间儒教",从民众生活的社区、从民众关心的领域开始,组织起具有儒家价值追求的自治组织,儒者在其中充当自治的组织者和领导者,这大概是儒家真正可行的一条出路。通过广泛的自治上,比如说儒家办学校,办教育,办社会公益事业、文化事业、艺术事业,就成为社会的一个个治理中心。你已经分享了原本属于国家的部分权力,本身就已经构成了对权力的一个限制。

所以,儒家需要在作为一个宪政秩序的社会治理过程中发挥作用。我自己一直想写一篇文章,讨论儒家的社会治理理论。我觉得,现代儒家缺乏这么一套东西。现代新儒家发展了形而上哲学,蒋庆发展了公羊学的政治哲学,在这之外,是不是还需要一套儒家的社会治理理论?

儒教在现代的衰落,社会结构的变化应该是一个更重要的原因,比如,城市化,乡村生活解体,家族不复存在,这对儒家构成了严峻的挑战。儒家,或者儒教面临一个根本问题:在现代大社会中,在我们通常说的开放社会或者"陌生人社会",也即,在一个血缘关系并不是很重要的社会里,你的这一套理念、这一套价值的社会依托究竟在哪里?

李鸿章讲,中国面临三千年未有之大变局,但实际上,这并不是历史上第一次。所有诞生于古典时代的高级宗教都曾经面临过这三千年未有之大变局,这个挑战最早是基督教遇到的。传统的基督教也是依托在家庭的。现代国家建立,现代商业社会发展,是基督教早就面临的挑战。整个教会,从宗教改革开始,到罗马教会在当代召开的几次宗教会议,一直都在试图应对这个问题。佛教也是这样的情形。二十世纪初,中国曾经出现过佛学繁荣,可能也是因为面临现代性挑战。而台湾的人间佛教,恐怕就是佛教找到的一个答案,它回答了,在一个现代社会,一个有着三千年或者是两千年传统的宗教,如何找回自己的生命力?

我们中国人总认为自己的经历很独特,三十年增长以为是奇迹,但其实,现代世界历史上已经发生过几次这样的奇迹了,还有比中国经济增长更好的奇迹,比如美国、德国、日本,甚至苏联。儒家也经常有一种悲怨的心情,认为自己独家遭遇三千年未有的大变局,但实际上,所有的正统宗教、伟大的宗教都经历过这样的转折。

这里需要讨论一下儒家与民间信仰的关系,村子里的宗教,也即民间信仰作为一个学术研究对象,当然是有价值的,是人类学的研究对象。但作为宗教实践是没有出路的。村子里的宗教永远不可能成为高级宗教。这种高级宗教,比如基督教、佛教的出现乃是伟大的神秘事件,基督、孔子、佛陀这种人物是奇迹,因而才能够创造出伟大的教条,具有神秘的吸引力。村子里的宗教永远是低级的。当然,村子里的民间信仰可以成为儒家"神道设教"的载体,具有教化人心的功能,但是,民间信仰需要儒家提撕,而现在的问题是,儒家自身衰微,无力发挥这种作用。相对民间信仰,儒家复苏无力。因为,对于如何应对现代性之挑战,儒家还没有找到有效的应对策略。

儒家确实面临一个根本性的挑战,在汶川大地震就可以看到,在汶川这样一个社会里,似乎没有宗族,每个家庭都是一个小家庭,一个家庭就是父母和孩子,这个时候,你的那套价值依托何处?你必须要找到一种超越血缘关系的组织方式,让儒家的价值理念在那里体现出来。

四、重建家庭价值

　　人生而在家庭中,并包裹人的一生。人成长于斯,生活于斯,终老于斯,不朽于斯。因此,在任何一个文明社会,家庭都是最重要的社会组织。风俗化成之关键,也正在于家庭保持其完整结构,并处于良好运转状态。历来圣贤对此耳提面命,齐家之教,在儒家思想结构中差不多居于头等重要的位置。道理很简单,绝大多数家庭有相爱、相敬之气氛,则整个社会自然也就有相爱、相敬之气氛。反之,若多数家庭支离破碎,则整个社会之人际关系一定淡薄冷漠。而这正是当代中国的情形。由于种种文化、政治的原因,现代主流社会主张、维持的家庭观是扭曲的,总体而言是不重视甚至蔑视家庭的。重建家庭价值,乃是当代中国化成风俗、走向优良治理秩序之关键。

当代中国需要重建家庭价值[①]

　　当代中国需要重建家庭价值。

　　家庭,及由家庭扩展而形成的家族、宗族,作为古典中国的基本社会单位,在儒家思想中被置于一个十分关键的位置。在现实中,家庭、宗族是一

---

① 原刊《中国新闻周刊》,2007 年 2 月 12 日。

个相当有效的社会保障组织，父母教养子女，子女侍奉高堂，家人、族人相互支持，解决了个人民生基本难题。从政治角度看，家庭、宗族作为一个社会治理单位，供应教育、水利、道路等大多数公共品，也在一定程度上阻隔了专制皇权的暴虐，令人们在当时制度环境下保有最大限度的尊严。

然而，近代以来中国启蒙知识分子受欧洲大陆唯理主义思想影响，把中国的落后归咎于人的愚昧，而这种愚昧的根源则是传统的道德观念与社会组织形态——尤其是家庭。他们认为，这些是压迫性制度，是束缚人性的制度，中国要现代化，就必须冲破这些束缚，否定旧道德，打烂旧的社会秩序，包括打破家庭之羁绊束缚。这种观念促使文人们一直渲染家庭、宗族的黑暗、腐败，家庭伦理的恶毒、愚昧，他们把家庭想象成专制社会的细胞，把家庭视为一种压迫机制。

于是，走出家庭，就成为自命先进的中国人寻求个性解放的通途。"娜拉出走"经由胡适先生的大力推介，成为两三代知识分子热烈讨论的哲学命题。在现代文学中，青年离开家庭成为一个十分引人注目的母题。张艺谋等第五代导演们八十年代的文艺片与九十年代以来宫廷大片一脉相承，不管是财主家还是皇家，没有爱，也没有责任，充斥其中的惟有阴谋、猜忌与血腥杀戮。在这种观念的熏陶下，家庭在受过教育的人们心目中的形象急剧改变。

不过，真正改变人们家庭观念的，是五十年代之后一次又一次社会运动。这些社会运动动员民众走出小家，奉献"大家"。不少社会经济制度也是据此设计的：单位在很大程度上替代了家庭的很多功能。在城市，长期人为控制的低工资制度迫使妇女必须离家工作才能养活家人，为此，单位全面地建立了幼儿园，家庭丧失了其最为重要的育儿功能。至于在政治运动中夫妻决裂、子女斗争父母的事情，更是从根本上颠覆了传统的家庭伦理。

八十年代以后，家庭价值又面临另一方向的冲击，与二十世纪初类似，个性解放观念再度流行，发展到极端，就是李银河所主张的种种性解放言论。而这一次,由于教育普及,极端崇尚个性解放、蔑视家庭的观念传播范围更为广泛。这些观念因其合乎人的本能,而被中产阶级广泛接受。

从这个角度看,现代中国比任何西方国家都要"现代"。因为,大多数西方国家,尤其是英、美,人们生活于现代与古典、传统与创新之间的张力、平衡中。一方面,自由主义的个性解放理念获得广泛传播;但另一方面,保守的社会组织及思想流派,比如欧洲的教会、美国的保守主义具有强大影响力,他们坚持传统,尤其侧重维护家庭价值。

美好的生活与健全的社会,恰恰存在于现代与传统的平衡之中。家庭作为一种社会组织形态,是传统遗留给现代的一宗珍贵遗产,家庭对于人的身心健全及社会井然有序,具有决定性意义。当然,现代性意味着个人应当享有更高程度的自主、尊严与自由,应当更为自由地选择自己的生活方式,包括是否组成家庭及组成何种家庭。但假如人性并未有根本变化,则家庭就将一直是人最重要的精神归宿和安全堡垒。

当代中国的很多个人心理问题、道德伦理失序与社会秩序问题,均与家庭价值失落直接相关。比如社会伦理道德滑坡,个人生活压力过大,青少年犯罪,某些城市群体生活放纵,某些官员、商人包养二奶,独生子女不理解某些基本社会伦理,等等。这些问题在很大程度上源于家庭未能尽到教育子女、相互慰藉、相互扶持的功能。

因此,当代中国需要重建家庭价值。重建的主体当然就是社会,就是每个家庭。不过,知识界的观念转变也十分重要。长期以来,在主流知识界及公共舆论中,支持个性解放的理念一枝独秀。相反,保守的理念,包括保守家庭价值的声音,却十分微弱。这就导致了观念市场的失衡,而失衡的观念也导致了人们主流人群行为方式的失衡,也即过分强调个性解放,而忽略了家庭对于美好的生活与健全的社会之价值。目前正在复兴的儒学能否为现代中国人提供某种制衡性的伦理规范,在观念的市场上为家庭价值辩护?

当然,重建家庭价值,政府也有一些事情要做,也即,废除那些可能损害家庭价值的政策。目前有不少社会、经济政策在有意无意地无视家庭存在，或者损害家庭的凝聚力。尤其值得注意的是，在建立社会福利保障制度的时候，应当为家庭发挥作用留出足够空间，谨防国家家长主义挤压、取代家庭的正当功能。

道德真空中的婚姻危机①

在人类历史上稳固维持了数千年的婚姻、家庭，到二十世纪遭遇严重冲击，西方如此，中国同样如此。

在传统中国社会与文化中，婚姻、家庭居于十分重要的位置，一系列道德、伦理规范也强化维系、守护着婚姻、家庭。不过，二十世纪初开始，中国知识分子接受了西方个人自由的观念，并将个人自由理解为个性解放，个人不受各种社会规范和社会制度的约束。

而人们感受最直接的束缚，就是婚姻、家庭。因此，现代中国的启蒙就是从批判传统的婚姻家庭、争取恋爱自由开始的。这种批判还被赋予了重大的社会与政治意义：知识分子相信，只有打破传统的家庭结构，包括传统的婚姻关系，才能够把个人从旧习惯的束缚下解放出来，使其成为独立的公民，从而拯救民族的危难。"娜拉的出走"——从家庭出走——甚至成为几代人思考政治、社会、文化问题的一个经典隐喻。

因此，从二十世纪上半期的文艺作品中，可以看到很多摆脱家庭、摆脱不幸福的婚姻的感人故事。先进人物经历痛苦的挣扎，走出了婚姻和家庭的牢笼。当然，这种追求与性自由只有一纸之隔。有些大都市的文学青年就尝试这种生活，但他们不只是为了性的愉悦。他们相信，这是一种反抗旧制度、旧观念、价价值，展现"新人"精神独立的政治姿态。

到五十年代之后，这样的反抗不被允许。尽管那个时代通过的第一部

---

① 原刊《中国新闻周刊》，2008 年 1 月 14 日。

法律是《婚姻法》,尽管进城干部们制造了规模庞大的离婚潮,但是,在婚姻与家庭问题上,准军事化的禁欲主义支配着大多数普通人。因此,人们看到的是一种奇怪的情景:一方面人们在全盘破坏传统,另一方面,人们却坚守着十分保守的婚姻家庭观念,以至于样板戏里的主人公们多是单身。在机关、大院、乃至公社体制中,生活作风问题通常都是一个相当严重的问题。

不过,这种保守的婚姻、家庭观念其实并无坚实的道德基础,人们相对保守的生活只是在权力控制的结果。在那个时代,家庭已经社会化了,夫妻们住在单位宿舍、吃在食堂、分别参加单位组织的各种活动,孩子则被送到幼儿园。甚至连婚姻本身也是领导来安排,由单位来保证的,夫妻们闹了矛盾是要找单位领导的。

也就是说,在权力控制下,普通人在性、婚姻问题上与其说是保守的,毋宁说是"革命的"。当然,那一代人对于传统的道德观念仍然有一些记忆,尽管他们被指挥着去消灭传统。不过,后者也埋下了未来的祸根。那个年代进行了一次又一次社会、文化、政治运动,正统的道德、伦理体系其实被摧毁殆尽。一旦权力控制体系松动,社会就立刻处于道德伦理的真空状态。

这正是八十年代之后的社会精神状态。一个以市场为基础的开放社会,会给予人们相当广泛的私生活自由,权力不大可能来控制婚姻家庭。这个时候,唯一能够约束人的本能、激情的,就是关于性、婚姻、家庭的道德伦理规范。事实上,市场制度的演进很有可能导致社会的道德伦理趋向保守化,就像维多利亚时代的英国。强化道德伦理乃是市场秩序扩展的一种制度前提。

不过,中国的一切都比较特殊。在中国,道德伦理似乎总是与权力裹挟在一起,也因此,对于权力的憎恶,也会变成对伦理的憎恶。八十年代刚刚开始市场化的中国,又发生了一次启蒙运动。传统的道德、伦理再一次遭到猛烈抨击,萨特、弗洛伊德更是流行一时,其中的价值和信念极大地改变了人们关于人的认识。这些学说告诉人们：人其实就是欲望的载体，满足欲望就是人生唯一的目标，不受道德伦理约束是人的正常状态。

而市场化也恰恰从性产业的繁荣开始的。性产业繁荣的重要推动者是港台商人。他们涌入大陆，通常是单身，长期在一个陌生的城市生活，难免对性有生理与心理的需求。他们有钱，又身处异地，摆脱了"熟人社会"的约束，可以放纵自己。因此，所有开放城市最早发展的产业，总是包括性产业。深圳、海南无不如此。

与港台商人打交道的大陆官员、权贵商人自然也会加入这个行列。这是中国式消费主义性解放，这种性解放表现为权力与金钱的炫耀性消费。从那些流行词汇也可以看出更多是男性放纵地消费女性。几乎所有贪官都包养着二奶，官员们有时主要是为了二奶而大胆贪污。权力、金钱、性紧密地联系在一起。"小蜜""二奶""情妇"等词汇已经妇幼皆知，甚至进入官方的文件。

官、商合力塑造了人们关于成功的标准：包养女人就是成功人士的标志。这种价值观念从官员、权贵商人圈子开始，按照收入档次向其他社会群体扩散，到九十年代，私营中小商人、知识精英、白领群体也接受了这种观念。

这一点恐怕最值得注意。这个群体通常被称为"中产阶级"，而在大多数社会，中产阶级是比较保守的，是道德之锚。但在中国，中产阶级与权贵一起堕落。根源恐怕在于，他们大多经受了过分的启蒙，所以不再相信任何道德、伦理，没有任何精神生活。因此，置身于这个时代，他们是根深蒂固的物质主义者和消费狂，急于炫耀自己的权力和金钱，这包括炫耀性地消费性，就像女性疯狂地消费时尚一样。

当然，权贵的配偶们因为可以从权力中享受到巨大收益，所以对于丈夫养二奶并无太多抗议，新闻媒体甚至报道，妻子与二奶合作生意的事情。但是中产群体的女性则忍受着痛苦。她们在性、婚姻等问题上的观念滞后于男性，认为自己是中国式性解放运动的受害者。应当说，这种受害心理是恢复正常性道德、婚姻伦理的一种正面力量。毕竟,她们觉得,在婚姻之外寻找性,是不道德的。

不过,在更年轻的一代人那里,男性、女性的观念解放已经达到同样程度了。道德真空、物质主义使他们回到自然状态,不再把性视为因为文明的压抑而带有神秘感、因而令人激动的事情。他们在性事上大体上持一种满不在乎的态度,而这恐怕是性解放完成的标志。至于婚姻,也不过是两个经济人为了改进自己的福利而订立的临时性契约。

可以说,中国人、至少是接受过较高程度教育的中国人,已经完成了个性解放与性解放,"五四"那一代人或许可以欣慰地笑了。但是,中国从此将进入什么样的状态?意大利各个城市经历了文艺复兴之后,实现了充分的性解放,甚至连教皇也不隐讳自己的性生活。但从那之后,意大利也就再也没有文明的辉煌了。

就中国来说,最起码可以说,在性解放之后,就不可能有中产阶级了。确实,中小商人、知识精英、白领群体已经有了一定财产和一定社会地位,但他们缺乏必要的道德自觉,甚至是最匮乏道德伦理体系的。毕竟,关于性、婚姻的伦理是社会道德伦理体系的核心内容。而一个没有道德自觉的群体,是无力承担自己的社会责任的。

反思当代之家庭观①

娜拉出走,曾经是现代中国思想史上一个非常重要的讨论主题。而娜拉出走,与频繁发生的婴幼儿奶粉灾难之间,存在着深刻关联。

这些年来,这世上最为纯洁、美丽的婴儿似已成为众多厂家争相蹂躏的对象。这是中国产业界彻底败坏的标志。不过,反过来看,婴儿遭罪,在很大程度上也是他们的母亲所造之孽。有众多数据已经表明,中国新生儿

---

① 原刊《凤凰周刊》,2010 年第 12 期。

母亲的母乳喂养率在全球属于较低行列，无数母亲让自己的婴儿饮用奶粉。一个社会的腐烂可以有很多标志，其中之一就是母亲不愿，或者被强迫不能哺乳自己的孩子，而积极地或者迫不得已地追求其他价值。

确实，价值观至关重要，它决定着人的行为。过去几十年来，中国社会价值观念的堕落，导致年轻母亲们作出了不人道、不理性的选择。

前一阵去武汉，与华中科技大学两位女大学生闲谈，话题扯到"全职太太"理念上。这两位大学生坚定地说，自己绝不会作出这样的选择，因为，如果做家庭妇女，她们的人生价值就无法实现了。她们接受大学教育，父母花钱培养她们，可不是为了做一个家庭妇女。

这样的观念在中国女性中十分普遍，这是持续了一个多世纪的启蒙主义的产物。

过去一个世纪掌握着话语权的中国文人，一直通过其肤浅的哲学、粗鄙的文学，众口一词地阐发一个主题：反家庭，抹黑家庭，进而主张人们，包括妇女走出家庭，乃至摧毁家庭。"娜拉出走"成为新文化运动期间，最为重要的思想争论主题，就说明了文人们对家庭的去向。从胡适、陈独秀，到巴金、丁玲，从自命的自由主义者，到坚定的反自由主义者，从五六十年代禁欲主义的官方宣传，到今天伪装奢华、炫耀物欲的小资媒体，从推特上的活跃分子，到计划生育干部：在其他很多方面，他们可能互相冲突，而在反家庭这一点上，却是惊人的一致。

对于这样的宣传和信念，几乎无人反驳。在中国，"古典"如同丧家之犬，根本不敢正眼看人。在其他现代国家，基本上还保持着古典与现代的平衡，在中国，现代社会则只有"现代"，赤裸裸的现代。现代性独霸的结果就是，中国人虽然没有建立起现代国家——今日中国既无健全市场制度，也无法治，但其现代病已经病入膏肓。

这样的现代性首先导致家庭的灾难。家庭这个人类文明最重要的单元、寄托人类最美好的情感和道德的场所，在一个多世纪的宣传的攻击下，在中国被污名化了。从"五四"文学女青年，到铁姑娘，再到今日的大学生、白领,妇女们以走出家庭为荣。

不过,尽管反家庭宣传的依据五花八门,妇女们走出家庭的方式却惊人得单调。当年大寨的铁姑娘们说,男人们能干的事情,她们也同样能干,于是,她们在寒冬腊月也扛石头。今天的白领丽人也说,男人能当总经理,我也能当,于是,她们积极地参与公司政治。唯一的区别是:铁姑娘们还有点自豪感,白领丽人们却充满怨恨。

女性产生这样的念头,正是高居于权力巅峰的人所愿意看到的。事实上,很多反家庭的宣传,就出自于权力的有意识制造。中国过去六十多年来的经济增长,主要依赖劳动力的高强度投入,即所谓"劳动参与率"的提高。妇女本来主要是在家中活动的,现在,她们大量涌入工地、车间、田间、地头,全社会的看得见的、可统计的物质性产出当然陡然增加了。

不过,仔细考察就会发现,这其实只是一个 GDP 幻象。传统上妇女在家,绝不像《西厢记》《红楼梦》所写的那样整日闲坐思春。相反,妇女们会在家中从事诸多与家人幸福感直接相关的劳动。这种劳动当然是家庭以外的人,尤其是官员们看不见的,也是统计员们无法用数量来统计的。但她们在家庭内的工作,切切实实地改进了家庭成员的福利,全社会的福利因此也在切切实实地改进着。诺贝尔经济学奖得主加里·贝克尔发展的家庭经济学,对此有深入研究。

妇女自愿或者被迫走出家庭必然出现两种情形:第一种情形,有些妇女,或者出于天性,或者接受了宣传,所以,很积极地走出家庭,且一去不回头,根本不管家庭。这类妇女是所谓"女强人",宣传材料中老公死了都不看一眼之流的人物。妇女如此行为,家庭成员的福利必将大幅度下降。

第二种情形,普通妇女虽然被迫在外工作,但基于女性、母性本能,她们仍不忘家庭。结果是,妇女在工作、家庭两头之间奔忙,妇女的劳动强度增大了差不多一倍,本人的福利显著下降。连带着,整个家庭的福利也在大幅度下降。比如,产妇无法正常履行哺乳周期的责任,不得不在生育三个月、半年后就匆忙上班,婴儿得不到母亲的照料。

　　这样算下来,妇女走出家庭的结果是整个社会福利的下降,至少不会有所改进。整个社会的物质产出确实有所增加,这是看得见的;但每个家庭的幸福感却可能减少了,这是看不见的。

　　妇女大规模参与家庭之外的受薪劳动,还产生了另外一个严重的经济和社会后果:全社会劳工的平均工资被压低。

　　按照斯密的工资理论,社会合理的工资必然足以维持劳工家庭的生活。给定一个社会的经济,妇女在家,则男性的平均工资水平必然较高,因为,市场机制必然确保男性一人工作所获收入,即可维持全家四五口人生活。现在,妇女本人参与家庭之外的劳动,她的工资收入就被纳入全社会的工资协商过程中予以考虑。这样,男性工资收入必然会被妇女分摊。结果,只有"双职工"的工资才能养活家庭。

　　过去六十年来,中国劳动力价格低廉的一个重大原因恐怕就是妇女太高的劳动参与率。当下整个农民工群体工资水平过低,恐怕在一定程度上也是因为女性大规模参与劳动。在很多制造业工厂,打工妹数量大大超过打工仔。这恐怕是劳动力过剩的根源之一。

　　很多天真的女权主义者以为,妇女走出家庭,可以扩大妇女的权利,因为,妇女的选择范围扩展了。然而,在中国,妇女倾巢出动到外劳动所形成的工资结构,反过来取消了妇女的选择自由:女权主义者所设想的出外劳动是一种权利,现在它成了一个枷锁。普通妇女现在想退出劳动力市场已经不可能了——讽刺的是,"二奶"倒是可以。事情很简单:当社会工资水平被压低之后,单靠丈夫那点工资,养活不了妻子儿女。妇女必须劳动,妇女自己和他们的孩子才有饭吃。"双职工"结构曾经是很多人的骄傲,现在则无疑是一种枷锁。

　　至此,一个完美的恶性循环完成了,中国母亲不能、不愿哺乳的困境,就是因此而产生的。丈夫的低工资不足以养活家庭,妻子在生育之后,也就不得不赶紧恢复上班。事实上,政府法定的产假也非常之短,这是五十年代理念的遗留,而在今天,这种理念仍然是经济增长的主导性理念:利用廉价劳动力实现经济高增长。而实现劳动力廉价的一个重要手段,就是不适当地增加劳动力供应,这包括鼓励甚至强制妇女参与家庭外劳动。廉价劳动力体制并不是什么新东西,过去六十年的经济增长都是这种体制支撑的。

这里又形成了另外一个恶性循环:廉价劳动力体制客观上禁止妇女在家哺乳,廉价劳动力体制却绝不可能生产出高质量的奶粉。廉价劳动力意味着人的价值得不到尊重,这也就意味着,劳动力不具有健全的劳动伦理;廉价劳动力也意味着企业没有提高技术水平的激励。这两个因素结合的结果就是:产品被锁定在劣质化层次上。婴幼儿奶粉也在其内。婴幼儿奶粉不断出现灾难性问题的远因,就是妇女走出家庭,而她们又不得不用这样的劣质奶粉喂养自己的孩子。

妇女走出家庭也导致中国社会整体生活水平的劣质化:本来,家庭是社会的构成性单位,是一个自足的主体。而维持家庭之主体性的,就是家庭主妇。她是家庭幸福、稳定的基座。家庭主妇走出家庭参加外部的经济性活动,家庭就不再是一个独立自足的社会结构单元了。家庭丧失了主体性,沦为经济过程的附属品,有的时候,甚至成为政治的附属品。家庭以外的社会紧张延伸到家庭之中。这样的家庭对丈夫、对孩子减弱了吸引力,对妇女本身的吸引力也大幅度流失。也因此,家庭陷入危机,这样的危机是制度性的,是"娜拉"出走的必然结果。

今天,到了对过去一个多世纪的家庭观进行反思的时候了,直白地说,需要一场对启蒙、对革命的反革命。人们,尤其是妇女,如果真的是理性的,就当打破对家庭外劳动的迷信,重新确立家庭神圣的观念。托克维尔说过,一个社会是否优良,取决于这个社会的妇女是否具有妇女的德性,因为她们决定着家庭的品质,而家庭是社会的基本单元,是文明的基本单元。当代中国妇女一致走出家庭的结果是,以劣质的家庭生活,维持一个劣质的社会,支撑一个劣质的经济。而重建优良生活和社会秩序,自当从重建健全家庭开始,而反革命的妇女则是这场社会基础性秩序重建的希望所在。

重辨家、国关系①

　　西南某市组织唱红歌者进京演出。其中有易如国者,临出发前,其九十多岁老母去世。易某于 8 日向亲友托付后事,9 日凌晨将母亲遗体送上灵车,毅然上车赴京。换言之,他没有参加母亲的丧礼。对着媒体,他这样解释:"这次演出,我代表的是重庆三千万人民。如果在这时请假,整个团队肯定会受到影响。从大局出发,我不能拖后腿。"

　　此事被当地媒体报道,当然是作为无私奉献的好人好事报道,还配发了感人的照片。然而,在网络媒体上,此事得到的评价几乎全是负面的。几乎所有评论者都认为,这样的人太不近人情了,而一个人不近人情、对自己的母亲不能尽孝的人,不管说什么、唱什么,恐怕都不能令人信服。

　　又有好事者举出一个星期后发生的另外一桩事,以作对比:国台办副主任郑立中正率团在台湾中南部展开拜会活动,惊闻八十八岁高龄老父在福州病逝,乃毅然临时中断拜会行程,急飞福州奔丧。对此,网络上一片赞美之声。

　　如此两种截然不同的舆论反应,确实很有趣。按说,网络上活跃的人物多接受启蒙观念,未必完全承认孝道理念之现代意义。易某之遭人抨击,或有其他原因。不过,如此一致的抨击,尤其是对郑立中的赞美,似足以说明,公共知识分子的观念确实已发生了某种巨大的变化。报道易某事迹的媒体却没有注意到这一变化,以至于本来是要报道好人好事,结果却给人们提供了一个批评的靶子。

　　这可能是惯性使然。过去几十年来,媒体报道英雄人物、先进人物,几乎总要讲述一两个先进人物不顾父、母、妻、子疾病、安危,而全身心投入到公家、国家事业中的事迹,这种不为父母奔丧的故事似乎就不少。仿佛只

①　原刊《时代周报》,2011 年 6 月 23 日。

有这样，一个人才足够先进。

　　这样的价值观念完全是现代的。在传统中国，一个人如果不为父母奔丧，那是要被所有人鄙视的。官员如果贪恋权位，不为父母奔丧，是要遭到严厉的行政甚至刑事惩罚的。这些习俗、制度中体现了儒家的治国理念：治国始于修身与齐家。

　　儒家的理念很简单：最好的治理是自我治理，自我治理的社会前提是，每个人自我治理，此即修身。社会最基本的构成单元也应自我治理，此即齐家。这绝不意味着，儒家不关心家以外的公共事务。事实上，儒家主张修身、齐家，就是为了达到治国、平天下之宏大目标。但儒家清楚地知道，治国、平天下必须从最简单、最基础的事情做起，那就是修身、齐家。

　　至关重要的是，人能否在邦国、天下事务中扮演好自己作为公民的角色，在很大程度上取决于人在家庭中是否接受了良好的训练。人必然出生于家中，其一生最重要的活动空间是家。人只能在家庭中，更广泛地说，在私人生活之中，训练其社会性行为。比如，通过夫妇、兄弟关系，理解与陌生人的朋友关系。通过父子关系，理解公共性的君臣关系。

　　更广泛地说，人通过在家庭中的爱，理解、训练与更广泛范围内的人合作的能力。这就是《论语·学而篇》说"孝弟也者，其为仁之本与"的意思。人通过在家庭内的秩序性生活理解外部世界的正义，这也就是《学而篇》所说另外一句话的含义所在："其为人也孝弟，而好犯上者，鲜矣；不好犯上，而好作乱者，未之有也。"中国人对爱与正义的认知和运用能力，一般都是在家庭中养成的。可以说，儒家之所以强调"孝"，其实在很大程度上就是看到了这种私德的重大公共治理功能。

　　总之，儒家相信，在私人生活秩序与公共秩序之间，其实并不存在截然的界限，前者通往后者，好人是好公民的前提。一个人，如果不能做好一个私人，比如，不是好丈夫、好妻子、好儿子、好儿媳妇，不是合格的父亲、母亲，那他就不可能是一个好公民。即便在家庭之外的组织中，他表现得非常出色，似乎也只能说明，他的人格是分裂的。一个人如不爱他的至亲，怎么可能爱陌生人？一个人如果不能够公正地处理家庭事务，他怎么可能公正地处理家庭之外的公共事务？因此，儒家要求君子首先在家庭的私人生活中扮演好自己的角色，然后，他才有可能在陌生人社会的公共生活中扮演好自己的角色。

当然，古圣先贤也清楚地意识到，私人关系和公共关系的性质并不相同。假如人们完全沉溺于家庭的私人生活之中，心灵闭塞，不关心公共事务，那么共同体的秩序也无法维系。因此，儒家所说的"五伦"，除了血缘性的父子、兄弟外，另有夫妇一伦，这是契约性的，尽管属于私人情感关系范畴。而君臣、朋友两伦，则完全是家庭之外的陌生人之间的关系。在儒家看来，后者对于健全的社会治理同样重要。尽管如此，前者构成基础。

不幸的是，新文化运动基于其对现代社会治理的简单、片面理解，而发动了反传统运动，其中的重点正是反家庭。反家庭的目的也许是为了个性解放。但是，处于原子化的存在状态的人同样会寻求归属感，这种努力推动人们走向对于另外一些组织的归属，而导致民族主义和国家主义。这正是五十年代中期以后的情形，反家庭催生出了人的单位化与国家崇拜。人的伦理属性被取消，而仅仅是国家之民、单向度的公民。家庭生活是次要的，亲情是可以随时抛弃的。更进一步，为了宏大的事业，妻子必须检举丈夫，儿子必须向领导举报父亲。

当然，这样的国家也就成为一个怪兽，吞吃了人的自然的、正常的生活。长此以往，人们的心灵趋向畸形，而行为趋向扭曲。今天，中国社会陷入普遍的道德伦理匮乏状态，人们不知道怎么做人，基于人之自然的道德伦理秩序全盘溃散。

恐怕正是见证了如此可怕的社会现状，九十年代开始，人们对反传统的传统进行反思。人们逐渐意识到，一个人首先是私人，其次才是公民。一个人惟有做好一个人，才能够成为一个健全的公民。这样，私人的家庭的生活重新获得了意义，孝道也开始被人们重视。也正是在这样的背景下，郑立中之奔丧获得人们的肯定，而重庆易先生之绝情遭到人们的批评。

这表明,至少中国人已开始形成回归常态社会的共识。而这样的共识乃是常态社会生成的前提。

五、法律必须保卫家庭

　　家庭是人类合群之基本单位，也是文明社会最重要的组织。因此，古往今来，大多数旨在维护文明生活之法律，皆全力维护家庭之完整性和成员间之亲睦。皋陶"以刑弼教"，晋唐以礼入刑，都是用刑律保证家庭成员尊重家内秩序。古圣先贤清楚，家庭秩序是社会秩序之基础。

　　然而，现代中国之法理学和立法实践基于对西方个体主义之误解，片面强调法律调整的对象是剥离了社会关系之原子化个体，并试图用法律强行塑造这样的个体，以为凝聚国民之原料。因而，现代婚姻、家庭法律从一开始，就带有破坏家庭之政治意图，尽管其间之理论依据发生过多次转换。《婚姻法》及相关法律实际上是在消解婚姻之崇高性，家庭则在法律上没有什么地位。中国人的婚姻家庭观念因此而不断劣质化，这是当代中国社会风俗败坏的根源之一。

　　还好，伴随着传统的复兴，这样的法律观念遭到挑战，亲属容隐观念变成法条，也许就意味着原子式个体主义的立法观，正在中国退潮。由此，法律与风俗之间的战争也许将会走向终结。

婚姻法应成为稳定家庭之锚[①]

8月12日,最高法院公布了《婚姻法司法解释三》。在立法阶段,它就引起社会各界广泛关注和热烈讨论,而此次颁布的条文,争议更为激烈。或许不能不说,这份《婚姻法司法解释三》某些条文存在重大偏差,不宜实施。

此次司法解释共19条,明确涉及"房产法律适用"的共5条,间接涉及的另有5条。恰恰是这些占据司法解释"半壁江山"的条文,存在重大偏差:它没有把夫妻当做一个完整的共同体来看待,而是如网友所说,它试图强行推动中国家庭朝着AA制方向发展。

比如第五条规定,夫妻一方个人财产在婚后产生的收益,除孳息和自然增值外,应认定为夫妻共同财产。以房子为例,孳息就是房子出租收益,自然增值就市场价格上涨所带来的收益。司法解释规定,若房子登记在一人名下,这两部分收益归房屋登记一方独有,而非夫妻共有。

第七条规定,婚后由一方父母出资为子女购买的不动产,产权登记在出资人子女名下的,视为只对自己子女一方的赠与,该不动产应认定为夫妻一方的个人财产。根据这样的规定,法律要求,父母的眼里不得有自己的子女与另一方的婚姻,而只有自己的子女。

第十条规定,夫妻一方婚前签订不动产买卖合同,以个人财产支付首付款并在银行贷款,婚后用夫妻共同财产还贷,不动产登记于首付款支付方名下的,离婚时该不动产由双方协议处理。依前款规定不能达成协议的,人民法院可以判决该不动产归产权登记一方,尚未归还的贷款为产权登记一方的个人债务。双方婚后共同还贷支付的款项及其相对应财产增值部分,离婚时应根据婚姻法第三十九条第一款规定的原则,由产权登记

[①]　原刊《中国新闻周刊》,2011年8月22日。

一方对另一方进行补偿。

　　总之,这份司法解释中关于夫妻房屋处理的条款,大体上都是按照财产个人所有的精神制定的。在立法者眼里,尽管两个人已经结婚了,但他们仍然是两个相互独立的人,甚至不能说两人组成了股份公司,因为,两个人最为重要的财产在婚姻持续的全部时间内,不能成为两人的共同财产。事实上,按照这样的司法解释,一个家庭存在共同财产才是一桩怪事。人们不禁要问:这样的婚姻法所确定的婚姻关系还是婚姻吗?依照这样的婚姻法所确定、维系的家庭,还是家庭么?

　　婚姻关系乃是人世间最为亲密的关系之一,家庭也是最为重要的社会组织。如《白虎通义》"嫁娶"篇所说:"人道所以有嫁娶何?以为情性之大,莫若男女。男女之交,人情之始,莫若夫妇。"文明的开端就始于稳定的婚姻、健全的家庭。在其中,"夫妇判合也"①,判者,半也。夫妻双方在未结婚前都不算完整的人,而各为一个整体的有待于匹配的一半。结婚之后,两个一半相互匹配,结成一个完整的"体",所谓"夫妇一体"②。在这其中,两人的身心相互渗透,相互扶持。两人密切合作,从事一项共同事业。由此,这个男人、这个女人的生命才获得其完整的存在形态。正是这样的夫妻共同体的劳作,创造和发展了人类的文明。

　　不错,婚姻家庭关系中确实存在着财产关系。而法律不可能对情感进行规范,婚姻家庭法律所能规范者,也正是婚姻家庭关系中的财产关系部分。但是,由夫妻双方组成的作为一个共同体的家庭,其关系之复杂性远远超过财产关系,且财产关系必定是服务于夫妻双方之"判合"关系的。因此,健全的婚姻家庭法律必会致力于推动夫妻双方之融合,强化双方之联系,比如推动个人财产之共有化。惟有如此,婚姻家庭法律才能够稳定夫妻关系,而稳定的家庭乃是社会稳定之基础。

----

① 《仪礼·丧服传》。

② 《仪礼·丧服传》。

　　这样的立法宗旨在当下中国尤为必要。近年来,由于种种观念与制度原因,全国离婚人数逐年上升,年平均增幅为 7‰,2010 年全国依法办理离婚手续 267.8 万对。可以说,中国人正在经历一场史无前例的婚姻、家庭危机。

　　面对这样的危机,法律当何为? 在各种社会力量中,法律本来就应当略为保守一些。青年人当然可以尝试新鲜的生活方式,文艺青年也可以为同性恋辩护,但是,婚姻家庭法律却必须相对传统一些,因为,这些创新带有高度不确定性,而法律的唯一目的是维护社会秩序稳定。因此,在婚姻家庭经历危机的时候,法律应当充当稳定婚姻家庭关系之锚。比如,推动夫妻财产共有,这可以强化夫妻共同经营家庭的信念。

　　然而,本次司法解释却完全朝着相反的方向迈进,试图强化对婚姻关系中个人财产权利的保护。这样的立法让中国社会当下已经趋于冰冷的婚姻家庭关系,向着物质主义的方向更快堕落。这不是这个时代所需要的婚姻家庭立法。

亲亲相隐原来很先进[①]

　　《刑事诉讼法》正在进行第二次大修,这次大修对于证人作证方面,可能会有一项较大突破:"除严重危害国家安全、社会公共利益的案件外,一般案件中近亲属有拒绝作证的权利,此处近亲属指父母、子女和配偶。"

　　这一规定直接关涉儒家也即中国古典之"亲亲相隐"观念,而过去十年间,学术界围绕着亲亲相隐,展开过一场相当激烈的争论。一些自称接受了现代伦理和法律思想的人士坚决反对亲亲相隐。他们相信,亲亲相隐背后是儒家的爱之等差性观念,而这种观念要为任人唯亲之类的腐败现象承担责任。不过,大多数学者认为,这样的看法是荒唐的。立法者这一次做

---

① 　原刊《南方都市报》,2011 年 8 月 23 日。

出了正确的选择。

亲亲相隐的经典表达出自《论语·子路篇》：叶公语孔子曰："吾党有直躬者，其父攘羊，而子证之。"叶公是楚国叶城之大夫，他说，本地有个人，他的父亲强取他人之羊，他出庭指证了父亲的罪行。当地人认为，这是"直"，也即公道，合乎正义。孔子不同意这种观念，他说："吾党之直者异于是：父为子隐，子为父隐，直在其中矣。"我们家乡那些正义之人的做法是：父亲犯罪，儿子不会作证。儿子犯罪，父亲也不会作证。这样的容隐才是正义的。

争论到底并未停止。法家继承了叶公的观念，韩非在《五蠹》篇中直截了当地说："父之孝子，君之背臣也。"在法家看来，社会与政府是对立的。政府要进行有效统治，就得消灭一切社会中间组织，每个人只知权力，不知其他。法家指导下的秦国，也确实曾经致力于消灭家庭。

汉初儒家继续反对这种做法。在亲亲相隐理念的背后，隐含着儒家关于社会治理的一个核心立场：社会先于、重于政府。优良治理的基础乃是社会自我治理，家庭则是社会最为重要的组织形态，人首先生活于家庭之中，家齐而后国治。要实现优良治理，就要尽可能保护家庭。为此，在大部分情况下，政府权力应当止步于家庭这个城堡之外。

对于亲亲相隐，历代儒者给出了精彩的论证。仅从实用角度，也可对此给出论证：儿子犯罪，父亲主动举报儿子，或在法庭上作证，儿子必然会仇恨父亲乃至家庭。儿子刑满释放后，很可能不愿回到家庭。而家庭是社会的细胞，游离在家庭之外的人极有可能无法处理好其他社会关系，也即，他无法回归社会。他很可能形成反社会心态，而再度犯罪。

毫无疑问，亲亲相隐可能对受害人略有不公，对司法过程造成某些不便。但是，与破坏家庭伦理可能带来的负面后果相比，上述不便是可以容忍的。因而，自汉代以来，伴随着儒家理念进入刑律，亲亲相隐成为一项普遍的司法原则。

有趣的是，法家、儒家之争在过去六十年又重演了一遍。法律取消了亲亲相隐的规定，法律宣传中提倡"大义灭亲"。这种宣传背后的逻辑与法家相同：人应当把自己当成实现国家目标的工具。后来，法学家引入西方现代法律，惊讶地发现，英美法系、大陆法系中都有"亲属拒证权"。这不就是老祖宗的"亲亲相隐"么？

这个立法、法学史上的悲喜剧说明，今天的立法者、法学家、伦理学家实在没有任何理由无视、蔑视传统的伦理与法律观念。抱着钱穆先生所说的"温情与敬意"，我们一定可以发现，传统中国的诸多法律思想实际上是十分健全的。

举例来说，《尚书·大禹谟》记载了一系列重大法律观念。帝舜赞扬皋陶说："汝作士，明于五刑，以弼五教，期于予治。"皋陶是中国最早的司法官，负责执行刑罚。但他并不迷信刑罚，相反，他相信，刑罚的目的是促进人的自我约束与自治性管理，也即以刑辅教。由此，"刑期于无刑，民协于中"。这也就是孔子所说的"听讼，吾犹人也。必也无讼乎"之所本。这绝不是否认刑罚的作用，而是说，不能满足于简单地以刑治国，刑罚要服务于更高层次的治理：人的自我约束，以及社会自治。由此，人们的行为将尽可能逼近中道，合乎正义。犯罪当然也就会减少。

皋陶反过来告诫帝舜，应当"罚弗及嗣，赏延于世"，这里明确地反对连坐制度。"宥过无大，刑故无小"：执法者应当区分故意与过失，对故意犯罪者予以严厉惩罚，对过失犯罪者予以宽宥。"罪疑，惟轻，功疑，惟重。"犯罪事实如果存在疑问，那就应当从轻处理，仅就有充分证据证实的部分予以惩罚"与其杀不辜，宁失不经"。近几年来，最高法院收回死刑复核权，也正是体现了这样的原则。最后，皋陶提出："好生之德，洽于民心，兹用不犯于有司。"立法者、治国者、执法者应当有仁爱之心，尊重每个人的生命、财产与尊严。如此，则民众对政府的心态趋向平和，相互间的心态也会趋向平和，社会秩序自然较为良好。

中国古典中，还有大量此类观念，它们是古老的，但也是永恒的，因而是现代的。法学、立法、司法若能发扬、运用，必将有助于优良治理秩序在中国之达致。

　　附注：2012 年全国人大审议通过的《刑事诉讼法》修订案，采纳了法学界的意见，初步引入容隐制度，第一百八十八条规定："经人民法院通知，证人没有正当理由不出庭作证的，人民法院可以强制其到庭，但是被告人的配偶、父母、子女除外。"全国人大常委会副委员长王兆国给出的立法解释是："考虑到强制配偶、父母、子女在法庭上对被告人进行指证，不利于家庭关系的维系，规定被告人的配偶、父母、子女除外。"①

---

① 《刑诉法修正草案不强制被告人近亲属出庭作证》，http://news.sina.com.cn/c/2012-03-08/095324080626.shtml。

六、再造教育，以养成君子

孔子之所以为圣人，乃在于他在封建制崩溃、等级制意义上的君子败坏之际，兴办开放性教育体系，以养成平民中之优秀者为君子，为社会塑造了新的治理主体。儒家式教育就是君子养成之学。中国文明最成功之处，其始终保持生命力的秘密，也许正在于学、在于教育。

然而，二十世纪初开始，儒家式教育体系陷入危机，最终崩溃。现代教育体系基本上是专业知识教育体系，同时也加入了意识形态教育。现代教育体系覆盖面急剧扩大，中国社会却难见君子。而当今中国各个领域的治理混乱，均与君子之匮乏有关。

显然，中国人欲构建优良治理秩序，就必须重建君子群体，而教育是君子养成过程中最为重要的环节，因而，对教育体系进行彻底变革，使之具有养成君子之能力，乃是当代中国社会权为紧迫的议题之一。

反思中国式家庭教育①

近来，药家鑫持刀杀人案件引起广泛关注。在此期间，在上海浦东机场发生了一场人伦悲剧：顾女士迎接从日本留学归来的儿子，母子二人因

---

① 原刊《中国新闻周刊》，2011 年 4 月 18 日。

学费问题发生争执。儿子盛怒之下，从托运行李中拔出水果刀，连刺其母九刀，致其当场倒地昏迷。行凶之后，儿子竟然大摇大摆离开。

这样的案件究属极端情形，未必能够说明什么。但在这种极端情形背后，确实也存在更多不那么极端的人伦悲剧，以及子女教育失败的个案。粗略的经验观察可以得出这么一个不那么严格、但也不至于离谱的结论：当代中国的教育，尤其是家庭教育，存在严重问题，甚至可以说是失败的。而相比于学校教育、家庭教育的失败对于人格成长的负面影响，可能更大。

家庭教育的失败，其实与传统没有多大关系，而是目前的制度和社会环境所决定的。至关重要的是计划生育政策。从八十年代开始，独生子女政策广泛实施，孩子的教育就已经成为一个人们热烈讨论的突出教育、社会问题。原因很简单：独生子女政策从根本上改变了父母、祖父母与孩子的关系。四五个长辈围绕着一个孩子生活，其间的社会关系不可能不存在扭曲。

这就包括家庭教育的扭曲。儒家传统的家庭教育往往失之于严厉，孩子的个性可能因此受到抑制。独立子女政策导致孩子的地位陡然提升，家庭教育便从根本上反转，普遍倾向于溺爱。家长们愿意满足孩子的任何愿望。就像顾女士，花费巨资供养儿子留学。只要是儿子提出的要求，不管是什么，顾女士总是想尽办法满足。

可以想象，在这样的家庭内部，根本就没有教育可言。教育的本质在于驯化孩子的欲望，让他们学会控制自己的欲望和身体，尊重他人，包括父母，按照正当的规范生活。而现在，孩子的欲望可以轻易得到满足，他们很难掌握控制欲望的技巧。更糟糕的是，他们根本没有这样的意识。而一旦他们的欲望偶然不能得到满足，他们就认为遭受了奇耻大辱，而失去理智，如顾女士的儿子那样反应。

这样的反应肯定是极端的个案。更为常态的情形是，缺乏节制训练的孩子，也就缺乏社会生活的必要意识和技艺。他们不大关注他人的存在和价值，也缺乏规范、规则意识。

父母们在放纵孩子欲望的同时,又会从另一个方面对孩子施加压力。也是在最近,澳大利亚一名华裔学生李伟,因不堪忍受压力而弑杀母亲。尽管他已经非常优秀,母亲还是要求他拿到更为完美的学业成绩,为此,李伟长期闷闷不乐。公安大学教授李玫瑾在分析药家鑫杀人动机时也提及,枯燥的钢琴学习给药家鑫精神成长造成了负面影响。这样的说法是否准确,另当别论,但父母在学业上给孩子施加巨大压力,确实非常普遍。

这种态度同样与一胎化政策有关。生活在传统"四民社会"中,每个人都有向上流动的可能性,这让中国人向来就有望子成龙的心理。一胎化政策则让这种心理达到畸形程度。此政策大大增加了养育孩子的风险,为降低和控制风险,父母会大幅提高对孩子的教育投入,对孩子的期望值也就大幅度提高。

正是这一点心理,加上物质主义伦理学、贫富差距持续扩大等因素,让父母对孩子的教育策略严重失衡:家长们普遍瞄准那些有利于孩子在未来社会竞争中所需要的技能,尤其是获取物质收益的技能,投入巨资进行培养,其他方面,包括道德伦理意识和与人相处的技巧,则相对地被严重忽视。不幸的是,学校也受到整体社会风尚的影响,同样严重地忽视这两个方面的教育。如此失衡的教育,不可能不造成严重的社会心理问题,偶尔出现一些极端的人伦悲剧,也在所难免。

应当说,很多家长在看到孩子的一些不尽如人意处时,都会有所反省。舆论也在持续关注,一些有识之士也发出了改变现状的强烈呼吁。但若干年来,情况似乎并无改善,反而愈演愈烈,呈现出积重难返之势。

但是,这个问题终究是需要解决的,那么,整个社会,尤其是教育、文化界,至少应当就家庭教育失败的问题,展开理性的持久讨论。这样的讨论最起码可以唤起更多家长对这个问题进行自觉反省,而这就有可能在潜移默化之中,改变家长们的教育方法。

同时,政府也应当调整政策,首先是尽快调整计划生育政策,结束一胎化政策,从而消除家庭教育失灵的最大制度根源。同时,政府可以积极推进学校教育改革,其中比较重要的是在引入儒家经典教育,培养孩子的德性,教授孩子待人接物之道。不论家长、学校和教育部门,似乎都应意识到,教育的首要目的是培养好人,其次是培养好公民,为此,压低其他方面的投入,并不可惜。

亟须挽救的精英教育①

文艺将军李双江十五岁的儿子打人,引发人们强烈的情绪性反应,人们把自己对于社会等级固化、特权横行等严重社会问题的焦虑,投射到这一事件上。不过,这一事件让人们思考的最为直接的问题还是:精英的教育为什么是失败的。

一个社会总是需要治理的,而治理是需要组织的,组织是需要人来组织、领导、管理的,所以,社会永远需要精英,即便在最民主的体制中。中国也不例外,政治、商业、文化、社会等各个领域都存在着一批精英,他们掌握着大量资源,对于国家的未来具有重大影响。

按照各个方面的信息,在当代中国,社会阶层正在固化:精英的子女继续为精英,平民的子女继续为平民。这当然是一个严重的社会政治问题,解决这个问题的首要方案是打破固化趋势,通过制度变革,恢复社会结构的流动性,给底层人群以希望。不过,这样的变革实施起来难度相当之大,那么在这种情况下,人们就只能希望,精英能够对自己的子女进行健全的教育,让他们具有精英的德行,从而在未来承担治理社会之职时,不至于胡来。

种种迹象表明,当代中国精英子弟之教育是相当失败的。最大的失败就在于,德行之养成被完全忽视。

不仅精英家庭如此,整个中国的教育体系中已经基本上不存在孩子的

---

① 原刊《中国新闻周刊》,2011 年 9 月 19 日。

德行养成。在学校,品德、语文、政治等教科书给学生提出了一些具有明显意识形态化色彩的道德纲目,这些是孩子很难理解,也很难做到的。而一出校门,孩子看到的是与教科书完全相反的现实情形。这种对比,让孩子对教科书的高调道德说教产生反感,而生活在双重人格之中。

另一方面,中国曾经十分发达、健全的家教,过去二十多年来趋向崩溃。儒家传统十分重视家教,负责任的父母会花费主要精力,用于养成孩子的道德伦理意识。但独生子女制度让家庭的权威结构颠倒,从根本上摧毁了家教的社会基础。空前的功利主义社会气氛,也让年轻的父母们几乎忘记了养成孩子德行的责任。

在这些方面,精英家庭不能免俗。当然,相对于普通人家,精英确实可以给孩子提供较好的教育机会。他们大多把孩子送到海外较好的学院、大学就读,甚至在中学阶段就送出去读书。有些精英也初步具有了贵族意识,希望培养孩子与众不同的品味和仪表,因而给他们安排西式贵族教育课程,比如骑马、打高尔夫球,等等。

尽管如此,精英给孩子安排的教育内容存在很大问题,比如,大多数精英钱字当头,送孩子到国外学习管理、金融、会计等专业,希望孩子掌握赚钱术。仅此一点就表明,这些精英其实没有真正的贵族精神,没有真正的精英意识。他们完全不明白,精英的首要责任是进行健全的治理。而要做到这一点,首先需要养成未来的精英们的德行。而这一点,在当下精英家庭的子女教育中,是完全付之阙如的。

麻烦的是,同样是匮乏德行养成,精英家庭与普通人家子女相比,更容易变坏。原因很简单:普通人家的生活比较质朴,孩子的物质欲望还会受到节制。由此,他们可以训练出节制的德行。而比较平凡的生活,也让他们会训练出较为平等地与人打交道的德行。相反,精英家庭拥有充裕的财富,这些精英本身就缺乏德行,放纵自己的欲望,或者贪贿,或者挥霍。这样的行为会给孩子带来严重的负面影响。父母也凭借财富而倾向于不加节制地满足孩子的欲望,孩子没有节制欲望之意识,其整个行为也就趋于放肆、骄横,而于不知不觉中实施诸多反社会的行为。李双江之子就是一个很好的案例。

精英子女如此放肆,必然引发大众的情绪反弹,导致大众对精英群体本身的不满。而缺乏责任意识的精英也可能因此而对大众作出情绪化反应。如此往复,社会将会分裂,这种分裂的政治后果将是十分可怕的。

要缓解这种情绪分裂,恢复社会团结,精英群体必须自我节制,也应强化对子女德行的养成。在这方面,回到中国传统是十分明智的:精英们应当致力于恢复中国传统的君子教育。《尚书·舜典》记载,帝舜命夔典乐,以乐教"胄子"。胄子就是贵胄子弟,用现代的话说就是精英子弟。教育的首要目的是养成其"直而温,宽而栗,刚而无傲,简而无虐"的德行。这就是中国教育的起源,比孔子的平民教育要早差不多两千年。这样的教育训练出君子,他们具有仁心、责任心和智慧。由此,他们能够明智地进行治理,从而能够被大众所接受。

今日社会结构已经大大不同于古代,但君子教育同样是必要而重要的,精英们尤其需要在这方面多下工夫。这不仅对整个社会有益,也符合自身长远利益。

让教育回到立人之目标①

早在立人乡村图书馆成立之前,我就认识李应强先生。对他所开创的这个事业,我也竭尽绵薄予以支持——这是我每年捐款支持的唯一公益项目。我当然不能把这篇文章写成表扬稿,而愿意与读者诸君讨论一个非常重大的问题,也即图书馆项目中的那个大写的词:"立人"。

在中国社会即将进入平民社会之际,孔子大规模开办庶民教育,即完全围绕着"立人"目标展开。孔子施教之目的是在即将到来的平民社会中

①　原刊《东方早报》,2011 年 11 月 17 日。

养成"君子"。关于君子,孔子曾从多个方面进行过讨论,比较全面的定义是:"志于道、据于德、依于仁、游于艺。"①君子必以行道为己任,为此养成德行,依乎内在之仁心,而又掌握适应公私生活之技艺。由此,"文质彬彬,然后君子"②。

接续孔子之事业,传统中国的教育体系应当是人类文明史上最为健全的。这一教育体系透过人文化成,养成君子,这些君子又通过种种渠道教化农、工、商各色庶民,化成风俗。君子是平民社会的组织核心,平民则多少均明乎是非,"有耻且格"③,整个社会因此而形成良性秩序。

此不独传统中国特有,西方社会的教育也以立人为本。因为,秩序乃是一个社会最重要的公共品,教育必须服务于社会形成和维持秩序,为此,也就必须致力于养成有助于维护社会秩序之人。欧美各国中、小学有大量经典、历史、人文教育内容,大学有"通识教育"课程。而越是精英教育,越是强调教育之立人功能,旨在以人文化成学生为"绅士",而拒绝单纯的技能传授。也就是说,即使在二十世纪技术突飞猛进时代,欧美各国教育依然以立人为本,而以技术教育为末。

不幸的是,过去一百多年,中国人急切学习西方,但始终不理解西方之复杂性、丰富性,只见其末,罔顾其本。教育制度设计就是一个典型。1905年废科举,引入西方现代教育制度,此后,中国的教育传统基本中断。而主持现代教育之官、学各界,只看到西方现代教育之现代面相,也即技术性知识传授之面相,而忽略了其古典面相,也即立人之面相。因此,整体教育体系设计偏向工具化的技术知识传授。二十年代末党治体系建立,教育体系中又加入意识形态灌输。此即为当下教育体系之两大支柱。

随着政治、社会环境发生变化,这两者的轻重发生了变化。五十年代

---

① 《论语·述而篇》。

② 《论语·雍也篇》。

③ 《论语·为政篇》。

到七十年代,意识形态更重要,此所谓"红"。后三十年,意识形态灌输已经流于走过场,学校教育基本上倒向了"专",也即技术化知识之传授,其实现形态则是应试教育。价值空虚、只传授知识不立人,乃是当下教育体系的最大特征。

当然,在传统社会,家庭也是非常重要的人文化成渠道。但随着一胎化政策全面实施,家庭结构被彻底颠覆,父母权威丧失。物质主义的时代精神也让父母主要关注孩子的考试成绩,对于立人无所措意。如此一来,家庭也基本丧失了立人之社会功能。

这样,过去几十年中,几代人就在价值扭曲或者空虚的教育体系中接受教育。这样的教育没有教给青少年以待人接物之礼仪,没有教给青少年以中华主流价值,更没有养成青少年以德行。举个最简单的例子,笔者在某校授课,若干大一学生致信于我请教问题,大部分电子邮件既不写抬头尊称,也没有问候,甚至不署自己的名。这些孩子都很聪明,但他们很难说是合格的社会人。如此沉溺于技术性知识传授之教育,不是在构筑美好生活的基础,而是在侵蚀社会秩序之根基。

立人乡村图书馆之意义就在于,重新标出教育之根本功能,或者说是重申了教育的古典目标:立人。立人举办图书馆,一般都依托乡镇中、小学,但它的目标与这些学校其实大不相同。很多人也正是看到"立人"二字,而愿意支持这个项目。可以说,已有越来越多的人意识到,教育的目标应当回到立人上。即便那些为孩子之成绩焦虑、为孩子的升学奔波的家长,又何尝不愿首先把自己的孩子教养成为一个人?

换一个角度看,立人是一个比"公民教育"更为宽泛、也更为切实的目标。近些年来,很多有识之士提倡"公民教育"。这当然是需要的,不过,公民教育只是立人教育中的一个组成部分。立人当然要立公民,但立人的面相更为丰富,也更为平实。首先把孩子养成为一个懂礼貌、明廉耻、知是非、可以合宜地与人相处之人,这样的人才有可能成为公民。你无法想象,一个在书信中不知道尊称他人的青年,如何与他人合宜地相处,而承担负责任的公民之职责？

举办若干乡村图书馆，可谓星星之火，李英强先生和他那小小的团队以此证明了，在这个时代，立人并非不可能。不过，要真正地立青少年为人，需要更多人投入到类似事业中。而最为经济的办法则是教育体系进行根本变革，以立人作为教育之根本目标，据此重新设计教学内容与方法。这并不是推倒重来，只需调整现有体系，以教育的人文性平衡技术性，以教育的古典性平衡现代性。

当然，我要承认，在当下的教育、政治环境中，这几乎是一个不可能的事情。不过，这并不重要。当必要性与不可能性相遇，决定性的因素就是人们的希望。如有越来越多的人希望教育回到立人这个古典目标，那不可能性就有可能逆转。

中国需要君子养成体系[①]

当代中国大学教育存在诸多问题，而其中最为严重者在于，缺乏养成"君子"之机构。

君子是个古老的概念，至少在周代就有"君子"一词。但当初，君子就是贵族。孔子在封建制开始瓦解的时候，对君子一词的内涵进行了转换：一个人虽为平民，但只要具有德行者，即为君子。从此，人人皆可成君子，而成为君子就是中国人做人的理想。

孔子意义上的"君子"，较为接近于欧洲人所说的"绅士"。两者都强调美德和服务社会的实践性技艺。但相比于绅士，"君子"一词更加突出其读书、明理。因此，君子首先需要接受教育。

孔子及整个儒家所关心的核心问题正是如何通过合理的教育，养成君子，养成君子构成儒家式教育的基本目标。孔子的伟大成就之一，就是创

---

① 原刊《经济观察网》，2011 年 9 月 6 日。

办了平民的君子养成机构:孔子创办了中国第一所大学,其性质类似于封建时代欧洲的大学,但孔子的目标是把平民弟子们培养成为"君子"。孔子之后,不论汉儒之在家授徒,还是宋儒之开办书院,也都是为了养成君子。

因为,在儒家看来,君子是社会治理之本。这些君子掌握知识,具有德行,同时也具有治理的技艺和智慧。凭借着这些特质,在民间,他们可以赢得民众信任,领导和组织社会的自我治理。他们也可以进入政府机构,担任官员,给政府输入理想主义的精神。

正是依靠他们,在三千年历史中,中国这个规模不断扩大的共同体,大体上维持了尚算合理的秩序。现代中国最为伟大的立宪者,康有为、梁启超、张君劢,乃至于孙文、黄兴、蒋中正等人,也都是儒家士君子。可以说,传统社会之正常运转,端赖于君子教育体系之存在。

不幸,二十世纪初开始,这个传统陷入危机。中国废除了科举制度,引入了现代大学制度。在欧洲,一直存在一些精英型中学、大学,即便到了现代,他们依然可以训练绅士。但中国引进大学制度,带有非常强烈的功利主义、实用主义目的,那就是迅速赶超西方,而人们的目光主要集中于现代的"科学技术"乃至工程上。人文性教育遭到大学管理层忽视,而君子—绅士之养成,与此类教育关系极大。

当大学制度引入中国的时候,中国也发生了激进的全盘性反传统主义思想运动,这场运动的口号是打倒"孔家店"。存在了几百年、上千年的儒家传统教育,比如,宋儒所创立的书院,被迅速而彻底地抛弃。延续了两千多年的儒家经学,在大学中没有立足之地,而归于消亡。其严重性就类似于,在西方不再存在神学和古典学。

二十世纪中期,这种功利主义倾向演变到极端地步。院系调整切断了本来就不那么成熟的人文、社会科学学术、教育传统,按照苏联模式改造的大学普遍变成了专业技术培训学校。大学的主要功能就是训练工程师,同时也进行意识形态灌输。这样训练出来的人既缺乏德行,也不具备治理的技艺和智慧。

八十年代之后,这种极端局面有所缓和。但是,实用主义精神已经深植于大学身体之中。现在,它有了一个新的表现形态,即商业化。在商业目标驱动下,大学规模急剧膨胀。大学普遍瞄准商业世界的需求,培养能具备赚钱才能的人。

总而言之,二十世纪中国的教育与儒家君子教育传统愈行愈远,大学教育日益粗鄙化,君子养成传统断裂。随着君子之凋零,中国社会治理状况也日益劣质化。在社会中享有支配权的人物,要么是土豪劣绅、地痞流氓,要么是拿着枪杆子自天而降的革命党人。政府官员的操守同样呈现出明显下降趋势。此中原因当然十分复杂,但是,君子教育的断裂,干系极大。

当下中国欲形成优良治理秩序,一个至关重要的工作,就是重建君子养成体系,以培养一个兼具德行、技艺和智慧的精英群体。但是,如何在现代社会、文化脉络中重建君子养成机制?这是一个巨大的挑战。可以设想的途径有两个。

第一,在大学中展开君子养成教育。过去十年,不少有识之士已认识到精英教育的重要性,而在大学开设了高等人文学院或者文科实验班,对少数学生进行精英教育,包括辅导他们阅读中国、西方经典。不过,在喧嚣的大学环境中,学生、老师们都很难避免浮躁之风的冲击。

第二种途径也许更为可取,但尚无人尝试,那就是,对传统书院形态进行创造性转化,开办现代书院。目前已经有一些儒者开设了书院,辅导学员研读儒家经典。但是,此类书院普遍规模较小,学员参差不齐,且其对现代人文、社会科学及西学缺乏足够重视,因而,无法与一般大学竞争,对优秀青年缺乏吸引力。

以一种更为开放的心态创办现代书院,也许更有前途。这种现代书院或许类似于美国的小型人文精英学院。应当说,随着中国人的财富增加,有一些父母已经可以超出功利目的考虑孩子的教育,如果有人创办此类师资强大、条件优越的现代书院,或许不乏问津者。它将延续传统书院教学相长的传统,学生通过阅读中西经典,参与校内外的各种公共活动,理解社会与文化,养成伦理责任感和领导能力。

　　接受了这样的教育,当然并不就是君子。君子需要在实践中成长。但这样的教育对于君子之养成,乃是至关重要的。此类现代书院教育,最有助于青年人进入社会后成长为君子。而君子群体的形成与扩大,乃是中国社会形成健全秩序的基本前提。

后 记

近几年来，我读书、思考之核心问题是儒家视野下治理秩序之理论、历史与现状，围绕这一主题，出版了几部学术著作，如本书中提及之《华夏治理秩序史》头两卷（海南出版社 2012 年版），《现代中国的立国之道》第一卷，《以张君劢为中心》（法律出版社 2010 年版），《中国变革之道——当代中国的治理秩序及其变革方略》（法律出版社 2012 年版），《儒家式现代秩序》也即将出版。

如此学术研究，自然也渗透于面向大众的写作，这些文字以美德、君子、风俗、政体等为主题词。这主题，与前些年讨论的主题，已大不相同了。

高全喜教授主编北航人文与社会科学高等研究院《博观文丛》，俯列我名于其中。感谢之余，乃收集关涉美德、君子、风俗之文字，编成本书。或可为人们思考当代中国优良社会秩序之构造，略有裨益。

本书三卷之引论均为新作，旨在为该卷之讨论提供一个基本理论框架。

其他各篇几乎都在媒体上发表过。有些篇章是单独成篇，结构相对完整。有些篇章的结构则需略作说明。十几年来，我在从事学术研究之余，一直坚持在大众媒体上写作时评。这些文章一般在 1500 字到 2000 字之间。而不可避免地，有些话题在几年内被反复论及。不过，通常，每次角度略有不同，文字也大不相同，我的认识似乎也在推进。本书若干篇章就是由同主题之三四篇专栏文章连缀成章。这类篇章之结构,当然略为松散,不过,其间仍有内在逻辑关系,甚或有音乐变奏之效。

　　当然,因为全书各篇非一时所写,故一些重要词汇,前后容或不一。比如,卷二各篇,早期文章多谈绅士,最近文字则多谈君子。不过,在当代语境中,这两个词之所指基本相同,惟君子一词更切合于讨论历史,可贯通古今。

　　我有个预感,本书只是我关于当代社会之美德、君子、风俗问题思考的开始。或许,未来我会基于儒家理念,面向当代中国之现实,以这三个概念为根本,对社会治理问题进行更为系统而深入的理论思考和写作。

姚中秋

壬辰季春,时近清明